KB070526

# 사소한 것들의
# 현대사

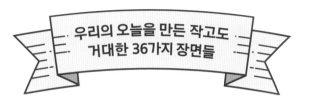

우리의 오늘을 만든 작고도
거대한 36가지 장면들

# 사소한 것들의
## 현대사

김
태
권
외

한겨레출판

# 우리 시대의 생생한 현대사를 읽다

미래의 역사가를 상상해본다. 우리 시대의 역사를 연구하려는 사람 말이다.

우리 시대에 일어난 사건을 이 사람은 알고 있다. 어쩌면 우리보다 더 깊이 이해할 것이다. 지금 일어나는 사건의 결과를 우리는 알 수 없지만, 미래의 사람은 알 테니까. 하지만 우리 시대 사람들이 무슨 생각을 하고 어떤 감정을 느꼈는지, 이 사람은 추측만 할 뿐이다. 타임머신을 타고 우리 시대로 와보고 싶겠지만, 미래의 역사가라 해도 시간 여행을 마음대로 할 것 같지는 않다.

미래의 역사가는 우리 시대가 남긴 여러 자료를 연구할 것이다. 신문은 쓸모 있는 사료일 터이다. 당대의 생생한 기록을 담고 있으니 말이다. 신문을 통해 미래의 사람은 여러 가지 사실을 알아낼 수 있다. 우리 시대에 일어난 역사적 사건의 시시콜콜한 부분은 물론이며, 우리 시대의 역사를 우리 시대 사람이 어떻게 생각했는지도 알아낼 수 있다.

5

미래의 역사가만이 아니라 우리도 할 수 있다. 신문을 통해 우리 생각이 어떻게 달라졌는지 헤아릴 수 있다. 예를 들어 '현대사'라는 단어를 들으면 독자님은 어떤 생각이 드시는지? 1980년대와 2000년대와 2020년대에, '현대사'라는 말의 의미는 각각 달랐다. 사전적 의미야 다를 바 없지만, '현대사'를 바라보는 그때그때의 시선은 달랐다.

나는 '현대사'라는 주제와 관련된 각 시대의 '열쇳말'을 알아보았다. 방법은 복잡하지 않다. 〈한겨레〉 데이터베이스에 들어가 '현대사'라는 주제로 쓰인 신문 기사를 시대별로 나누어 모아보았다. 시대마다 많이 쓰인 단어를 컴퓨터로 셌다. 이 중에는 '역사'나 '한국'같이 어느 시대에나 많이 쓰인 단어들이 있다. '현대사'가 주제니 당연한 일일 터이다. 이 단어들을 뺀다. 그러면 '현대사와 관련해 그 시대에 유독 자주 쓰인 단어'의 목록을 만들 수 있다.

1988년과 1989년에 〈한겨레〉에 실린 '현대사'에 관한 기사는 39편이다. 이 시대에 유독 자주 쓰인 단어를 추리고 나는 놀랐다. '이현상'과 '빨치산'이라는 말이 눈에 띈다. 이현상은 빨치산 대장이었다. 1948년부터 1953년까지 남한 정부에 반대하며 무장투쟁을 벌이던 사람이다. 다음으로 눈에 띄는 단어들은 '증언'과 '기록'과 '한국전쟁'이다.

한국전쟁 전후로 겪은 일에 대해 한국 사회는 수십 년 동안 그 절반만 입에 담을 수 있었다. 공산당과 북한이 나쁘다는 말만 해야 했다. 남한 정부에 반대해 빨치산이 활동했다는 사실을 감히 입에 담지 못했다. 무고한 사람이 남한 정부나 미군한테 억울하게 죽임당한 이야기도 꺼낼 수 없었다.

그러다가 1987년이 왔다. 수십 년을 버티던 군부독재 정권이 무너졌다. 그제서야 사람들은 꼭꼭 숨겨진 절반의 현대사를 '증언'하고 '기록'할 엄두를 냈다.

1988년 12월 10일치 〈한겨레〉에는 독자가 보내준 사연이 실렸다. "〈한겨레〉 12월 1일자 7면의 '국민보도연맹사건'에 관한 글을 읽고 떨리는 마음으로 몇 자 적어본다. 나는 이십여 년 이상 이 사건에 관한 이야기를 나의 어머니에게서 들어왔지만, 이 사건에 관한 글은 이번 〈한겨레〉의 몇 줄이 처음이다." 김맹규 선생은 그때의 '보도연맹 학살'로 외할아버지를 잃었다는 증언을 해주었다. "그동안 유족들은 학살극의 피해 당사자면서도 독재 정치의 폭압 속에서 진실을 밝히지 못하고 쉬쉬하며 살아왔다"고 했다. 1980년대 사람들에게 '현대사'란 무엇이었을까. 그 무게를 짐작해본다.

1990년대는 어땠을까. 1990년부터 1994년 사이에는 99편, 1995년부터 1999년 사이에는 74편의 '현대사'를 주제로 한 기사가 〈한겨레〉에 실렸다. 이 시대에 유독 자주 쓰인 단어는? 역시 뜻밖이다. '영화'와 '소설'과 '다큐멘터리'다. 두 가지 이유가 있을 터이다. 첫째는 영화인이자 만담가 신불출 같은 좌파 문화·예술인의 재발견이다. 정치적 사건뿐 아니라 월북한 문화 예술인에 대해서도, 군부독재 시대에는 입에 올리지 못했던 것이다. 둘째는 '현대사'를 소재로 삼은 영화와 예술 작품이 늘어난 까닭이다.

2000년부터 2004년까지 '현대사'를 주제로 한 기사에 유독 많이 쓰인 단어는 '교과서'와 '교사'였다. 이 무렵 보수 쪽 사람들이 "현대사 교과서가 좌파 이념에 치우쳤다"며 트집을 잡았기 때문이다. 훗날 박근혜 정권 때 일어난 '국정 교과서 파동'은 이때부터 준비된 셈이다.

훗날 한국 사회를 떠들썩하게 만들 '교과서 전쟁'이 왜 이 무

렵 시작했을까? 절반의 '현대사'가 이때 비로소 텔레비전을 통해
한국 사회에 널리 알려졌기 때문이다. 이때 '현대사' 관련 기사는
133편인데, 상당수가 방송 내용을 소개하는 기사다. '프로그램'과
'방송' 같은 단어도 유독 이때 많이 썼다.

한편 '현대사'와 관련해 유독 많이 쓰인 단어 목록에 2000년
이후로 새로이 올라온 단어가 있다. 바로 '여성'이라는 낱말이다.
가슴이 서늘하다. 이때까지 '현대사'를 말할 때 '여성'이라는 단어
가 자주 등장하지 않았다는 이야기 아닌가. 적폐 청산이 먼저라는
둥 독재 세력을 물리치는 일부터 해야 한다는 둥, 20세기 막바지까
지 여러 명분으로 미루고 덮어두기만 하던 한국 사회의 문제들이
21세기에는 눈앞에 터져 나오게 될 것이었다.

한국 사회는 이렇게 변했다. 지금도 빠르게 변하는 중이다. 기
사에 쓰인 단어를 세는 일만으로도 우리는 각 시대를 읽고, 눈길을
끄는 변화들을 확인할 수 있었다. 그런데 신문 기사에 쓰인 단어
빈도를 세는 것보다 좋은 방법이 있다. 옛날 신문에 실린 수백 편
또는 수천 편의 기사를 꼼꼼히 읽고 정리하는 일이다. 혼자 할 엄
두는 나지 않지만, 여러 사람이 나누면 의미 있는 결과를 얻을 수
있다.

이 책이 바로 그렇게 나온 책이다. 1988년부터 30여 년 동안
나온 〈한겨레〉의 기사를 뒤졌다. 시사 주간지 〈한겨레21〉과 영화
주간지 〈씨네21〉의 기사도 읽었다. 한국 사회의 변화를 잘 보여주
는 36가지의 주제를 골라, 그 분야를 잘 아는 분이나 내용을 보기
좋게 구성하실 작가께 글을 맡겼다. 그분들이 쓴 글을 모아 '시간
의 극장'이라는 이름으로 〈한겨레〉에 여러 달 연재했고, 많은 독자
님이 관심 있게 읽어주셨다. 촬영은 했지만 지면에는 실리지 않았

던 이른바 '비(B)컷 사진'도 〈한겨레〉의 선반에서 찾아 이번에 공개했다. 논픽션 회사 팩트스토리와 고나무 대표가 지치지 않고 노력을 기울였다.

이 책의 머릿말을 쓰는 영광을 내가 누리게 되었다. 독자님께 나는 이 책을 권한다. (미래의 역사가도 포함해) 우리 시대에 관심 있는 분이라면, 종이신문이나 〈한겨레〉에 관심이 없으시더라도, 이 책을 재미있게 읽으시리라 생각한다. 이 책을 통해 독자님이 우리 시대의 생생한 현대사를 만나보시길 바란다.

'시간의 극장' 필자 가운데 한 사람

김태권 (만화가)

목차

## 2장 정치: 그들이 꿈꾼 세상의 이름

# 3장 경제: 눈부신 성장에 가려진 것들

# 4장 사회: 시간은 진격하는 자의 편이다

# 1장 *⁄

'누런 봉투'
통닭이
'치느님'이
될 때까지

문화

통닭은
'충격'이었고
치킨은
'힙'했다

치킨

I

1991년 〈한겨레〉에 이런 기사가 실렸다. "○○경찰서는 13일 오후 7시 30분께 성남시 중동 한 켄터키치킨점에서 집시법 위반혐의로 사전구속영장이 발부됐던 ○○대 총학생회장 아무개씨를 붙잡아 구속했다." 서슬 퍼렇던 노태우 정부 시절 이야기다. 그런데 기사를 접한 지인은 엉뚱한 것을 궁금해했다. "잡혀가기 전에 치킨을 먹었을까, 못 먹었을까?" 솔직히 나 역시 궁금하다(기사로는 확인할 수 없었다). 수배 중이던 스물두 살 젊은이는 치킨이 얼마나 먹고 싶었을까. 그의 욕망에 쉽게 공감하는 까닭은 우리 역시 치킨을 좋아하기 때문이다. 〈한겨레〉 아카이브에서 치킨이 국민 간식이 된 과정을 돌이켜봤다. 해설 김태권

치킨의 추억. "얼큰하게 취한 아버지"는 "전기구이 통닭 한 마리"가 담긴 "누런 봉투"를 들고 한밤중에 귀가했다. "낯익은 70년대 풍경이다." 우리 집은 저런 일이 없었는데도 나조차 향수에 젖을 정도다. "요리칼럼니스트 김학민씨는 '요리 과정이 복잡한 백숙이나 삼계탕 같은 요리가 다였던 시절 간편한 조리법의 (전기

1960~70년대에 꼬챙이에 꿰인 채 빙빙 도는 전기통닭의 모습은 닭 요리의 대중화를 알리는 신호였다. 1978년에 문을 연 온달치킨을 찾아가 2012년에 박미향 기자가 찍었다.

구이) 통닭이 등장한 건 문화적 충격'이었다고 한다." 2012년 한겨레 'esc' 지면에 실린 전기구이 통닭 기사다.

통닭의 뒤를 치킨이 이었다. 2018년 〈한겨레21〉의 기사에 따르면 "업계는 1970년대 문 연 림스치킨을 원조로 본다. 외제면 양잿물도 마신다던 시절에 '치킨'이라는 이름은 요샛말로 '힙'했다." 치킨끼리는 경쟁도 치열했다. 2008년 〈한겨레〉 esc에는 치킨전쟁을 정리하는 기사가 났다. "90년대를 풍미한 치킨 프랜차이즈 1세대의 5대 강자로 멕시카나, 페리카나, 처갓집, 이서방, 스머프가 꼽힌다. 지금 페리카나와 멕시카나 이외 업체들은 명맥만 유지하거나 고전 중이다. 1세대 치킨들이 밀려난 이유는 소비자의 입맛이 바뀌는 속도를 따라잡지 못한 탓이다." 갓 튀긴 치킨만큼이나 치킨을 둘러싼 세상도 뜨거웠다.

사랑도 받았지만 싸늘한 시선도 있었다. 패스트푸드를 고까워하던 어른들의 눈에, 달고 짜고 기름진 치킨은 마뜩잖았다. 2004년 〈한겨레〉 '생활글'에 실린 초등학교 4학년의 글을 보자. "우리는 패스트푸드를 먹으면 안 된다. 해로운 점이 너무 많기 때문이다. 패스트푸드에는 햄버거, 뼈 없는 닭고기, 피자, 치킨 등이 있다." 글쎄다. 편식하지 말라고 잔소리는 해야 했겠지만, 어른들이 이렇게까지 아이를 겁줘야 했을까. 글 쓴 친구도 지금은 어른이 되었을 텐데, 자기 '기고문'을 추억으로 떠올리면 좋겠다.

치킨을 마음 편히 즐기기 어렵게 만드는 또 하나는 잊을 만하면 돌아오는 조류독감이다. 2004년에 치킨 업계의 어려움이 기사로 실렸다. "치킨점 프랜차이즈 업체들은 가맹점을 모으지 못해 울상이고, 창업을 준비하는 이들도 우왕좌왕하는 처지다." 이때 치킨집 매출이 "40~50%씩 급감"했단다. 살처분 역시 끔찍한 일

아이에게 패스트푸드를 먹이면 안 된다고 생각하던 어른들에
게, 햄버거와 치킨은 밉상이었다. 2004년에는 패스트푸드에
반대하는 시민운동도 일어났다. 사진은 환경정의 제공.

이다. "2500만 마리 살처분, '명'이 아니라 '마리' 아닌가 넘어가려 해도 지나치게 많은 생명이다." 2016년 12월의 〈한겨레〉 '프리즘' 이다. 2017년 1월에는 '닭 가상 인터뷰'도 실렸다. "'동물 복지를 한번쯤 생각해달라'고 하면 '한가한 소리 하고 있네' 할 거 아냐?" 날 선 답변이 까칠하다.

그래도 우리는 치킨을 먹는다. 2004년 총선 때는 진보정당 지지자들이 치킨집에 모여 개표방송을 본 이야기가 기사로 실렸다. 2011년 8월에는 이런 기사가 났다. "무상급식 주민투표가 33.3% 투표율 미달로 무산되자 400여 명의 서울시민들이 서울광장에서 잔치국수와 치킨으로 잔치를 벌였다." 오세훈이 시장 자리를 물러날 때의 일이다. 야구와 축구와 올림픽을 볼 때도 치킨이 없으면 아쉽다. 2012년 esc 기사에 따르면 잠실야구장 앞의 어느 치킨집은 경기가 있는 날이면 치킨이 170마리쯤 팔린다고 했다. 2010년 월드컵 때는 사람들이 치킨을 너무 많이 시켜 먹어 복날에 먹을 닭이 동이 나는 것 아니냐는 소문이 났다. 〈한겨레21〉은 닭고기 업체에 소문의 진위를 물었다. 관계자에 따르면 "그리스전 때 물량은 지난해보다 10% 늘었지만 복날 때에 비하면 적은 물량"이라고 밝혔다. 역시 복날은 닭고기인가 보다.


## '전설의 투수'가 차린 치킨집은 왜 망했을까


2005년 〈한겨레〉에는 야구인 김태원에 대한 기사가 실렸다. "1990년 18승, 94년 16승으로 프로야구 엘지 트윈스를 각각 우승으로 이끌었던" 전설의 투수. 은퇴 후 투수코치로 일하다가 해고되었다. "야구밖에 모르던 그는 실직 날벼락에 치킨집을 운영하며

김태원은 한때 최고의 스타였다. 1990년에 18승, 1993년에 노히트노런, 1994년에 16승을 거두며 엘지의 전성기를 이끌었다. 야구를 떠난 후 치킨집을 열고 직접 배달까지 했으나 성공하지 못했다. 2005년에 김동훈 기자가 찍었다.

직접 배달도 했다. 주유소 경영에도 나섰지만 경험 부족으로 곧 거덜이 났다." 안타까운 이야기다. 그래도 훗날 코치로 복귀해 한기주와 양현종이라는 걸출한 선수를 키워냈으니 나름대로 해피엔딩이랄까. 아무튼 김태원 같은 희대의 스타도 성공하기 어려운 것이 치킨집 경영이다.

경쟁이 치열해서 그렇다. "소규모 영세업체들은 체인점의 난립으로 수익성이 갈수록 나빠진다. 페리카나의 한 관계자는 '체인점 수는 다소 늘어나고 있으나 전체 매출액 규모는 변동이 없어 결국 새로 생긴 업소가 기존업소의 매출을 나눠 먹고 있는 셈'이라고 말했다." 고객은 늘지 않는데 창업은 늘어나니 먹고살기 힘들다는 소리다. 다 아는 이야기라고? 언젯적 기사인지가 중요하다. 거의 30년 전, 1992년 초에 실린 글이다. 그때부터 이미 시장은 포화상태였다.

왜 이렇게 경쟁이 심할까. 여러 이유가 있겠다. 예를 들어 치킨집은 창업할 때 돈이 덜 든다는 것. "돼지고기만 해도 매장이 넓어야 하는데, 닭은 주로 배달이 많아 소규모 점포를 적은 돈에 차릴 수 있다." 2004년 〈한겨레21〉에 실린 분석이지만 심심하다. 누구나 생각하는 이유 말고 다른 이유를 찾아보자. 첫째로는 한국 사람이 닭고기를 적게 먹기 때문이다. 정말? 생각 못 하던 사실이다. "1인당 연간 소비량은 10년 전보다 2배 증가했지만, 외국과 비교하면 한참 적은 수준이다." 2008년 esc에 소개된 뜻밖의 통계다. "닭을 많이 먹는 미국과 브라질 등에 비하면 3분의 1에서 5분의 1 수준이다." 어째서일까? 한국 사람이 삼겹살을 많이 먹기 때문이라고도 하고, 닭고기가 주식이 아니라 간식에 가깝기 때문이라고도 한다.

또 하나 이유는 맛의 차이를 내기가 쉽지 않아서다. 2018년 〈한겨레21〉에는「왜 치킨집은 부재료로 승부하는가」라는 기사가 실렸다. "우리가 먹는 닭의 맛이 왜 거의 비슷한지"를, 그리고 "치킨 프랜차이즈가 소스나 파, 양파 등 부재료로 승부하는 이유"를 설명한다. 이 주제에 대해 조금 더 알아보자.

## 왜 치킨집은 소스로 승부하는가

지금부터는 치킨 맛에 대한 이야기다. 2008년 esc 기사에 따르면 치킨 프랜차이즈의 성공에는 특별한 규칙이 있다. 대구·경북 지역에서 인정받아야 한다는 것이다. "'닭의 메카'로 꼽힐 만한 곳은 대구·경북이다. 주요 업체들 중 상당수가 영남에서 경쟁력을 검증받은 뒤 전국 시장에 진출했다. 양념치킨은 80년대 초 대구 칠성시장에서 시작돼 멕시카나 등이 본격 상품화했다. 간장소스 덕분에 교촌은 전국구로 뜰 수 있었다."

독특한 맛의 소스를 개발하기 위해 프랜차이즈 본사는 노력한다. 교촌치킨 쪽은 "마늘간장소스는 교촌에만 있고 공장에서 만든다"고 밝혔다. "점주는 레시피를 모른다. 완제품을 받는다." 비비큐 쪽은 "염지제를 자랑한다. 염지제를 공급받지 못하면 점주는 제맛을 내기 어렵다." 굽네치킨은 "꿀, 갈비 양념 등을 강조한다." 2018년 〈한겨레21〉에 실린 기사다. 잘 만든 소스는 '권력'이 되기도 한다. "10년 넘게 프랜차이즈 업계에서 활동한 전문가 A는 '가맹점주를 압박하는 수단으로 시중에서는 안 파는, 그 프랜차이즈에서만 공급하는 특제 소스를 활용한다'고 말한다."

그런데 소스에 노력을 기울이는 것은 고기 맛이 비슷비슷하

연산오계는 온몸이 새까만 재래종 닭이다. 고기의 맛도 특별하다고 알려
졌다. 그런데 대형 닭고기업체가 주도하는 지금 유통 시스템에서는 이런
닭은 제때 도축조차 쉽지 않다고 한다. 2015년에 충남 지산농원에 찾아
가 박미향 기자가 찍었다.

기 때문이기도 하다. "우리가 먹는 대부분의 치킨은 하림, 참프레
등 몇몇 양계 대기업이 공급하는 거의 같은 닭이다. 원재료의 맛
은 같다. 승부처는 소스다." 닭고기 업체는 힘이 세다. "치킨 프랜
차이즈 브랜드는 수십 개(수백 개)지만, 가장 중요한 원재료인 닭을
공급하는 회사는 몇 개 회사다." 업체의 눈 밖에 나면 "축산 농가
는 망하는 구조"가 됐다. 업체는 또한 우리의 입맛도 지배한다.

　이 구조에서 벗어나기가 쉽지 않다. 논산의 지산농원은 재래
종 검은 닭인 '연산오계'를 키우는 곳이다. "채산성이 떨어져 계속
운영할 수 있을지 모르겠다. 도축장이 적어 못 팔기도 한다. 양계
대기업 대부분은 도축장을 소유하고 있는데, 도축량이 적은 토종
닭 농장이 이용하기 어렵다. 그나마 있던 소규모 도축장도 사라져
가는 형편이다." 이승숙 대표의 한탄이 〈한겨레21〉에 실렸다. 박

미향 기자는 이렇게 덧붙였다. "미식의 기본은 맛의 다양성이다. 그 출발점은 음식의 원재료인 식재료다."

창간 직후부터 〈한겨레〉는 다양한 음식문화를 소개했다. 닭요리도 마찬가지다. 1989년 여름에는 약병아리와 임자수탕 등 전통적인 보양식 조리법이 기사로 났다. 1990년 여름에는 영계백숙과 깻국탕의 조리법이 실렸다. 약병아리와 영계백숙, 임자수탕과 깻국탕은 이름은 달라 보이지만 비슷한 요리다. 여러 나라의 다양한 닭 요리도, 반포치킨의 마늘통닭처럼 프랜차이즈와 다른 독특한 치킨 요리도 소개했다. 앞으로 다양한 요리를 맛보기 힘들어진다면 무척 섭섭할 것이다.

### 할랄 닭강정과 할랄 삼계탕…치킨의 세계화

치킨과 세계화. 치킨에 관해 이야기하고 싶은 또 하나의 주제다. 〈한겨레〉의 옛날 기사 가운데 특정 치킨 프랜차이즈를 칭찬한 글이 눈에 띄었다. "비비큐는 고객의 주문을 받은 다음 국내산 신선한 닭을 조리해 배달해준다. 미리 만들어놓고 데워 파는 것이 아니라서 맛이 훨씬 좋다는 것." 2002년 3월의 기사다. 10월에는 업체 대표의 인터뷰도 실었다. 이렇게 좋게좋게 소개하면서 말이다. "윤 회장은 '토종' 경영인이다. 그러나 그는 비비큐라는 토종 브랜드로 막강한 케이에프시(KFC)를 한국에서 치킨 업계 2위로 물러나게 만들었다." 〈한겨레〉가 어째서?

케이에프시를 견제할 토종업체를 응원하려던 걸까. 한동안 〈한겨레〉는 케이에프시와 맥도날드 등에 비판적이었다. 1988년 12월에는 "외식산업을 외국 상표들이 석권하고 있다"며 "외국 회사만 좋은 일을 시켜주고 있다"고 걱정했다. 문제의 "외국 상표"로 케이에프시와 맥도날드와 롯데리아(!)를 거론한다. 1990년에는 시민운동단체가 제안한 '우리 농산물 먹기 시민생활수칙'을 소개했다. "맥도날드, 켄터키치킨, 피자헛 등 패스트푸드 체인점 이용을 삼간다"는 항목이 눈에 띈다. 1992년에는 "외국계 브랜드와 손잡은 대형 외식업체들이 내수경기 침체에 아랑곳없이 매장을 늘려간다"며 케이에프시를 콕 집어 불편해한다.

20~30년 전의 기사들이다. 〈한겨레〉가 유난을 떨었을까? 그랬을지도 모른다. 그런데 그때 이것은 한국만의 문제가 아니었다. 인도에서 일어난 케이에프시 반대 운동을 〈한겨레〉는 1996년에 두 차례에 걸쳐 소개했다. "남부 벵갈루루의 2호점은 농민단체 시위대에 의해 가게가 부서졌다." 중국의 경우는 복잡하다. 1997년에는 상하이의 케이에프시 지점에서 노동자 체벌 사건이 일어났다. 이에 대해 "상하이 시민들은 다국적기업의 부당한 대우를 비난하는 토론회를 개최하는 등 압력을 가했다." 그런데 특이하다. 중국인 상사가 중국인 노동자를 괴롭힌 사건이었는데 케이에프시가 외국기업이라는 점을 지적한 것이다. 어쩌면 케이에프시가 중국에서 무척 인기를 누렸기 때문일지도 모른다. 1994년에는 "맥도날드, 켄터키치킨 등은 중국에 진출한 지 2~3년도 안 돼 자리를 잡았다"는 칼럼이 실렸다. 1996년에는 "케이에프시는 유난히 닭고기를 좋아하는 중국인들에게 처음부터 꽤 사랑을 받았다"는 기사가 났다. 중국 사회 안에서도 케이에프시를 보는 시각이 엇갈렸다는 이야기다.

지금은 사정이 다르다. 세계화는 빠르게 우리의 일상이 됐다. 세계화를 나쁘게만 보던 시각도 사라졌다. 2017년 esc에는 흥미로

"한국 드라마 보면서 닭강정과 프라이드치킨이 먹어보고 싶었다"는 무슬림 유학생의 소원을 이루어준 곳이 할랄 인증을 받은 한국음식 식당인 마칸레스토랑과 마칸치킨앤누들이다. 2017년에 박미향 기자가 찍었다.

운 기사가 실렸다. 전국 각지에 있는 할랄(이슬람 율법에 따라 무슬림이 먹고 쓸 수 있도록 허용된 제품) 식당을 탐방해 소개했다. 서울에는 "돼지고기 대신 할랄 쇠고기를 넣은" 할랄 짜장면과 할랄 닭강정을 판매하는 마칸치킨앤누들이 있고, 부산에는 "중국 무슬림 상대로 할랄 닭고기 삼계탕"을 대접한 적 있는 사장님이 운영하는 식당 카파도키아가 있다. 한국의 닭요리 문화도 앞으로 더욱 풍부해질 것이다. 이런 세계화라면 적극 찬성이라고 나는 조심스럽게 생각한다.

# 혐오를
# 전파하는
# 바이러스의
# 황금시대

## 코로나19

# 2

코로나 팬데믹(감염병의 전 세계적 대유행), 그 비극의 전조는 오래 전부터 있었다. 에스에프(SF) 작품들이 그려온 미래의 모습은 다양하지만, 그 세계관의 많은 부분은 비대면 사회를 표방했다. 과학 발전에 힘입어 점점 확장되는 시간과 공간의 한계를 뛰어넘어 소통하려면 직접대면만으로는 불가능했기 때문이다. 그러나 2020년을 살아가는 우리는 갑작스럽게 닥쳐온 '언택트' 시대를 목도하고 있다. 하지만 이 언택트 시대의 갑작스러운 개막이 달갑지 않은 것은, 그것이 세계관의 확장이나 능동적인 선택의 결과가 아니라 코로나19라는 지극히 전근대적인 것만 같았던 감염병으로 인한 팬데믹 상황에서 어쩔 수 없이 받아들인 수동적 과정이기 때문이다. 하지만 이 비극이 갑자기 시작된 것은 아니다. 팬데믹 도래에 대한 전조는 꾸준히 있어왔다. 〈한겨레〉 아카이브에서 팬데믹의 전조들을 살펴보고 각각의 사건들이 우리 사회에 남긴 후유증에 대해 알아봤다. 해설 이은희

코로나19 바이러스의 비극이 갑자기 시작된 것은 아니다. 인

구제역은 인간에게 전파되지는 않는다. 그래서일까, 구제역으로 폐사한 동물들의 사체는 제대로 관리되지 않았다. 사체를 이렇게 방치하는 것은 2차 감염과 환경오염 문제를 일으킬 수도 있지만, 다른 생명을 존중하지 않는 인간성의 민낯을 보여주는 것 같아 더욱 씁쓸하다. 김현대 〈한겨레〉 대표이사가 2011년 2월 기자 시절 촬영했다.

류 대다수가 무병장수의 꿈이 이루어질 것이라고 기대하는 와중에서도, 팬데믹 도래에 대한 전조는 꾸준히 있어왔다.

## 조류독감, 구제역…팬데믹 도래의 전조

전조는 가축에서 먼저 시작되었다. 1997년 2월께, 중국 광둥 지역에서 처음 나타난 미지의 바이러스가 지역의 양계장을 초토화시킨 뒤 홍콩까지 퍼져 나갔다. 인플루엔자 바이러스의 아종(H5N1)에 의해 발생하는 조류독감(avian influenza)이었다. 발병 즉시 농장을 폐쇄하고 모든 가금류는 살처분해 매장하거나 소각한 뒤 농장 전체를 소독했지만, 조류독감은 쉽사리 잡히지 않았다. 사람들이 걱정한 것은 조류독감 그 자체가 아니라, 독감 10년 주기설에 의한 사람 독감의 전 세계적 대유행이었다. 안타깝게도 이는 10여 년 뒤 현실로 나타난다.

역병은 포유류에게도 나타났다. 1996년 유럽연합은 알바니아에서 발생한 가축전염병이 점차 유럽 전역으로 확산되고 있다고 보고했다. 구제역(口蹄疫, foot-and-mouth disease)은, 이름처럼 발굽과 입 주변에 물집이 생기는 것이 특징인 바이러스성 가축감염병이었다. 우리나라의 경우 2000년부터 소와 돼지에게 나타나는 가축 괴질이 보고된 이래, 주기적으로 발생해 농장 폐쇄와 살처분이 되풀이되고 있었다. 다만 구제역은 사람에게는 전파되지 않기에, 구제역에 대한 사람들의 관심도는 집단 살처분의 윤리적 문제와 함께 사체를 부실하게 처리해 이들이 2차적인 환경오염의 원인이 된다는 것에 주로 몰렸다.

닭과 오리를 시작으로 돼지와 소를 거쳐 유행하는 감염성 질환들은 이전에도 있었다. 그러나 새로운 아종 혹은 변종의 등장으로 그 치명도가 이전보다 강해졌고, 밀집도가 매우 높은 현대식 축산업의 특성상 한번 발병하면 삽시간에 대규모 유행으로 번진다는 공통점을 가지게 됐다. 바이러스학자 네이션 울프는 팬데믹 상황을 불러일으키는 요인으로 동물과의 잦은 접촉을 통한 바이러스의 유입 및 돌연변이의 발생, 사람들 사이의 감염 전파력 등을 꼽는다. 육식의 확산으로 전 세계적으로 사람보다 훨씬 더 많은 닭이 사육되며, 더 자극적인 맛을 찾아 야생동물을 남획하며, 교통과 무역의 발달로 전 세계 모든 곳이 점점 더 밀접하게 연결되고 있는 인간 사회의 특성은 마치 시한폭탄처럼 팬데믹 상황을 일으키게 하는 모든 필요조건을 갖춰가고 있는 듯했다.

여기에 인간의 방심도 한몫하기 시작했다. "위생의 기본 수칙을 어긴 주사기 재사용으로 인해 C형 간염이 확산"(2015년 12월 1일치 〈한겨레〉 기사)되고, 백신의 부작용을 이유로 들어 접종을 거부하기 시작하면서 "종식 선언의 최종 심사대까지 갔던 홍역과 풍진 등의 감염성 질환의 산발적 재유행"(2015년 2월 22일치 〈한겨레〉 기사)을 불러일으켰던 것이다.

특히 자녀에 대한 백신 접종 반대는 아동의 건강할 권리에 반하고, 사회적 자원의 낭비로 이어지는 비과학적·비합리적 행위임이 분명하나 이에 대한 사회적 인식은 이상하게 호의적이다. 일명

'안아키 사태'로 벌어지는 극단적 자연주의 육아 역시 일종의 아동 학대가 될 수 있다. '안아키'란 '약 안 쓰고 아이 키우기'를 말한다. 〈한겨레〉는 이에 대해 '안아키 하다 안아키(병 안 나게 아이 키우기) 못 한다'고 보도했다. 병을 무서워하는 심정이 백신에 대한 두려움으로, 아이를 사랑하는 감정이 아이를 해치는 이상한 극단으로 치닫는 것이다.

### 사스, 신종플루, 에볼라, 메르스…
### 집단 감염병이 사람을 덮치다

사람을 대상으로 한 집단 감염병이 시작된 것은 2003년이었다. 당시 중국 광둥성 지역에서 시작된 이 '원인불명 폐렴'이 홍콩의 국제 호텔을 방문한 확진자를 통해 전 세계적으로 퍼져나가면서, 전 세계는 신종 '괴질'에 대한 공포에 휩싸이게 된다. 중증급성호흡기증후군(Severe Acute Respiratory Syndrome), 일명 사스(SARS)의 출현이었다. 사스의 원인은 변종 코로나바이러스로 파악되었지만, 길은 거기서 막혔다.

사스에는 대응책이 없었다. 백신도 치료제도. 사스는 순식간에 37개국으로 퍼져 총 8237명을 감염시켰고, 이 중 775명의 삶을 앗아갔으나, 이듬해 알 수 없는 이유로 그대로 사라졌다. 국내의 경우 발병 초기에 철저한 대응으로 총 3명의 환자(사망자 없음)만으로 그쳤고, 이 결과는 엉뚱하게도 한국인의 솔(soul)푸드인 김치의 이미지 상승에 기여하는 해프닝을 낳기도 했다. 하지만 늘 이렇게 운이 좋을 수는 없는 일이었다.

시한폭탄의 타이머가 멈춘 것은 2009년 3월이었다. 미국과

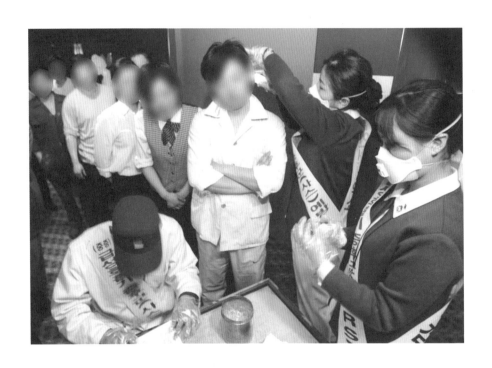

2003년 4월 강창광 기자의 사진. 사스는 21세기 들어 처음으로 대중들에게 인식된 신종 바이러스성 질병이었다. 2003년의 국내 방역은 지금도 성공한 모델로 꼽힌다. 사스 바이러스 역시도 채 1년이 못 되어 사라졌지만, 행운의 여신이 언제까지 인간의 편일지 장담할 수 없는 노릇이었다.

멕시코를 중심으로 유행하기 시작한 돼지독감(swine influenza)이 세계적으로 퍼져나가기 시작했던 것이다. 바이러스 유전체 분석 결과, 이 신종플루의 원인이 바로 1918년 수천만 명의 희생자를 냈던 스페인 독감과 같은 H1N1 형태라는 사실이 알려지자 공포감은 증폭되었다.

공항 방역에는 비상이 걸렸고, 마스크와 손소독제 같은 개인 위생의 중요성을 널리 알리는 기사들이 연일 쏟아져 나왔다. 하지만 들불처럼 번져나가는 신종플루의 확산 추세는 좀체 수그러들지 않았고, 결국 세계보건기구(WHO)는 2009년 6월 11일 사상 두 번째로 팬데믹을 선언했다. 첫 번째는 1968년 발생했던 홍콩 독감이었다. 세계보건기구는 신종플루로 인해 672만 4149명의 감염자와 1만 8449명의 사망자가 발생했다고 공식적으로 발표했다. 2009년 여름이 지날 때까지만 하더라도 방역에 성공적이었던 국내에서도 총 76만 명이 감염되어 이 중 270명이 숨졌다.

그나마 신종플루는 사망률이 낮은 데다(국제 기준 0.3%, 국내 기준 0.025%), 백신과 함께 치료제인 오셀타미비르(상품명 타미플루), 자나미비르(상품명 릴렌자) 등이 개발된 상태였기 때문에 당시 사회의 멈춤 정도는 잠시 눈치 보며 쉬어가는 수준에 그쳤다. 몇몇 정보기술(IT) 집단을 중심으로 재택근무가 실시되었지만 사회 전반으로 확장되지는 못했고 집단 휴학도 대개 1~2주 선이었다. 그렇게 대유행의 위기는 그럭저럭 넘어가는 듯했다.

이후 신종플루는 일반적인 계절성 독감으로 남아 다소 귀찮은 정도 수준으로 전락했다. 우리는 위기를 잘 넘겼고, 이 상황이 인류의 보편적 질병 모델 시스템이 될 것이라 사람들은 생각했다. 대규모 감염병의 발생 자체를 막을 수는 없겠지만, 효과적으로 대

2009년 신종플루는 21세기 들어 처음으로 세계보건기구가 팬데믹 선언을 했던 질환이었다. 국내에서도 약 76만 명이 감염되어 270여 명이 사망한 바 있다. 특히나 집단생활을 하는 경우 바이러스의 확산 속도가 빠르기에 각급 학교들은 2학기 개학을 미루고 임시 휴업·휴교 선언을 하기도 했다. 박종식 기자가 촬영했다.

응해 위기를 넘길 수 있다는 생각.

이 막연한 자신감은 얼마 못 가 타격을 받기 시작했다. 국제적으로 그것은 에볼라로, 우리에게는 메르스로 다가왔다. 에볼라는 원래 1976년 자이르(현재 콩고민주공화국)의 에볼라강 근처에서 처음 인식되었던 질환으로, 90%에 이르는 사망률로 현지를 공포로 몰아넣었던 질병이었다. 하지만 에볼라는 그 증상이 아주 심하고 사망률이 너무 높아 숙주가 되는 인간이 채 바이러스를 퍼뜨리기도 전에 숨졌기에 역으로 질병이 널리 퍼지기는 어려웠다.

최초 발견 이후 40여 년 동안 아프리카 해당 지역의 풍토병으로만 남은 것도 이런 이유에서였다. 하지만 2014년 상황이 달라졌다. 아프리카의 개방성 증가와 이전보다는 낮은 치명도(그래도 사망률은 40%를 웃돈다!)를 가진 변종 에볼라 바이러스의 등장이 맞물려 아프리카를 벗어나 다른 대륙으로 옮겨 갔으며, 세계 8개국에서 2만 8616명이 이 병에 걸려 이 중 1만 1310명이 사망하는 비극이 벌어진다. 하지만 국제사회가 에볼라로 시끄러울 때도 상대적으로 우리의 일상은 평온했다. 국내에는 전파되지 않았기에 강 건너 불구경하는 느낌이었기 때문이다.

하지만 우리에게는 새로운 불씨가 피어나고 있었다. 중동 지역에서 최초로 발병해 중동호흡기증후군(Middle East Respiratory Syndrome, 메르스)이라 불리던 질환이 2015년 5월 국내에도 나타났고 병원을 통해 2차 감염자가 양산되면서 무서운 속도로 번져나갔다. 이미 사스와 신종플루 사태를 겪었음에도, 메르스 사태에서 보여준 정부의 대응은 실망스러운 수준이었다. 메르스가 중동 지방의 낙타로부터 유래했다는 것을 근거로 우리 밖으로 나가본 적도 없는 서울대공원의 낙타들을 검사하는 해프닝은 애교 수준이었고, 제대로 된 지침을 제시하지도 못하고 관련 정보를 숨기기에 급급해 오히려 사태를 악화시킨 것이다.

결국 메르스는 초기 대응 실패로 그해 7월 말까지 총 186명이 감염되고 이 중 36명이 숨지는 비극을 만들어내며 대한민국을 잠시 멈춤 상태로 이끌었다. 이를 기점으로 시민들은 정부를 더욱 믿지 않기 시작했다. 메르스는 분명 위험한 병이었으나, 병원 감염이 주된 전파 경로였기 때문에 초기에 병원만 제대로 공개하고 대응했어도 사태의 확산은 막을 수 있었다는 의견이 공론으로 모아지면서, 질병 자체의 원인이 아니라 이에 대응하는 정부의 무능함에 더 큰 책임을 지웠기 때문이다.

비록 메르스는 2015년 이후 국내에서 다시 유행하지는 않았지만, 메르스가 우리에게 남긴 상처는 컸다. 가장 큰 생채기는 질병 그 자체보다 역시나 인간 사회 쪽에서 등장했다. 메르스 초기 시절부터, 환자들과 이들이 입원한 병원에 대한 차별과 거부감은 매우 컸다. 호흡기로 감염되는 질병의 특성상, 아무리 조심해도 감염 경로를 완벽하게 차단하기 어렵기에 바이러스 감염자(혹은 감염 의심자)가 기피의 대상이 된 셈이었다.

더 큰 문제는 환자를 둘러싼 시선이 아니라 사회적 시선 그 자체에서 발생했다. 2015년 5월 말 메르스에 대한 다양한 정보를 공유하기 위해 인터넷 게시판 '메르스 갤러리'가 자생적으로 만들어졌다. 그러나 얼마 가지 못해 메르스 갤러리는 질병 정보 공유라는 본래 목적보다는 사회에 팽배한 여성 혐오 현상을 그대로 '미러링'하는 남성 혐오의 장으로 변모하고 만다. 이를 기점으로 우리 사회는 본격적으로 혐오의 표현을 마구 양산해내기 시작한다. 역사적으로 볼 때, 대규모 재난이 한 차례 사회를 휩쓸고 지나가면

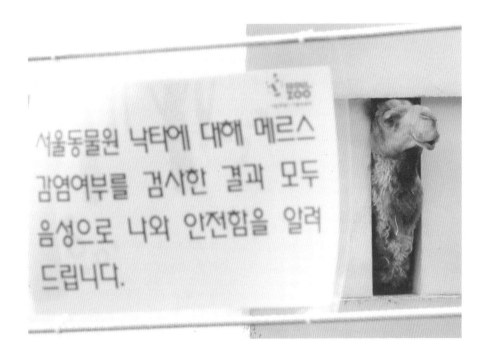

2015년 6월 강재훈 기자가 찍은 낙타 사진. 메르스 국내 유행은 우리 정부의 과학적 인식 수준의 바닥을 드러내 보이기도 했다. 메르스 바이러스가 중동 지역에서 처음 시작되었다는 이유로, 동물원에서 태어나 평생 우리 밖을 나가본 적이 없는 동물원 낙타에 대해 메르스 검사를 벌이고, 낙타고기나 낙타유를 먹지 말라는 것을 버젓이 국민들에게 권고하기도 했던 사실은 감추고 싶은 해프닝이었다.

사람들은 분노를 풀 희생양을 찾기 마련이었다. 그리고 21세기 대중들은 사이버 공간에서 나와 다른 그룹을 특정짓고, 그들을 무차별적으로 공격하고 조롱하는 방식으로 이런 분노를 표출했다. 그리고 이는 여전히 현재진행형이다.

## 코로나 시대의 뉴노멀, 혐오에 휘둘리지 않기

그렇게 메르스는 우리 사회와 개인의 삶에 매우 큰 생채기를 남기고 사그라졌으나, 그 불씨가 아주 사라진 것은 아니었다. 그리고 2020년 지금, 우리는 바이러스 대유행의 한복판에서 현재진행형으로 이를 목도하고 있다. 코로나19 바이러스라는 변종의 세계적 대유행은 우리 삶의 방식을 송두리째 바꾸어놓았다.

겨울에서 다섯 계절을 더 지나 이듬해 여름에 들어설 때까지도 좀처럼 사그라지지 않는 바이러스의 대유행은 삶의 모든 국면에서 타인과의 접촉을 막는 방향으로 우리를 내몰았다. 아이들은 머리맡에 놓인 컴퓨터나 텔레비전을 통해 등교하고, 직장인들은 온갖 메신저와 화상회의 창을 컴퓨터에 띄워놓은 채 집에서 업무를 본다. 생필품은 인터넷 쇼핑으로, 영화는 스트리밍 서비스로, 음식은 배달앱으로 해결한다. 어쩔 수 없이 타인과 마주해야 할 때면 마스크를 쓰는 것이 예의이며, 서로 간의 접촉은 거부한다. 한국인이 가장 많이 하는 말인 '밥 한번 먹자'가 매우 위험한 발언이 된 셈이다. 이른바 '뉴노멀'(시대 변화에 따라 새롭게 떠오르는 기준이나 표준)의 시대는 너무도 갑작스럽게 시작되었다.

코로나19로 인한 시대적 변화는 우리 모두가 몸소 느끼고 있는 것이기에 많은 말을 보탤 필요는 없을 듯하다. 나와 내 가족 외

2020년 4월 15일 제21대 국회의원 선거에서는 진풍경이 벌어졌다. 코로나 바이러스의 확산은 투표장에 나온 모든 국민들에게 마스크를 쓰고 일회용 비닐장갑을 끼고 사회적 거리두기를 실천할 것을 강제했다. 바이러스라는 자연적인 존재가 선거라는 사회적 시스템과 맞물린 결과다. 김봉규 기자가 찍었다.

모든 이가 '불가촉 타인'이 되는 세상에서 과연 누군가를 미워하지 않고, 타인에게 분노를 표출하지 않고 살아갈 수 있을까. 메르스 사태에서는 이것이 성별에 따른 혐오로 두드러졌다면, 2020년 코로나19 사태 땐 확진자와 그 접촉자에 대한 거부는 물론이거니와, 대상도 국적, 성적 정체성, 세대, 지역, 종교 등에 따라 더욱더 다양하게 확산되었고, 그 혐오의 결과 골 역시도 더욱 날카롭고 깊어지고 있다.

바이러스가 생존하기 위해 인간에게 더욱 널리 깊게 침투하도록 진화하듯이, 혐오라는 사회적 밈(meme. 사람에서 사람 사이에 전파되는 어떤 생각, 스타일, 행동) 역시도 제 나름대로 진화를 통해 확산을 가속화하는 상황인 셈이다. 어쩌면 바이러스의 입장에서는 숙주가 되는 인간의 개체수가 70억 명을 웃돌 만큼 많고, 숙주의 이동이 잦아 새로운 숙주를 만날 기회가 높은 지금의 사회가 지금껏 존재해왔던 수십억 년의 세월 중에서 가장 황금시대일지 모른다.

냉혹한 진화의 공존장에서 우리가 살아남기 위해서 먼저 해야 할 것이 있다. 사회적 거리두기로 물리적인 바이러스의 차단 경로를 끊을 것. 그러나 인간다움과의 단절을 피하기 위해서는 혐오 밈에 휘둘리지 말고 마음의 눈과 손이 닿는 범위에서 벗어나지 않을 것. 그것이 코로나19 시대를 살아갈 우리의 가장 기본적인 뉴노멀이 되어야 하지 않을까.

'전두환
조찬기도회'
40년 뒤
'코로나 집회'

전광훈과
대형교회

3

문제적 목사 전광훈이 〈한겨레〉 인터넷판에 처음 등장한 때는 2005년 1월이었다. 그를 전국적 유명인사(?)로 만든 '속바지 발언' 때문이었다. 전광훈 쪽은 많이 억울했나 보다. 자신을 "빤스 목사"라 홍보는 기사와 댓글을 꾸준히 고소해온 것을 보면 말이다. 2011년 9월 〈한겨레〉에는 전광훈 쪽의 '반론'도 실렸다. "〈한겨레〉는 지난 22일 서울 시내 한 호텔의 커피숍에서 전광훈 목사를 만나 그가 어떤 취지로 해당 발언을 했는지 해명을 들어봤다." 자신이 속바지 발언을 한 사실은 인정했다. 다만 본뜻이 왜곡되었다고 했다. 더 나아가 전광훈은 "내가 대한민국 정체성을 문제 삼으며 종북주의자를 비판하니 그들이 나를 폄훼한다"며, 정치성향 때문에 자신이 부당한 공격을 받는다고 주장했다. 전광훈 목사와 대형교회의 역사를 〈한겨레〉 아카이브에서 살펴봤다. **해설 김태권**

왜 지금 나는 속바지 이야기를 꺼내는가. 전광훈이 등장했다는 2005년 1월의 기사가 눈길을 끌어서다. 전광훈의 주장과는 달리, 이 기사는 그의 정치색을 문제 삼지 않았다. 심지어 기사 주제도 전광훈의 막말이 아니다. "담임목사의 절대권력과 우상화" 문제를 다뤘다. 내가 보기에는 '속바지 발언'보다 중요한 주제 같다. 지금 한국 개신교의 위기가 여기서 비롯했다고 하면 지나친 말일까. 〈한겨레〉의 옛 기사를 뒤적이며 교단의 자정 능력에 대해 고민한다.

2005년 1월 26일, 〈한겨레〉 인터넷판에 이런 사연이 실렸다. 서울 어느 교회에서 담임목사의 '갑질'에 맞서던 부목사들이 노동조합에 가입했다고 한다. 그러자 담임목사를 따르는 교인들이 농성장을 찾아와 욕을 하고 걷어차고 뺨을 때렸다. 어쩌다 이런 일이 일어난 걸까? 담임목사의 권력이 지나치게 크기 때문이다. "(교회에는) '모든 권력은 마이크에서 나온다'는 말이 있습니다. 설교권이 담임목사에게 있기 때문에, 어떤 주장을 반복하면 교인들도 세뇌가 되는 거죠."

교회 한 곳의 문제가 아니라고 했다. "담임목사의 절대권력화와 우상화는 어느 정도일까?" 〈한겨레〉는 그 무렵 〈뉴스앤조이〉 보도로 세상에 알려진 전광훈의 '속바지 발언'을 예로 들었다. "전광훈 목사는 '우리 교회 성도들은 목사인 나를 위해 죽으려는 자가 70% 이상이다. 내가 손가락 1개 펴고 5개라 하면 다 5개라 한다. 자기 견해 없이 목사를 위해 열려 있는 것이다. 어떤 의미에서 목사는 교인들에게 "교주"가 되어야 한다'고 주장했다. 또 그는 '이 성도가 내 성도 됐는지 알아보려면 두 가지 방법이 있다. 옛날에 쓰던 방법 중 하나는 젊은 집사에게 빤스(팬티) 내려라, 한번 자고 싶다 해보고 그대로 하면 내 성도요, 거절하면 똥이다. 또 하나는 인감증명을 끊어 오라고 해서 아무 말 없이 가져오면 내 성도요, 어디 쓰려는지 물어보면 아니다'고 말했다."

2011년에 기독자유민주당을 창당하는 전광훈의 모습이다. 지금보다 젊었다. 신
소영 기자가 찍었다. 하나 건너 옆자리에 앉아 있는 사람은 한때 유명했던 이건
개 전 고검장이다. 홍준표가 '모래시계 검사'로 자처하는 이유는 검사 시절 이
사람을 잡아넣었기 때문이다. 물론 이건개 쪽에서는 자신은 정치적 희생양일 뿐
이라며 억울하다고 주장한다.

전광훈은 오해라고 주장한다. '내가 속바지를 벗으라고 하면 내 신도들은 벗겠지만 나는 벗으라고 하지 않는다'는 것이 자신의 본뜻이라고 해명(?)했다. 2011년 〈한겨레〉에 실린 전광훈의 반론은 이렇다. "어떤 목사가 집사와 불륜관계에 있었다. 그 목사가 조사를 받다가 '나는 책임 없다. 집사님이 꼬셨다'라며 모든 책임을 돌렸다더라. 나(전광훈)는 그 목사의 잘못을 설명하는 과정에서 '성도들이 목사 좋아하는 것은 선이 없다. … 우리 교회 집사님들은 나 얼마나 좋아하는지 내가 빤스 벗으라면 다 벗어. 목사가 벗으라고 해서 안 벗으면 내 성도 아니지. 그런다고 해서 집사들에게 책임을 지우면 되겠느냐'라고 말했다. 이런 맥락에서 한 발언"이라나.

글쎄, 독자님은 어떠신지. 전광훈의 '해명'을 듣고 '아! 전광훈 목사가 억울하겠구나!'라는 생각이 드시는지? 아무려나 나는 속바지 발언보다 청중의 반응이 더 문제인 것 같다. "〈뉴스앤조이〉는 이 강연에 대해 '해괴하기만 한 강의였으나 주된 참석자들인 … 목회자 부부들은 양손을 치켜들고 '아멘'으로 화답하기에 바빴다'고 보도했다. '우상화' 수준에 이른 일부 담임목사들이 자신이 고용한 부목사나 관리집사 등을 어떻게 대했을지 짐작이 가는 대목이다." 말하는 전광훈도 듣는 목회자들도 한마음 한뜻이었다는 사실이 어쩌면 더 큰 문제 아닐까.

## 전광훈의 사부 김홍도와 무관용이 낳은 비극

같은 생각인 사람이 모이면 다른 집단에 배타적이 되기 쉽다. 다른 종교를 가진 사람이나 종교를 가지지 않기로 선택한 사람에게 배려가 부족하다는 말을 한국 개신교는 자주 듣는다. 1992년의 변선환 교수 사건은 교회 밖의 사람이 보기에 충격적이다. 변선환은 불교나 원불교 같은 다른 종교와도 대화해야 한다는 논문을 썼다. 그러자 그를 쫓아내겠다는 종교재판이 열렸다. "교계 안팎의 비상한 관심 속에 열린 이날 '한국판 종교재판'은 무리한 기소 절차, 재판 진행의 미숙 등 첫 교회재판으로서 많은 한계를 드러냈다." 〈한겨레〉 1992년 3월 25일치 기사다. 〈한겨레〉는 감리교신학대학의 학장이던 변선환 교수에 대해 그가 출교를 당하고 세상을 떠날 때부터 지금까지 50여 건의 기사를 냈다. 5월에 이어지는 기사는 무시무시하다. "이날(5월 7일) 재판은 (재판부를 편드는) 3000여 금란교회 교인들이 열광적으로 예배와 찬송을 하고, (재판부에 항의하는) 감리교신학대학생들을 이 교회 남성 선교회원들이 끌어내는 등 극도로 소란스러운 가운데 진행됐다."

수천 명의 교인을 동원해 살벌한 분위기를 조성한 사람은 금란교회 담임목사였던 김홍도다. 김홍도는 '관용 없음'의 상징과 같은 인물이다. 1998년에는 자신의 비리 의혹을 보도한 문화방송(MBC)에 신도 2000여 명을 보내 방송에까지 지장을 주었다. 2004년에는 공금을 유용한 혐의로 실형을 선고받았는데, 이 무렵 다른 대형교회 목사들과 함께 서울시청 광장에 교인 10만여 명을 동원해 세를 과시했다. 2005년 초에는 서남아시아에서 쓰나미(지진해일)가 일어나 수십만 명이 희생된 일을 놓고, 불교와 무슬림이 많이 사는 지역이라 "하나님의 심판"을 받았다는 악명 높은 발언을 했다. 김홍도는 최근 세상을 떠났다. 그의 굳긴 소식을 전하는 〈한겨레〉의 기사 제목은 「전광훈의 사부 김홍도 목사 별세」였다. "전광훈 목사는 무명의 자신을 대형교회 부흥사로 데뷔시켜준 고인을 '영적 아버지'라며 아버지라고 불렀다고 한다." 김홍도가 남긴

1992년에 변선환, 홍정수 교수를 쫓아내는 종교재판이 열렸다. 김홍도는 금란교회 교인들을 동원해 사나운 분위기를 조성하고 항의하는 감리교신학대학 학생들을 강제로 끌어냈다. 이정우 기자가 촬영해 그해 5월 〈한겨레〉에 실렸다.

유산이 전광훈이다.

관용 없는 모습은 나라 밖에 나가서도 마찬가지였다. 1992년 6월 28일치 〈한겨레〉에는 「북방선교 과열 잇단 마찰」이라는 기사가 났다. "러시아 주재 한국대사관으로부터 한국 종교계가 옛 소련 전역에서 과열 선교로 물의를 빚고 있으므로 본국의 대책 마련이 시급하다는 보고서가 오기도 했다. (최근 몇 년 동안) 한국 종교계의 과열 선교가 금품 살포, 신자 뺏기, 교회 난립 등 큰 부작용을 불러 현지에서 한인들에 대한 인식을 악화시킨다는 것이다."

러시아 정교회 역시 개신교와 마찬가지로 크리스트교의 한 갈래라는 점을 생각하니 적잖이 민망하다. 어디 러시아와 동유럽만 대상이랴. "한국 종교계의 북방선교가 과열 시비로 마찰을 빚은 것은 이번이 두 번째로 지난해 8월에는 중국 정부가 우리 정부에 한국 개신교 등의 과열된 선교활동을 자제시켜달라고 요청해온 바 있다."

기사에는 충고도 실려 있다. "종교계에서는 어쨌든 이 기회에 업적 및 성과주의, 물량공세 … 등 선교사업에 스며든 '한국적 축복신앙의 부정적 형태'를 시급히 일소해야 한다고 지적한다." 이 고언을 1992년에 받아들였다면 어땠을까, 나는 조심스럽게 상상한다. 2007년에 아프가니스탄에서 목회자가 피살된 샘물교회 사건의 안타까운 비극은 피할 수 있지 않았을까.

## 박정희는 '경제 대통령', 조용기는 '종교 대통령'?

미리 밝혀야겠다. 나의 관심사는 몇몇 목사의 개인적 일탈을 버르집으려는 것이 아니다. 일부 목사의 잘못을 꼬투리 잡아 개신교 전체를 비난할 의도는 없다. 종교인의 일탈은 어느 교단에나 있다. 다만 나는 몇몇 교회의 자정 능력이 걱정이다. 잘못이 있어도 지적하지 못할 정도로 목사의 권력이 강하다면 문제가 아닐까? 일부 대형교회의 리더십이 군부독재 체제와 닮아 있다는 지적이 개신교 일각에서 제기되곤 한다.

한때 교회개혁 운동에 참여했던 정종은 교수가 내게 들려준 이야기다. "이른바 '한국형 메가처치'는… 3선개헌과 유신으로 이어지는 박정희 정권의 영구집권 모색과 연계"된다는 분석이 2011년 1월 〈한겨레21〉에 실렸다. 2011년 6월 〈한겨레〉 기사에는 "박정희는 '경제 대통령', 조용기 목사는 '종교 대통령'?"이라는 부제가 달렸다.

카리스마 넘치는 지도자의 문제는 소통이 부족하다는 점이다. 조용기 가족의 경우는 이 점을 잘 보여준다. 2000년대 초반에 조용기 목사는 큰아들 회사의 주식을 갑절 이상 비싼 값에 사주었다. 교회 돈을 가져다 썼다는 점이 문제였다.

종교전문 기자인 조현 기자는 〈한겨레〉 휴심정 페이지를 운영해왔다. 개신교 큰 교회들의 속사정 역시 오랫동안 다루었다. 2011년 9월 20일 휴심정에는 "조용기 목사가 장로들에 의해 고발당했다"는 기사가 났다. 배임 혐의였다. 이때 조용기 목사 쪽은 어떻게 대응했을까? 비판을 받아들였을까? 반대다. 2011년 10월 〈한겨레〉에는, 조용기 가족을 비판했다는 이유로 〈국민일보〉 노조위원장이 해고를 당했다는 기사가 실렸다.

2012년 12월에 큰아들이 기소당했다. 조용기 목사는 공범 혐의였다. 이때 교회는 살을 깎는 모습을 보였을까? 정반대였다. 2013년 1월 5일치 〈한겨레〉 기사에 따르면, 1월 3일에 열린 한기

총 총회가 만장일치로 "조용기 목사를 노벨평화상 후보로 추천하기로" 결의했다고 한다. "홍재철 회장은 '조용기 목사님은 지구를 115바퀴나 돌면서 세계에서 가장 많은 복음을 전했던 분이다. 꼭 혁명을 해야 (노벨평화상) 후보가 되는 게 아니지 않으냐'고 말했다." 여론은 싸늘했다. 1월 10일 휴심정 기사의 제목은 이랬다. 「생뚱맞은 조용기 목사 노벨상 추천」. 결국 없던 일이 되었다.

그러거나 말거나 검찰은 착착 수사를 진행했다. "큰아들이 교도소에 수감된 와중에 조용기 목사도 배임 혐의로 기소될 처지라고 한다. 사법당국은 이번 사건을 엄정히 심판해 대형교회들이 자정하는 계기가 되도록 해야 할 것이다." 〈한겨레〉 3월 1일치 사설이다. 그래서 이 계기에 자정했을까? 글쎄다. 비판한 사람들만 불이익을 당했다. 2013년 3월의 기사 제목은 이렇다. 「조용기 목사 고발한 장로들에 '보복징계'」.

2017년 대법원에서 조용기 목사의 유죄가 확정되었다. 그 전에 자정의 노력이 없지는 않았다. 조용기 가족의 비리 의혹에 대해 교회가 "자체 진상조사를 벌인 결과 절반 이상이 사실이라는 결론을 냈다." 2014년 2월 11일치 기사다. 그러나 "여러 의혹이 사실임을 밝히고도, 언론사에 보낸 보도자료에는 '의혹 대부분은 오해거나 과장이며, 일부 관련이 있더라도 회복 가능한 부분'이라고 밝혔다." 내부에서 끙끙 앓고 내놓은 결론일 텐데, 밖에서 보는 사람은 안쓰럽다.

생각이 같은 사람들이 모인다는 것은 생각이 다른 사람은 떠난다는 의미이기도 하다. 이것이 개신교의 위기로 이어졌다. 2006년 6월 기사에 따르면 "지난 10년간 가톨릭 신자가 219만, 불교 신자가 40만 5천 명이 각각 늘어난 반면 개신교 신자는 14만 4천 명

2014년 2월 20일에 유죄판결을 받고 나오는 조용기 목사를 김봉규 기자가 찍었다. 지면에 실리지 않았던 사진이다. 항의하는 시민들과 지지하는 신도들이 뒤엉켜 어수선하다. 이날 지지자들과 경호원들이 기자에게 폭력을 행사하고 방송사 카메라를 때려 부쉈다는 후일담이 있다.

이 줄어든 것으로 나타났다." 개신교가 전해진 이후 처음 있는 일이었다. 이때 자성했다면 어땠을까.

## 신이 아니라 전두환을 찬양한 목사들

자성의 기회는 1988년에도 있었다. 〈한겨레〉는 창간 직후부터 '1980년 8월 6일의 조찬기도회'를 반성해야 한다는 개신교 신자들의 목소리를 실었다. 5·18 광주민주화운동이 일어난 지 몇 달되지도 않아 개신교 목사 23명이 모여 기도회를 열었다. "신군부는 이 기도회를 현장중계하는 것으로도 성이 차지 않아 평일인데도 점심과 저녁 두 차례 더 녹화중계하는 '정성'을 들였다." 이날 정진경 목사는 전두환이 "사회 구석구석에 존재하는 악을 제거하고 정화"한다고 찬양했다. 1988년에 개신교인들이 그때 전두환 정권을 정당화해준 일을 참회하라고 촉구했다. 이때 자성했다면 어땠을까. 그러나 "조찬기도회의 주역 23명 중 단지 2명만이 (1996년에) 발표한 참회성명에 동참했을 뿐이다."

나중에 2020년을 돌이켜 "코로나 재확산 사태 때 한국 개신교가 자성했다면 어땠을까" 아쉬워하게 되지는 않으려나. 안타까운 마음이다.

# 섬뜩한 유머,
## 아직도
## 남은 이야기가
## 많다

봉준호 vs
박찬욱

4

"예술가들끼리 비교는 무슨 비굡니까?" 〈씨네21〉 2003년 11월 25일치에 실린 박찬욱의 말이다. 최민식과 송강호는 둘 다 뛰어난 배우라 비교가 의미 없다고 잘라 말하던 맥락이었다. 그래도 나는 감히 이 글을 쓴다. 외국에 나가 무슨 상을 받고 관객이 몇이 들었고. 이런 비교는 나도 싫다. 〈한겨레〉 〈한겨레21〉과 〈씨네21〉의 옛 자료에 실린 인터뷰와 대담 기사를 뒤적었다. 봉준호와 박찬욱의 초기 작품 세계를, 두 감독 스스로의 목소리로 들어보자. 해설 김태권

박찬욱이 감독한 영화 〈복수는 나의 것〉이 개봉하던 때가 2002년이다. 봉준호 〈살인의 추억〉은 2003년.

그해 4월 26일치 〈한겨레〉에는 봉준호와 박찬욱의 대담 기사가 실렸다. 사람들의 입길에 오르던 일화가 소개되었다. 여러 해전 박찬욱은 화성연쇄살인사건을 영화로 만들 생각을 했다. 마침그때 주목받던 연극 〈날 보러 와요〉가 이 살인사건을 다루었다. 박찬욱은 김광림이 쓴 희곡의 판권을 사러 찾아갔다가, 며칠 전에 판

권이 팔렸다는 사실을 알게 된다. 판권을 사간 감독은 봉준호였다. 이럴 수가! 전하는 이야기에 따르면 그때 박찬욱은 봉준호가 그 무렵 일본 만화 《올드보이》를 재밌게 읽은 일을 떠올렸다고 한다. "그렇다면 〈올드보이〉를 자신이 찍는 건 일종의 복수인 셈이다." 박찬욱은 《올드보이》의 판권을 입수한다. 영화는 2003년에 개봉했고 2004년에 칸영화제 심사위원대상을 받는다.

이 일화가 사실일까? 봉준호에 따르면 절반만 그렇다. 박찬욱이 〈날 보러 와요〉의 판권을 원한 일은 사실이다. 그런데 봉준호가 탐낸 이야기는 《올드보이》가 아니라 다른 작품이었다. "〈복수는 나의 것〉처럼 유괴를 소재로 시놉시스를 쓴 게 있었지." 봉준호의 푸념을 듣고 박찬욱은 받아친다. "내가 (〈살인의 추억〉을) 감독했다면 참 다른 영화가 나왔을 거야. 일단 제목부터 다르겠지. 나 같으면 그 마을 허수아비에 새겨진 글귀 있잖아. '너는 자수하지 않으면 사지가 썩어 죽는다.' 그걸 쓰지 않았을까."

봉준호가 〈복수는 나의 것〉을, 박찬욱이 〈살인의 추억〉을 감독할 수도 있었다. 어떤 영화가 나왔을까. 상상만 해도 흥미롭다. 두 감독이 닮았기 때문이다. 그러면서도 서로 다르기 때문이다.

## "유머 감각 이상하다는 이야기, 간혹 들어요."

봉준호와 박찬욱의 유머에 대해 이야기해보자. 나는 〈한겨레〉의 데이터베이스를 뒤지던 중 충격적인(?) 글을 읽게 되었다. 〈올드보이〉 개봉을 앞두고 박찬욱은 꿈을 꾸었다고 했다. "우리 포스터가 붙은 담벼락에 생쥐 한 마리가 뽀르르 기어 올라가더군요. 그러더니 글쎄 제목 활자 왼쪽에 찰싹 달라붙는 거예요. 어때요, 대

봉준호판 〈올드보이〉와 박찬욱판 〈살인의 추억〉을 상상해보는 것도 팬으로서 즐거운 일이다.
〈한겨레〉 2003년 4월 26일치에 봉준호와 박찬욱의 대담이 실렸다. 임종진 기자가 찍은 사진.

단하지 않습니까? … 아, OLD BOY 앞에 G 한 마리가 붙으면 뭐예요, GOLD BOY 아닙니까. … 길몽도 이런 길몽이 없어요, 이거 완전 메가히트라니깐, 메가히트! 음화핫핫핫!"

〈씨네21〉 2003년 11월 25일치 기사다. 아, 어떡하지, 어떡하지. 20년 가까이 지난 유머를 보고 왜 내가 지금 난처한 걸까. 한편 봉준호는 〈플란다스의 개〉를 찍고 난 후 스스로 "평소 유머감각이 괴상한 편"임을 인정했다. "나는 자연스러운데, 듣는 사람들은 간혹 이상하다고 말한다." 2000년 3월 7일치 〈씨네21〉 인터뷰다.

그런데 영화로 보면 그렇지 않다. 봉준호도 박찬욱도 세계적으로 인정받는 블랙코미디의 대가다. 괴로움과 웃음이 뒤엉켜 있다. 봉준호는 〈살인의 추억〉을 만들며, "아주 사실적으로 찍다 보면 그 상황이 너무 부조리해 웃음이 나오는 것, 바로 그것"이 이 영화의 웃음이라고 했다.(〈한겨레〉 2002년 9월 13일치)

영화 〈괴물〉을 찍고는 이런 말을 했다. "재난이라는 게 무섭고 비극적이고 하지만, 반대로 희극적인 상황도 수반된다. 삼풍백화점이 무너졌을 때 나 역시 충격을 받고 슬펐는데, 그때를 하루하루 돌이켜보면 무너진 백화점으로 들어가 사람들이 골프채를 가져 나오거나 수입 매장을 뒤진다든가, 시내 도둑들이 다 모인다든가 하는 우스꽝스러운 상황이 있었다. 극한의 재앙이 닥쳤을 때 희비극은 항상 같이 나타나는 것 같다. … 한국에서 재앙이란 그런 느낌 같다. 부조리극 같지 않나." 2005년 3월 15일치 〈씨네21〉에 실린 인터뷰다. 한편 박찬욱은 2005년 8월 2일치 〈씨네21〉에서 〈친절한 금자씨〉에 대해 "우습다며 계속 보다가도 웃어야 하나 말아야 하나 식으로 주저하게 되고, 또 나중에는 웃은 게 조금 미안하게도 되는 그런 상태"를 노렸다고 했다. 김지운 감독을 만나서

앳된 봉준호. 촬영은 김진수 기자. "명민하고 신중해 보인다." 〈씨네21〉 2000년
3월 3일치에 실린 봉준호의 인상이다.

는 〈복수는 나의 것〉에 대해 이렇게 말했다. 〈씨네21〉 2002년 4월 9일치 기사다. "사실 (비극적인 상황도) 감정이입을 하지 않고 한 발짝 떨어져서 보면 웃기는 순간이 많다. 배우가 막 우는 클로즈업을 초벌필름으로 소리 없이 보면 웃는 것처럼 보일 때가 있듯이." 소름 끼치는 통찰이다.

한국 사회에 대한 날카로운 관찰력에서 두 사람의 유머가 나오는지도 모르겠다. 2000년 3월 7일 〈씨네21〉에서 봉준호는 밝혔다. 유머 소재를 "주로 생활에서 얻고 늘 기록을 해둔다. 전철이나 술자리에서 옆 사람이 하는 말을 자주 듣는 편이다."

## 신기하게 닮은 봉준호와 박찬욱의 영화인생

봉준호와 박찬욱, 두 사람이 영화감독으로 성장하는 과정도 신기하게 닮았다. 두 사람은 데뷔하기 전부터 주목받았다. 장편영화 감독이 되기 전, 박찬욱은 인정받던 영화평론가였다. "한때 박찬욱 감독의 별명은 케이블 가이였다. 케이블티브이 채널의 초창기 때부터 온갖 영화프로그램에 메인엠시나 게스트로 출연했기 때문이다." 〈한겨레〉 1999년 3월 15일치의 기사다. 〈씨네21〉 2000년 10월 3일치에 따르면 류승완은 감독 지망생 시절부터 "비평가 박찬욱의 글을 애독"했다고 한다. 한편 봉준호는 '천재' 소리를 들었다. 영화아카데미 학생 시절이던 1994년에 만든 단편영화 〈지리멸렬〉에 사람들이 깜짝 놀랐다. 30분 동안 웃다 정신을 차리면 씁쓸하고 슬픈 뒷맛이 남는 영화였다. 데뷔작을 내고 인터뷰를 할 때도 기자가 〈지리멸렬〉에 대해 한참을 물어볼 정도였다.

그런데 장편영화 감독으로 데뷔하며 두 사람 다 쓴맛을 본다.

젊은 박찬욱. 지면에 게재되지 않았던 사진을 찾아내 이번에 처음 공개한다.
2000년에 이혜정 기자가 찍었다.

박찬욱은 〈달은 해가 꾸는 꿈〉(1992년)과 〈삼인조〉(1997년)를 감독하지만 반응은 별로였다. 나중에 류승완 감독은 이렇게 평가한다. "(두 작품은) 웰메이드 영화를 삐딱하게 보는 B급영화 예찬론자의 영화였다." 2000년 10월 3일치 〈씨네21〉 인터뷰다. 봉준호 역시 2000년에 〈플란다스의 개〉의 감독을 맡는데, 흥행에 성공하지 못한다. 영화하는 사람들은 좋아했지만 평범한 관객은 낯설어했다는 이야기다.

촉망받던 두 사람이 첫 작품에서 주춤했다. 마음이 철렁했으리라. 다른 사람이면 낙담해서 그만뒀을 수도 있다. 그러나 봉준호와 박찬욱은 영화로 풀어내고 싶은 이야기가 많았다.

박찬욱은 1999년에 단편영화 〈심판〉을 만든다. 이듬해 박찬욱은 류승완에게 이렇게 말한다. "(〈심판〉을 빼놓고 말하면) 섭섭하지. 내가 제일 좋아하는 작품이거든." 박찬욱은 단편영화 〈심판〉을 찍으며 얻은 깨달음이 자신의 인생을 극적으로 바꾸었다고 말한다. "단편영화다 보니 연극계 고참 배우들을 (제대로 보수도 드리지 못하며) 모시고 찍었다. 감독의 뜻대로 지시하기보다는 의견을 듣고 설득하면서 촬영을 했다. 그런 과정에서 배우들과의 의사소통이 무엇인지, 그리고 배우들이 얼마나 존중받아야 하는 사람들인지도 알게 됐다." 2005년 7월 21일치 〈한겨레〉에 실린 인터뷰다.

봉준호와 박찬욱은 비슷한 시기에 크게 성공한다. 그러고도 새로운 시도를 멈추지 않는다.

박찬욱이 2000년에 감독한 〈공동경비구역 JSA〉는 그야말로 대박이 났다. "한국에서 영화 좀 본다는 사람치고 박찬욱이라는 인물이 흥행 기록을 깨는 영화를 만들 거라고 예상한 사람은 없었잖아요? 그런데 흥행과 비평 양쪽으로 성공하다니 심정이 어때요?"류승완 감독이 짓궂게 묻자 박찬욱은 재치 있게 대답한다. "이 영화가 과찬 받는 건 괜찮은데 예전 영화들이 무시당한 건 억울하지."

봉준호는 2003년에 〈살인의 추억〉을 감독했다. "관객들이 트렌디한 영화들을 많이 소비해서 식욕이 떨어진 상태에서 이런 영화가 나오니 반긴 것 아니겠냐." 제작자 차승재의 말이다. 2003년 5월 17일치 〈한겨레〉에 실렸다. "만약 이 영화가 〈공동경비구역 JSA〉 직후에 나왔다면 이렇게 (관객이 많이는) 안 들 거다." 영화를 제작한 쪽도 두 감독이 닮고도 다른 영화를 만든다는 사실을 염두에 두었다. 〈한겨레〉가 이 글 첫머리에 실린 두 감독의 대담을 마련한 것도 이 무렵의 일이다.

박찬욱은 변신을 시도한다. '복수 삼부작'은 〈공동경비구역 JSA〉와 느낌이 다르다. 2002년에 〈복수는 나의 것〉을 내놓으며 이렇게 말한다. "내 영화에 감독의 일관성이 없으면 좋겠다. 한 사람이 만든 영화 같지 않으면 좋겠다." 〈씨네21〉 2002년 4월 9일치에 실린 인터뷰다. 2003년에는 〈올드보이〉를 만들며 말한다. "했던 거 또 하면 재미없다. 나는 싫증을 잘 내는 편이다."(2003년 5월 13일치) 〈친절한 금자씨〉는 시나리오 작가부터 새로 뽑았다. "내가 직접 한 명을 골랐다."(2004년 6월 8일치) 이후로 호흡을 맞추게 되는 정서경 작가다.

봉준호도 번번이 새로운 시도를 한다. 2006년에는 〈괴물〉을 내놓았다. 괴수영화도 가족영화도 아닌 시도였다. 영화를 만들기 시작할 무렵에 말했다. "〈살인의 추억〉 때도 딱히 장르는 없고 '농촌 스릴러'나 〈세븐〉의 〈전원일기〉 버전'이라고 말했는데, 이번엔 '〈에이리언〉의 〈한강수타령〉'쯤 되려나."(2005년 3월 15일치)

## 박찬욱의 '인혁당', 봉준호의 '수능시험지'

봉준호와 박찬욱은 아직도 하고 싶은 이야기가 많다. 만들고 싶다고 밝혔지만 아직 만들지 못한 작품을 적어본다. 팬으로서 언젠가는 보고 싶은 영화들이다.

"인혁당 이야기도 꼭 만들어야지." 〈씨네21〉 2000년 10월 3일치에 실린 대담에서 박찬욱이 말했다. 〈공동경비구역 JSA〉를 개봉한 직후였다. 〈한겨레〉 2003년 4월 10일치 기사에도 실렸다. 〈올드보이〉를 촬영하던 당시였다. 칸영화제에서 그랑프리를 받고는 인터뷰에서 이렇게 말했다. "(앞으로 계획한 영화로는) 〈친절한 금자씨〉와 〈박쥐〉, 그다음이 될지 어떨지는 모르겠지만 인혁당 이야기가 있다." 〈씨네21〉 2004년 6월 8일치에 실렸다.

다른 계획도 많다. "사회주의자 김산의 일대기를 다룬 〈아리랑〉 같은 시대극을 하고 싶어 했다고 안다"며 이성욱 기자가 묻자, 주저하면서도 박찬욱은 말한다. "말을 꺼냈다가 언제 찍을 거냐고 자꾸 그러면 어떡하나. 노동운동, 파업, 이런 이야기도 한번 해보고 싶다. 내가 제작자가 되어 다른 감독을 기용할 수도 있다."

마지막 영화도 미리부터 궁리하는 것 같다. "최후의 한편은 뭘로 만들지 생각했나?" 신윤동욱 기자가 질문하자 이렇게 답한다. "아직은 정하지 못했다. 다만 아주 저예산으로 만들고, 도발적이고 논쟁적인 영화가 되면 좋겠다. 지금은 아니지만 늙은 다음에는 아주 논쟁적인 영화를 만들고 싶다. 늙어서 현명한 척하는 예술가보다는 말썽을 일으키는 사람이 되고 싶다." 〈한겨레21〉 2005년 8월 16일치의 인터뷰다.

봉준호는 〈살인의 추억〉을 만들고 2003년에 만화책 《프롬

헬》을 언급한다. "잭 더 리퍼라고 1890년대 영국에 실존했던 연쇄
살인범 있잖은가. 그 사건을 다룬 《프롬 헬》이라는 만화를 보게 됐
는데 전화번호부처럼 두꺼운 그 책을 덮고 나서 가장 강렬하게 든
느낌은, 런던 사람들이 그때 이렇게 살았구나, 하는 거였다." 영화
로도 만들어진 《왓치맨》과 《브이 포 벤데타》의 작가 앨런 무어가
그린 만화책이다. 〈프롬 헬〉 역시 영화가 한번 나왔는데 평가가 썩
좋지는 않다. 봉준호가 언젠가 다시 만들면 어떨까 기대하는 사람
이 나 말고도 전 세계에 많이 있을 것 같다.

2000년 〈플란다스의 개〉를 만든 후에는 이런 말도 했다. "(앞
으로 계획이) 몇 개 있는데, 그중 하나는 고등학생 3명이 수능시험지
를 훔치는 거다. 우발적인 게 아니라 2년간 치밀한 훈련과 연구, 시
행착오를 거쳐서. 나는 그들의 노력을 인정하는 쪽으로 그리고 싶
었다. 그런데 수능이 없어진대서 싱거워져버렸다. 어쨌든 남이 하
지 않은 이야기를 남이 안 한 방식으로 만들고 싶다."

꼭 이 작품이 아니더라도 좋다. 부디 좋은 작품 더 많이 만들
어주시길. 다음 시대의 사람들은 봉준호와 박찬욱과 동시대를 살
며 영화를 즐기던 우리를 부러워할 것이다.

# 붉은 악마 뒤엔 하이텔이 있었다

## 피시통신

# 5

케텔과 천리안, 그리고 나우누리와 유니텔. 오늘날과 같은 인터넷의 세계가 도래하기 전, 많은 사람들에게 네트워크를 통한 소통의 공간을 만들고, 새로운 문화를 창출해낸 네티즌들의 세계, 피시(PC)통신이 있었다. 〈한겨레〉 아카이브를 통해 대한민국 통신의 역사를 리뷰해보았다. <u>해설 정지훈</u>

　대한민국의 피시통신은 천리안과 케텔로 시작되었다. 천리안은 1984년 5월에 ㈜한국데이터통신의 전자사서함 서비스로 출발해, 1990년 1월에는 '피시서브'가 개통되고 1992년 12월 이들이 통합해 천리안이 되었다. 하이텔은 1986년 11월 1일 한국경제신문사에서 '한국경제 프레스텔'(Korea Economic Prestel)로 개통되어, 1989년 11월 케텔(KETEL) 서비스를 시작한 뒤 1991년 12월 한국통신과 합작으로 한국피시통신㈜을 설립하면서 1992년 7월에 명칭을 하이텔(HiTEL)로 변경했다.

　당시 한국경제신문사에서는 컴퓨터 통신을 홍보하고 회원들을 확보하기 위해 가입자들 중 추첨을 해 1200bps 모뎀을 나누어

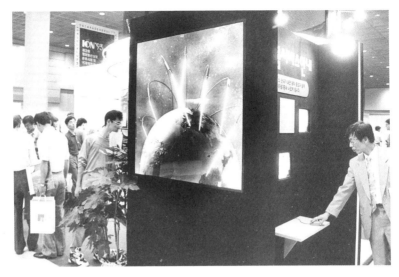

1993년 서울국제데이터베이스쇼에 출품된 데이콤의 '천리안' 전시. 천리안은 피시서브와 함께 정보서비스를 유료로 제공해서, 당시 피시통신을 즐기던 사람들은 흔히 피박(유료서비스라 돈이 많이 든다는 의미로 붙인 별명)으로 부르기도 했다. 이종찬 기자가 찍었다.

주기도 했다. 필자도 1989년 케텔 초기 가입자 중 하나로 충정로에 있는 한국경제신문사 한켠에 있었던 피라미드 컴퓨터에서 직접 아이디를 뒤지고 등록했던 기억이 새록새록하다. 피시통신은 1990년대 들어 급성장을 하면서 1994년에는 나우누리, 1996년에는 유니텔이 영업을 시작했다. 피시통신의 대중화를 이끈 하이텔, 천리안, 나우누리, 유니텔을 4대 서비스라고 지칭했는데, 한때 합쳐서 350만 가입자를 모을 정도로 큰 인기를 끌었다.

### 〈엽기적인 그녀〉〈접속〉〈퇴마록〉…문화를 주도하다

피시통신의 4대 서비스에는 제 나름의 이미지가 있었다. 천리안은 나이가 많은 '노땅' 이미지가 강했고, 고급스러운 비즈니스

71

정보나 유료 서비스 등도 잘 운영이 되었다. 하이텔도 약간 올드한 이미지였지만, 가장 많은 사람들이 이용했고, 동호회가 활성화되면서 많은 사람들의 사랑을 받았다. 상대적으로 신생 서비스였던 나우누리와 유니텔은 젊은 학생들의 비중이 높았다.

피시통신 동호회는 아마추어들이 새로운 방식으로 프로의 대열에 들어서게 만드는 역할도 하기 시작했다. 특히 음악분야의 활약이 대단했는데, 하이텔의 '블렉스', 나우누리의 'SNP' 등의 힙합 동호회를 언급할 만하다. 당시 데모 테이프를 만들어 공유하면서 활동하던 동호회원 중에는 현재 뮤지션으로 활동하는 사람들이 많은데, 블렉스의 가리온과 주석, SNP의 버벌진트, 휘성 등이 있다. 피시통신 동호회는 개인의 문화가 폭발적으로 성장하게 만드는 계기가 됐다.

피시통신 문화를 가장 잘 나타내는 것은 아마도 전도연과 한석규가 주연을 맡았던 장윤현 감독의 영화 〈접속〉이 아닌가 싶다. 1997년에 개봉한 이 영화는 피시통신을 통해 사랑의 아픔을 가진 두 사람의 만남이 이루어진다는 내용의 로맨스 영화로, 작품 속에 나온 유니텔이 널리 홍보되어 사용자 수가 크게 늘어나기도 했다.

소설 《퇴마록》과 《드래곤 라자》는 피시통신 문화현상을 잘 보여주는 사례다. 《퇴마록》은 이후 출간이 되어 출판부수 1000만 부를 기록한 베스트셀러가 되었고, 《드래곤 라자》는 대한민국에 판타지 소설 붐을 일으키며 1998년 12권의 대작 판타지 소설로 출간되었다. 《퇴마록》은 1998년 영화로 탄생해 화제를 모았다. 《드래곤 라자》는 온라인 머드 게임으로도 만들어졌고, KBS에서 판타지 특급을 통해 라디오극화도 진행되었다.

피시통신에서 시작된 작품 중 최고 흥행작은 〈엽기적인 그녀〉

피시통신을 배경으로 한 작품으로 공전의 히트를 한 장윤현 감독의
영화 〈접속〉의 무대가 되었던 서울 종로3가 피카디리극장 앞의 한 카
페. 이 영화는 피시통신을 하는 장면이 영화의 주된 영상을 차지하는
데, 당시 유니텔을 배경으로 촬영이 되었다. 강창광 기자가 2000년
찍었다.

피시통신 나우누리에 연재된 글을 바탕으로 제작된 곽재용 감독의 〈엽기적인 그녀〉는 전지현이라는 슈퍼스타를 탄생시켰고, 동시에 중국과 아시아 전역에서 가히 신드롬급 흥행을 했다. 베이징 왕푸징 거리의 디브이디(DVD) 판매점 유리창에 〈엽기적인 그녀〉의 대형 포스터가 걸려 있다. 이종근 기자가 2002년 찍었다.

일 것이다. '견우 74'라는 아이디 필명을 가진 작가가 피시통신 나우누리의 유머난에 연재한 자전적 코미디 소설인 '엽기적인 그녀'는 피시통신에서의 인기를 바탕으로 2000년 1월 22일에 동명의 책이 출간되고, 2001년 곽재용 감독, 차태현과 전지현 주연의 로맨틱 코미디 영화로 개봉했는데, 국내는 물론이고 일본, 중국, 대만, 필리핀, 홍콩과 싱가포르에 이르는 동아시아 지역에 두루 배급되며 영화 시장을 강타했다.

## 피시통신, 현실과 '접속'하다

피시통신 동호회가 온라인 공간에서만 머물지 않고 현실세계와 접속해 영향력을 강화하는 사건도 이 시기에 나타나기 시작했다. 2002년 붉은 티셔츠를 입고 세계에 커다란 인상을 남긴 붉은 악마 응원단의 출발도 피시통신 하이텔의 축구동아리였다. 1993년 시작된 이 동아리는 각 지방에서 직접 축구경기를 본 팬들이 그날 경기 결과를 신문이나 방송보다 빠르게 피시통신에 올리는 것을 주된 활동으로 삼았는데, 국내의 프로축구를 활성화시키는 데 열정적이었던 동호회원들이 팀별 서포터스 활동을 하다가 1997년 국가대표 서포터스로 조직되어 일반인들에게도 선을 보였다. 특히 1997년 9월 28일 일본 도쿄에서 열린 한국과 일본의 월드컵 최종예선에서의 열광적인 응원 열기가 티브이를 통해 전국으로 중계되면서 전국 규모의 응원 조직으로 성장하는 계기를 만들었다.

1990년대만 하더라도 대부분의 뮤지션들이 음반제작사를 통해 라디오, 텔레비전 등 전통 미디어를 거쳐서 데뷔하고 인기를 끌었는데, 조피디(PD)는 이런 방식에 반기를 들었다. 15살 때 한국에

미국 버클리 음대 재학 시절 피시통신을 통해 업로드한 MP3 파일 하나로 거대한 신드롬을 일으키며 충격적인 데뷔를 한 조피디. 그는 이후 이정현과 싸이의 프로듀싱도 맡으며 대한민국 음악사에 큰 족적을 남겼다. 김진수 기자가 2002년 찍었다.

2002년 월드컵을 통해 전 세계에 이름을 각인시킨 붉은 악마(왼쪽) 역시 피시통신 동호회로 시작했다. 사진은 수원 서포터스들의 열광적인 응원 장면으로, 이들은 케이(K)리그의 흥행을 위해 매우 열정적으로 활동하다가 2002년 월드컵 예선과 본선을 거치며 국가대표 응원단이 되었다. 김종수 기자가 찍었다.

서 미국으로 건너간 그는 버클리 음대 1학년이었던 1998년 10월, 피시통신 나우누리 신인가수방에 친구의 권유로 MP3 음악 파일을 올린다. 이때 내놓은 노래는 당시로서는 파격적인 내용의 가사나 욕설 등으로 많은 논란을 일으켰지만, 조피디는 천재적인 음악적 재능을 가진 뮤지션이라는 평을 받았고, 직접 제작자를 겸업한 정식앨범을 1999년 1월 발표했다.

이 앨범은 최초로 "청소년 유해 매체물" 판정을 받고도 50만 장 이상 팔린 앨범이 되었다. 1999년 8월에 발표한 2집도 판매 1위에 등극하면서 '얼굴 없는 가수' 조피디 신화를 만들었다. 이때부터 그는 프로듀서로서도 역량과 안목을 보여주었는데, 2집 〈인 스타덤 버전 2.0〉에 참여한 '이정현'과 '싸이'가 무명 신인에서 2000년과 2001년 최고의 신인으로 거듭났다.

이처럼 피시통신은 1990년대부터 2000년대 초반에 이르기까지 단순히 인터넷 이전의 네트워크 서비스를 제공했다는 수준을 넘어 문학과 음악, 영화 등에 이르기까지 우리 사회 전반의 문화현상을 주도했다. 이런 네티즌들의 문화는 새로운 소비와 생산의 주역들을 교체하는 결과를 낳았다. 인터넷의 등장과 모바일 혁명은 이런 변화를 더욱 가속화하고 있다.

맥에서
아이폰까지,
우리의
오늘을
바꾼 궤적

잡스와
애플

6

디지털 모바일 세상이 오늘날의 형태로 만들어지는 데 스티브 잡스라는 한 기업가의 역할도 결정적이었다. 잡스는 1976년 스티브 워즈니악과 애플컴퓨터를 공동창업해 2011년 56살로 숨지기까지, 정보산업 분야를 넘어서는 화제를 몰고 다닌 뉴스인물이었다. 아이폰과 맥북 등을 쓰지 않는 이들도 잡스가 만들어낸 혁신과 장벽 파괴의 수혜자라는 점에서는 애플 사용자와 매한가지다. 1988년 창간 이후 〈한겨레〉 아카이브에 스티브 잡스가 어떻게 기록되어 있는지를 돌아보면 한 기업인과 기술이 세상을 변화시킨 궤적을 만날 수 있다. 아이폰이 우연히 모바일 혁명으로 이어진 게 아니라, 오래전부터 거대한 기성시스템에 도전해온 시도가 마침내 이러한 혁명을 불렀음을 알게 된다. **해설 구본권**

2007년 아이폰 출시로 세상은 '스마트폰 혁명'을 경험했지만, 앞서 1980년대에 '개인용 컴퓨터 혁명'이 있었다. 스티브 잡스가 매킨토시로 깃발을 들었다.

1984년 애플이 출시한 매킨토시컴퓨터(맥)는 훗날 대세가 된 개인용 컴퓨터의 시대를 실질적으로 열어젖힌 제품이다. 1984년 당시 매킨토시 광고는 달리던 젊은 여성이 해머를 던져 빅브러더가 지배하는 '1984'의 세상을 파괴하는 메시지로 충격을 안겼다.

1994년 창간한 〈한겨레21〉은 마침 탄생 10돌을 맞은 매킨토시를 본격 조명하는 기사를 실었다. 매킨토시는 16비트 중앙연산장치에 마우스와 그래픽 운영체제, 3.5인치 디스크 드라이브, 글자 모양과 크기를 바꿀 수 있는 비트맵 화면 등 당시로는 획기적인 개인용 컴퓨터였다. 매킨토시는 '대중을 위한 개인용 컴퓨터' 시대를 열었다.

맥은 사용자들로부터 선풍적 반응을 불러일으켰지만 예상과 달리 시장에서 판매 증가로 연결되지 못했다. 잡스는 1985년 애플에서 해고되고 애플은 잡스 없는 12년 동안 침체의 나락으로 빠졌다.

잡스가 애플에서 쫓겨난 시기에 개발된 '매킨토시2'의 모습이 당시의 애플을 말해준다. 〈한겨레〉는 1994년 11월 6일치 신문에 매킨토시2의 기사와 사진을 실었다. 「IBM 호환PC-매킨토시 장벽 무너진다」는 기사는 소프트웨어 설치를 통해 아이비엠(IBM) 피시와 매킨토시에서 각각 상대 운영체제를 구현할 수 있게 됐다는 소식을 전하는 내용이다. 매킨토시2는 당시 대세였던 아이비엠 호환 기종처럼 컴퓨터 본체를 수평으로 눕히고 그 위에 모니터를 얹은 모양새다. 모니터에 맥 오에스(OS)가 아닌 마이크로소프트(MS)의 윈도가 구현된 모습은 잡스 없던 시기, 애플의 상태를 상징하는 듯하다.

1991년 1월 23일 서울 삼성동 한국종합전시장(코엑스)에서 열린 매킨토시컴퓨터 전시회가 당시 분위기를 전해준다. 매킨토시컴퓨터 설명회엔 방학을 맞아 학생들을 비롯해 많은 사람들이 모여들었다. 사진 속의 인물들이 한결같이 진지하고 날카로운 눈빛으로 설명을 듣고 있는 순간을 이정우 기자가 포착했다. 사진 속 형형한 눈빛들은 훗날 정보화 세상을 어떻게 맞았을지 궁금하다.

## 다시 돌아간 애플에서 '교주'가 되다

잡스가 쫓겨난 이후 애플은 달라졌다. 잡스가 해머를 날려 부쉬버리려던 빅브러더와 좀비의 세상은 아이비엠이 지배하는 세계였다. 잡스가 없던 시기 애플은 아이비엠과 손을 잡고 파워피시(Power PC)를 내놓는다. 아이비엠은 한때 애플의 적이었지만 마이크로소프트의 윈도와 인텔이 지배하는 '윈텔'(Win+tel)에 맞서기 위해 애플과 한 팀이 됐다. 1995년 〈한겨레21〉에 실린 2면짜리 파워피시 광고는 당시 '애플+아이비엠'의 파트너십을 보여준다.

잡스는 매킨토시의 판매 부진으로 인해 그 자신이 CEO로 영입한 펩시콜라의 마케팅 구루였던 존 스컬리에 의해 1985년 쫓겨나는 수모를 당했다. 스컬리는 잡스가 떠난 뒤 과감히 구조조정을 단행해 전 직원의 20%에 이르는 인원을 해고하고, 수익성과 틈새시장을 공략하는 전략을 펼쳤다. 이로 인해 수지 개선 효과가 반짝 있었지만, 애플스러움이 사라졌다. 잡스 없는 애플은 소비자를 매혹시킨 혁신적 제품 대신 마케팅에 의존한 보통기업으로 변해갔다. 애플은 침체를 넘어 위기로 치달았다. 경영난에 빠진 애플은 결국 1997년에 이르러 잡스를 구원투수로 다시 불러들이는 결단을 내렸다. 창업자 잡스로서는 12년 만의 애플 복귀였다.

잡스는 애플에서 쫓겨났을 때 억울함과 배신감에 분해했지만 사물을 다르게 보려는 그의 넘치는 에너지는 잠재울 수 없었다. 잡스는 그 시기 영화판에 뛰어들어 새로운 분야를 개척했다. 그때까지 애니메이션의 문법을 바꾼 것이다. 잡스는 1986년 루커스필름의 컴퓨터 사업부였던 픽사(Pixar)를 조지 루커스로부터 인수했다. 당시 루커스 감독은 거액의 이혼 위자료 마련을 위해 픽사를 매물로 내놓았다.

1998년 11월 17일치 〈한겨레〉의 영상주간지 〈씨네21〉은 픽사 회장이던 스티브 잡스를 미국 샌프란시스코에서 직접 인터뷰한 기사를 실었다. 국내 언론이 잡스를 인터뷰한 일대 사건이었지만, 당시 잡스는 신작 영화를 외국 언론에도 적극 홍보해야 하는 신생 영화제작사의 회장이었을 따름이다. 잡스를 대면 인터뷰하는 행운은 김봉석 〈씨네21〉 기자의 몫이었다. 〈벅스 라이프〉 세계 첫 시사회 자리였다.

잡스는 1979년 12월 당시 혁신적 연구의 산실이던 제록스의 팰로앨토연구소를 방문해 개발 중이던 '그래픽 사용자 환경'(GUI)을 접하고 이를 매킨토시 개발에 적용해 혁신을 이뤄냈다. 그때까지 컴퓨터는 복잡한 프로그래밍 언어와 명령어를 익힌 사람들의 도구였다. 그래픽 사용자 환경 이후엔 누구나 마우스로 아이콘만 누르면 사용할 수 있던 '만인의 도구'가 됐다. 하지만 정작 혁신기술을 개발한 제록스는 기술을 상용화하지 못한 채 혁신 경쟁의 무대에서 밀려났다.

제품 발표가 마무리될 무렵 "하나 더"(one more thing)라며 감춰온 하이라이트를 공개하는 스티브 잡스의 프레젠테이션은 개발자와 사용자 들을 열광시켰다. 교주와 신도가 열정적으로 회합하는 종교적 제의에 비유됐다. 애플이 제품과 서비스를 공개하는 맥월드 엑스포가 당시 가장 큰 '집회'였다.

아이맥 조선호텔 발표회. 잡스 복귀 이후 애플은 다양한 색상과 디자
인의 아이맥 등을 출시하며, 애플 신화를 재건하기 위한 준비를 해나
갔다. 2000년 8월30일 애플 신제품 발표회가 열렸다. 서정민 기자가
찍었다.

'시간의 극장' 해설자이기도 한 김태권 작가가 만들어 2016년 1월 16일치 〈한겨레〉
에 게재한 스티브 잡스 클레이아트다. 잡스 자신은 개발자가 아니었지만 스티브 워
즈니악, 조너선 아이브 등 뭇 천재들을 통해서 자신의 꿈을 이뤄낸 인물이다.

## 기존 기술로 새로운 경험을 만들어내다

잡스는 모든 제품에서 나사와 구멍 하나를 더 없애려고 갖은 노력을 기울였다. 신제품이 다양한 기능을 갖고 있음을 알리기 위해 더 많은 조작 버튼을 채택한 기업들과 반대다. 아이폰은 갈수록 디자인이 단순해졌고 베젤이 사라지더니 나중엔 화면의 유일한 홈 버튼마저 자취를 감췄다. 경쟁사들도 물리적 조작부를 최소화하는 디자인 모방에 나섰다.

매끄러운 미니멀리즘의 아름다움은 사용자를 팬으로 만들었다. 잡스는 자연스럽고 매끄러운 사용경험을 위해 하드웨어를 다듬는 데 머무르지 않았다. 소프트웨어와 콘텐츠, 하드웨어의 연결이 뇌와 신체의 작동처럼 분리할 수 없이 매끄럽게 이어지기를 꿈꾸었다.

아이폰을 내놓기에 앞서서 잡스는 음악으로 실험적 시도를 했고, 사용자를 매혹시켰다. 이용자들은 디지털 환경에 적합한 새로운 음악 청취 방식을 경험했다. 음악 감상은 오래된 문화적 행위였는데, 잡스는 당연하게 수용되어온 방식이 얼마든지 달라질 수 있다고 믿었다.

잡스는 제록스 팰로앨토연구소에서 그래픽 사용자 환경을 훔쳐오는 데 거침이 없었듯, 기존의 기술을 엮어내 새로운 사용자경험을 만들어내는 것은 전적으로 새롭고 가치 있는 일이라고 여겼다. 실제로 그가 음악 감상문화를 바꾸는 데 동원한 도구는 이미 시장에 공개된 것들이었다. 음악의 온라인 구매, MP3 플레이어, 음원 관리 소프트웨어 등은 시장에 존재했지만 애플이 온라인 곡별 음원 판매, 아이팟, 아이튠스를 내놓으며, 디지털 음악 감상의

〈iSad. 슬프다 말에 i를 붙인 조어〉

# "아이새드" 전세계 추모 물결

## 구글 첫화면 '스티브 잡스 1955-2011' 새기고 애플 홈페이지 연결

스티브 잡스의 사망이 발표된 5일(현지시각) 그가 새로운 물결로 이끈 인터넷 세상은 추모 열기에 빠졌다.

애플의 홈페이지(apple.com)는 그의 사망을 발표함과 동시에 홈페이지 전면을 아이튠스와 같은 형태에 그의 흑백사진과 '스티브 잡스 1955-2011'이라는 글만을 간결히 실어 조의를 표했다. 이 화면은 사진의 파일명이 '영웅'(t_hero)인 것으로 밝혀지면서, 또한번 화제를 모았다. 애플의 가장 큰 라이벌인 구글도 이벤트가 있을 때마다 로고를 바꾸던 것과 달리, 첫 화면의 검색창 아래에 '스티브 잡스 1955-2011'이라는 글자만을 새겼다. 이 글자를 누르면 애플의 홈페이지로 바로 이동하는 것은, 경쟁업체의 창업자에 대한 최대의 추모였을 것이다. 전세계 주요 포털들도 대부분 스티브 잡스의 추모 기사를 최전면에 배치했다.

트위터와 페이스북 등 전세계 소셜네트워크서비스(SNS)는 'iSad'(슬프다는 Sad에 i를 합성한 단어)와 'RIP 잡스'(Rest In Peace·평안히 잠드소서) 등으로 점철됐다고 〈아에프페〉(AFP) 통신은 전했다. 모델인 타이라 뱅크스가 트위터에 "아이폰으로 이 메시지를 쓰는 지금, 내가 만났던 가장 대단한 남자의 사망 소식에 눈물이 흐른다. 그의 천재성은 우리 모두를 감동시켰다"고 쓴 것을 비롯해 가수 카일리 미노그, 모델 킴 카다시언 등 스타들의 추모 메시지도 이어졌다.

국내 누리꾼도 애도의 뜻을 표했다. 누리꾼들은 스티브 잡스의 강연 영상·사진 등을 온라인 커뮤니티와 소셜네트워크서비스에서 공유하며 추모의 뜻을 전했다. 포털 사이트 다음 '아고라'에는 '애플의 시이오(ceo) 스티브 잡스의 타계를 추모합니다'라는 추모 게시판이 만들어져 이날 오후 1800여명이 서명했다.

잡스를 '롤 모델'로 삼은 이들의 감정은 남달랐다. 아이디 shoc****를 쓰는 누리꾼은 "처음 15살 때 빌 게이츠가 만든 애플 소프트 베이직을 배우고 스티브 잡스가 만든 애플 컴퓨터를 사용하며 정보기술(IT)에 발을 들여놓게 됐습니다. 27년이 지난 지금, 아이티 업계에 종사하는 한 사람으로 그를 보냅니다"라고 안타까움을 드러냈다.

영화배우 박중훈씨도 자신의 트위터에 "점이 연결돼 선을 만든다는 스티브 잡스의 스탠퍼드 대학 축사 때문에 매 순간 내가 사는 현재의 점에 더욱 최선을 다할 수 있었다"고 글을 올리기도 했다.

이형섭 이승준 기자 sublee@hani.co.kr

잡스가 세상을 떠난 지 이틀 만에 실린 2011년 10월 7일치 기사. 애플 홈페이지와 SNS 등 인터넷 세상의 추모 열기를 전하고 있다.

새로운 기준점이 만들어졌다.

## 스마트폰 생태계의 표준을 만들다

아이폰을 통해서 잡스의 마법이 다시 한번 진행됐다. 두 번째 마법은 훨씬 광범하고 강력했다. 매끄러운 터치로 작동하는 화면과 더불어 앱스토어와 애플리케이션 형태의 소프트웨어 사용 방식은 새로웠지만, 오래지 않아 스마트폰 생태계의 표준이 됐다.

국내 출시 몇 달 만에 아이폰은 한국 통신 환경의 민낯을 드러내며 거스를 수 없는 변화를 만들어냈다. 스티브 잡스는 오늘날 모두의 일상이 된 '모바일 시대'를 선물했지만, 그가 남긴 것은 무엇보다 '다르게 생각하라'(Think Different)라는 말이었다. 잡스가 숨진 이튿날 〈한겨레〉의 기사는 "다르게 생각하라"는 잡스의 유산이 세상을 바꿨다고 보도했다.

스티브 잡스는 뛰어난 제품을 만들어 동시대인의 삶의 방식을 바꿔내고, 새로운 문화를 만들어낸 혁신가로 기록될 것이다. 스티브 잡스는 기존 질서를 당연한 것으로 받아들이지 않았다. 1984년 맥컴퓨터를 선보일 때 내보낸 광고에선 한 여인이 해머를 들고 뛰어가 빅브러더가 지배하는 남성들의 세상을 박살내버리는 모습을 담았다. 아이비엠과 마이크로소프트가 지배하는 기존의 세상을 부수겠다는 메시지였다. 피시 시장에서 엠에스의 지배를 뒤집지는 못했으나, 스마트폰과 태블릿피시를 앞세운 포스트피시 전략으로 그의 꿈은 이뤄졌다.

# '팔리는 책'의 비밀

## 베스트셀러

7

1989년 12월 〈한겨레〉에 지금 보면 거짓말 같은 기사가 실렸다. "마르크스 이론의 다양한 출판물이 붐을 이룬다"고 했다. 사회과학서적이 잘 팔리던 시대가 있었다. 순문학서적도 인문교양서도 베스트셀러에 오르던 시절이 있었다. 어찌 된 영문일까? 옛날 사람은 교양이 철철 넘쳤는데 요즘 사람은 그렇지 않다는 의미일까? 그렇지는 않을 것이다. 도대체 지난 30여 년 사이에 무슨 일이 있었나. 〈한겨레〉 아카이브에서 기사와 지면 책 광고를 찾아보았다. 공개된 적 없는 사진도 찾았다. 〈한겨레〉 아카이브 프로젝트 '시간의 극장'. 이번 글의 열쇳말은 '베스트셀러'다. <u>해설 김태권</u>

이념서적이라고도 하고 인문사회과학서적이라고도 하던 어려운 책들도 잘 팔리던 때가 있었다. 1989년 12월의 〈한겨레〉 기사를 보면 언론인 송건호와 여러 사람이 지은 《해방전후사의 인식》은 그 무렵 이미 40만 부가 넘게 팔려나갔다고 한다. 이 시절 지식인들이 좋아한 말이 '이데올로기의 자유시장'이다. 입만 열면 '자유시장이 만능'이라며 찬양하는 보수정권이, 왜 좌파와 우파 이

넘끼리는 '자유경쟁'을 하게 놔두지 않느냐는 지적이었다. 그만큼 자신감이 있었다는 뜻이기도 하다.

자유경쟁은커녕 출판을 탄압하던 노태우 정권이었다. 이념서적을 내는 출판사 사람이 줄줄이 잡혀갔고, 1989년 6월에는 "사회과학서적 출판사에 대한 특별세무조사가 실시"되기도 했다. 유치한 수단도 썼다. 1989년 7월 기사를 보면 "대부분의 종이도매상이 사회과학책을 내는 출판사에 종이 공급을 꺼리거나 중단한 것으로 알려졌다. 국세청 관계자가 종이도매상 쪽에 '이념서적을 내는 사회과학출판사 쪽에 종이를 넣어주지 말라'는 뉘앙스를 풍긴 것으로 전해지고 있다." 그런데 이해에도 마르크스 저작의 번역과 해설서가 꾸준히 출판되었다. 책을 쓰고 책을 읽으면 세상이 바뀔 것처럼 보이던 시대였다.

그런데 1990년 12월에 실린 기사는 분위기가 다르다. "마르크스 엥겔스 원전과 관련 서적은 올해도 줄기차게 나왔지만 독자들의 반응은 예년에 비해 시들했다." 이념서적을 즐겨 읽던 사람들이 갑자기 흥미를 잃었을까? 아닐 것 같다. 뒤이은 문장이 눈길을 끈다. 같은 해 "언론·기업인 등의 소련 동유럽 기행문들이 앞을 다투어 쏟아져 나왔고, 세심히 길 안내를 해주는 여행안내 책자도 등장했다"는 것이다. 내 생각은 이렇다. 전에는 적성국가로 여기던 소련 및 동유럽 나라들과 이 무렵 처음으로 교류가 시작되었다. 그렇다면 1989년까지 사회과학서적을 집어 들었던 독자 가운데 적지 않은 수는 이런 사람이 아니었을까? 사회주의 이념 그 자체보다는, 여행 때문이건 사업 때문이건 옛 '현실 사회주의' 나라들에 호기심을 품은 사람들 말이다. 그러다가 1990년에 쉽고 친절한 여행책과 안내서가 나오자 반가워한 것은 아닐까?

서울 광화문 교보문고의 외국서적 매장. 인터넷도 없고 '해외직구'도 없던 옛날에는 외국
어로 된 제법 긴 글을 구해 읽으려면 외국서적을 파는 몇 안 되는 전문매장을 직접 찾아
가야 했다. 책의 종수가 얼마 안 되었던 것은 당연하다. 이용호 기자가 찍고 1995년 1월
〈한겨레21〉에 실린 사진이다.

김우중의 《세계는 넓고 할 일은 많다》는 최단기 밀리언셀러
의 기록을 세웠다. 대우그룹이 무너지고 김우중의 경영방식
에 대한 비판이 쏟아지기 전까지 김우중은 '세계경영'의 이념
을 한국 사회에 가르치는 이데올로그의 역할을 했다. 1989년
9월 16일치 〈한겨레〉에 실렸던 책 광고다.

그때 사람도 지금 사람만큼이나 현실적이었다. 1989년과 1990년에 제일 많이 팔린 책은 김우중의 《세계는 넓고 할 일은 많다》였다. 그렇다고 그때 사람이 비판의식이 없었던 것도 아니다. 《돈황제》 사건이 있던 때도 1989년이었다. 어느 재벌기업 총수의 사생활을 소설 형식으로 폭로하는 "백시종의 이색 기업소설 《돈황제》가 매장에서 자취를 감추었다. 5일 만에 초판 1만 8천 부가 매진될 정도로 불티나게 팔리던 《돈황제》가 진열대에서 사라진 이유에 대해" 출판사 관계자는 "《돈황제》에 등장하는 재벌기업의 홍보실이 대책반을 구성, 서울시내 서점에서 책을 모두 수거한다는 제보가 있었다"고 밝혔다. 당시 독자들 역시 '재벌'과 '불공정' 문제에 관심이 많았다. 그렇다고 꼭 사회과학서적을 읽으라는 법은 없다. 지금도 마찬가지라고 나는 생각한다.

## 한 달 17권→하루 885권, 노벨문학상의 위력

한때는 인문교양서와 이른바 순문학서적도 잘 팔렸다. 그때 사람에 비해 요즘 사람이 교양이 없고 감수성이 메말랐을 것 같지는 않다. 2000년 7월의 〈한겨레〉 기사를 보자. 출판시장의 2000년 상반기를 결산해보니 "인문사회과학 분야는 급락 추세를 벗어나지 못하고" 있지만, 김용옥의 《노자와 21세기》가 "최소한의 체면치레를 해주었다"고 했다. 그런데 이듬해 7월에는 이런 기사가 실렸다. "《도올 논어》는 인문 분야 1위를 고수하다, 저자인 김용옥이 텔레비전 출연을 중단한 5월 이후, 급격히 판매가 줄었다." 김용옥은 오래전부터 인문교양 분야에서 탄탄한 베스트셀러 작가였다. 텔레비전에 출연하기 한참 전부터 그랬다. 그런데도 텔레비전 출

도올 김용옥은 텔레비전 출연을 하기 한참 전부터 인문교양 분야에서 잘 알려진 베스트셀러 작가였다. 텔레비전을 통해 '스타'가 되며 책은 더욱 많이 팔렸다. 2000년 2월에 〈한겨레21〉은 김용옥의 인기를 문화현상으로 다루었다.

연을 중단하자 판매가 줄었다는 것은 무슨 의미일까. 2000년 당시 인문 독자 가운데 적지 않은 수는 인문교양 그 자체보다는 텔레비전에 나오는 유명인에게 관심을 가진 사람이었다는 이야기다.

유홍준의 《나의 문화유산답사기》는 오랫동안 베스트셀러였다. 2018년 5월 〈한겨레〉는 창간 30돌을 맞아 도서추천위원들로부터 "한국 사회 변화와 문화적 흐름에 중요한 역할을 한 책 30권"을 추천받았다. 《나의 문화유산답사기》는 "그렇게 추천받은 책 448권 가운데 가장 많은 추천 수를 기록"했다. 그런데 2005년 8월의 기사는 "자동차 보유 대수가 늘어나고, 주말에 가족 단위로 여행을 하는 문화가 자리잡을 때 출간되었다는 점"이 이 책의 성공 이유라고 분석한 바 있다. 지금 우리는 이 책을 당시의 대표적인 인문교양서적으로 생각하지만, 책이 나오던 그 시절에는 가족여행에 도움이 되는 책으로 소비하는 사람도 적지 않았다는 뜻이리라.

순문학서적을 사던 사람 대부분도 이런저런 문학상의 이름을 보고 책을 샀다. 예나 지금이나 책이 많이 팔리기로는 노벨문학상이 으뜸이다. 「한 달 17권 → 하루 885권, 노벨문학상 발표의 위력」. 2017년 10월 〈한겨레〉 기사의 제목이다. "지난 5일 노벨문학상 수상자로 발표된 일본계 영국 소설가 가즈오 이시구로의 저서 판매량이 대폭 증가했다. 알라딘에서 이시구로의 저서는 수상 직전 한 달간 총 17권이 판매되었는데, 이후 약 15시간 만에 885권이 나간 것으로 알려졌다."

유명한 사람이 쓰거나 상을 받아서 유명해진 책을 빼고, 인문서적과 문학서적은 팔리지 않은 지 오래되었다. "인문·문학서적들의 초판 발행부수가 2003년부터 최소단위인 1천 부 선까지 내려갔음에도 초판이 시장에서 소화되는 시간이 더 늘어났다는 것도 출판사들을 심각하게 만들고 있다." 2004년 3월의 기사다. "1
천 부"라는 숫자가 무슨 의미일까? 2005년 9월의 기사는 친절하
게 설명까지 해준다. "책값이 1만 5천 원이라면 1천 부가 다 팔려
봐야 매출이 1500만 원밖에 안 된다. 제작비와 인건비, 관리비 등
을 충당하기에 턱없이 적은 돈이다. 출판사는 적자를 떠안아야 한
다." 인세가 10%라면 작가에게 돌아가는 돈은 150만 원이다(전업
작가로 살려면 책을 몇 권씩 써야 할지 계산해보자).

## 베스트셀러 30년, 변한 것과 변하지 않은 것

대부분의 사람은 예나 지금이나 비슷하다. 유명인사가 낸 책
이 좋고, 상을 받은 책이 좋다. 이런 인간의 본성을 야박하다고 탓
할 생각은 없다. 오히려 반대다. 이른바 수준 높은 책과 수준 낮은
책을 구별할 수 있을까? 나는 회의적이다. 2015년 9월 〈한겨레〉
에는 정종현 인하대학교 교수의 흥미로운 글이 실렸다. "한기호의
《베스트셀러 30년》을 보면, 교도소에 수감되어 있던 죄수들은 장
총찬의 파노라마식 활약상을 통해 대리만족을 경험했다고 한다.
그들에게 《인간시장》은 어떻게 읽힌 걸까? 무공 수위에 대한 관심
이 중심이었을 가능성이 커 보인다. 《인간시장》을 다 읽어버려 아
쉬움이 남은 죄수들은 자연스럽게 황석영의 《장길산》을 읽었다고
한다. 이어서 교도소 방마다 '장총찬과 장길산 형님이 맞짱 뜨면
누가 이길까' 같은 토론이 이루어졌다." 황석영의 《장길산》은 역
사소설이다. 김홍신의 《인간시장》은 대중소설이다. 이에 비해 무
협지는 고상하지 않은 장르라고 말하는 사람이 있다. 그런데 죄수
들은 어땠나. 《장길산》도 《인간시장》도 무협소설을 읽듯 읽었다.

우리문화사랑 답사 일행이 식영정을 들러 설명을 듣는 장면이다. 박승화 기자가
찍고 1998년 7월 〈한겨레21〉에 실렸다. 2018년 5월 〈한겨레〉의 회고 기사에
따르면 "유홍준의 《나의 문화유산답사기》 시리즈는 제1권이 나오자마자 폭발적
호응을 얻으면서 사람들의 여행과 여가 활동의 풍경을 바꾸어놓았다."

그렇다고 그들의 독서가 잘못되었다고 말할 수 있을까?

　지난 30여 년 동안 무엇이 변하고 무엇이 변하지 않았을까? 관심분야만 그때그때 달라질 뿐 독자의 욕망은 예나 지금이나 마찬가지 같다. 그렇다면 옛날에 팔리던 책의 비결은 지금도 통할 것이다. 이후에도 종종 그랬지만 1999년에도 출판시장은 곧 무너질 것처럼 보였다. 그런데 "위기감 팽배했던 2000년 출판시장은 뜻밖에 4편의 밀리언셀러를 내놓았다."《가시고기》와《부자 아빠 가난한 아빠》《영어공부 절대로 하지 마라》《해리포터》시리즈가 이때 나왔다. "철저한 시장조사와 독자와의 감정교류의 결실" 덕분이라는 출판평론가 한미화의 분석이 2001년 4월 기사에 실렸다.

　책이 안 팔린다 안 팔린다고는 하지만 꾸준히 베스트셀러를 내는 작가는 있다. 그런 사람이 많지 않은 점이 문제다. "아카데미즘과 저널리즘의 중간에 있는 저자 계층이 우리나라에는 거의 없다." 2005년 9월의 기사다. 도서평론가 표정훈은 "이윤기나 최재천, 유홍준 같은 분의 책이 잘 나간다"는 사실을 인정하면서도 "우리나라에는 딱 저런 몇 분뿐"이라고 문제를 지적한다.

　정말로 변한 부분도 있다. 동네서점이 사라지고 도서대여점도 사라졌다. 종이책은 해마다 위기다. 나아질 기미도 좀처럼 보이지 않는다. 사람들이 책을 읽지 않기 때문은 아니다. 우리가 흔히 생각하는 것과는 다른 사실이 2005년 9월의 기사에 실렸다. "출판시장의 불황은 기본적으로 우리나라의 시장 규모가 작기 때문이다. 가까운 일본과 비교해도 우리나라 사람들이 딱히 책을 덜 읽는 것은 아니다. 월평균 독서량은 1.3권으로 거의 비슷하다. 그러나 무엇보다도 (2005년 당시) 1억 2천만 명의 시장과 4600만 명의 시장은 질적으로 다를 수밖에 없다. 일본에서는 웬만한 책이 기본 부수만큼은 나간다." 도서관과 학교에 기대를 거는 이유도 그래서다. 도서평론가 이권우는 "기본적으로 도서관의 수서 기능(도서 선별 작업)을 강화해야 한다"고 지적했다. 공공도서관에 대한 인적·물적 지원을 강화해 선진국처럼 공공도서관이 인문서 등을 일정 부분 소화할 수 있도록 해야 한다는 것이다. 그는 또한 "입시위주 교육 때문에 현재 독서시장에서 청소년이 제외되고 청소년출판이 없는 현상이 해결되려면 학교도서관 활성화와 함께 독서수업을 교과와 연계하는 것이 중요하다"고 덧붙였다. 한국어로 된 종이책이 영영 사라지게 놔둘 수는 없는 일이니 말이다.

## 위태로운 기반 위에 선 베스트셀러

베스트셀러의 한계에 대해 이야기하며 글을 맺으려 한다. 많이 팔리는 책에 억하심정이 있어서가 아니다. 대중의 취향을 문제 삼겠다는 것도 아니다. 다만 베스트셀러라는 개념부터 픽 애매하다는 점을 지적해야겠다. 팔리기만 한다고 베스트셀러가 아니다. 베스트셀러는 사람이 정하는 것인데, 그 기준이 무척 임의적이다. "2015 출판산업 실태조사에 따르면, 가장 매출이 많은 분야는 학습지 출판이다. 학습지와 교과서 및 참고서 분야를 합하면 전체의 59%를 차지했다." 그런데 이 책들은 베스트셀러에 집계되지 않는다. 한편 컬러링북과 다이어리와 필사책은 베스트셀러에 넣어야 할까, 말아야 할까? 아니, 책일까 아닐까? "컬러링북이 책일까 아닐까의 고민은 '상술'에 이용되기도 했다. 한 출판사는 컬러링북을 문구로 분류해 반값 마케팅을 했다. 그럴 경우 도서정가제의 규제를 받지 않는다. (반면 컬러링북을 책으로 낸 다른 출판사는) 이렇게 밝힌

2001년에 손홍주 기자가 찍었는데 〈씨네21〉에 실리지 않은 사진이다. 가게 양쪽에 붙은 '비디오와 책'이라는 영어로 된 세로 간판에 눈이 간다. 한때 비디오테이프와 책을 대여하는 가게가 동네마다 있었다. 많은 사람들이 장르문학서적과 만화책을 이런 대여점에서 빌려 보곤 했다. '구독경제'의 원조랄까. 이 흐름이 오늘날 웹툰과 웹소설로 이어진다.

다. '문구로 나왔으면 전국 유통망을 이용하기 어려웠을 것이다.'"

무협소설과 로맨스소설, 그리고 한동안 인기였던 판타지소설은 어떤가? 수십 년 동안 가장 사랑받은 문학작품인데도 이 책들은 베스트셀러 집계에서 빠지곤 했다. 사서 읽기보다 빌려 읽던 작품인 터라, 얼마나 많이 읽혔는지도 이제 와서는 알 수 없다. 이제는 거의 사라진 대본소와 도서대여점의 기록이 남아 있지 않기 때문이다.

그럼에도 한국 사회가 베스트셀러에 주목하던 이유가 있다. 2010년 7월, 출판평론가 변정수의 칼럼에 따르면 한동안 "베스트셀러 목록이 독자들이 얻을 수 있는 거의 유일한 도서정보"라서 그랬다는 것이다. 부작용도 크다. 베스트셀러에 오르기만 하면 된다는 생각으로 일부 출판사들이 책을 '사재기'(정확히는 '되사들이기')하는 일마저 일어나기 때문이다. "베스트셀러를 몽땅 다 비하할 의도는 없지만 기본적으로 베스트셀러라는 것이 얼마나 불안정한 기반 위에서 만들어지고 있는지 사람들도 슬슬 깨달아주었으면 한다." 2013년 12월에 실린 출판인 김홍민의 칼럼이다. "뭐라도 읽어야겠다고 생각은 하지만 뭘 읽어야 할지 몰라, 그나마 남들이 읽는 책이라도 따라 읽으려는 사람들을 이용해 한 권이라도 더 팔아보려는 출판 풍토"가 서글프다고 썼다.

# 프라이버시의
# 시대는
# 끝났다

## 개인정보

# 8

2020년의 팬데믹 시대. 한국의 코로나19 대응은 국제사회의 칭찬을 받았다. 그런데 확진자 동선 공개가 너무 자세하다고 걱정하는 사람도 있었다. 민감한 개인정보가 드러날 수도 있으니 말이다. 지나친 염려일까. 필요한 지적일까? 다행히 정부는 확진자 동선을 일정 기간이 지나면 삭제하기로 했다. 익명 검사도 늘렸다. 잘된 일이다.

정보인권이란 말은 우리에게 가깝고도 멀다. '개인정보의 자기결정권' 같은 개념은 헌법으로 보장받는 권리지만 이 용어가 낯설다는 사람도 많을 것 같다. 지루한 설명 대신, 〈한겨레〉에 실린 일화를 사진과 함께 소개한다. 개인정보를 다루는 한국 사회의 태도는 30여 년 동안 어떻게 변했나? 해설 **김태권**

1988년의 일이다. 한아무개씨는 주민등록증을 다시 발급받았다. 그때만 해도 거주증명서를 떼러 파출소에 따로 찾아가야 했다. 그런데 한씨의 신원을 컴퓨터로 조회하던 경찰이 대뜸 그러더란다. "당신, 노조 간부구먼?" 노태우 정부 때였다. 노동운동 하는 사람은 불법으로 연행하던 시대다. 이런 말은 은근한 위협처럼 들릴 수도 있었다. 한씨는 분했다. "노조 간부라는 것이 범법 사실도 아닌데 납득이 되지 않는다"고 털어놓았다. 1988년 5월 22일치에 실린 기사다. 창간 직후부터 〈한겨레〉는 이런 문제에 관심이 많았다.

국가 행정전산망 사업이 막바지이던 1990년. 〈한겨레〉는 "수집된 개인정보가 선거에 악용될" 일을 걱정했다. 정부는 안심하라고 했다. 무려 '비밀번호'도 걸었다고 했다. 이걸로 충분할까?

개인정보를 빼돌려 선거에 쓸지 모른다는 걱정은 사실이었다. 노태우 정부 시절 여당이던 민주자유당(이하 민자당)의 어느 정치인은 1년 동안 지역구 유권자 20만 명에게 생일축하 편지를 보냈다고 한다. 생일카드를 받은 어린이가 "가족들만 알고 있으리라 생각한 내 생일에 축하카드를 보내줘 고맙다"며 답장을 쓴 일도 있다. 그 편지를 또 지역의 민자당 당원끼리 모여 낭독하고 감격했다고 한다. 지금 보면 당황스럽다. 개인정보를 털린 쪽도 가져다 쓴 쪽도 이 상황을 지켜본 사람들도, 문제가 있다고 생각하지 않았다는 이야기다. 국회의원 선거를 앞둔 1992년 3월 5일치 〈한겨레〉에 난 기사다. 그때 여당 정치인들은 개인정보를 어디서 얻었을까? 혹시 국가전산망을 통해? 서울시 공무원의 답변이 실렸다. "있을 수 없는 일"이라 잘라 말하면서도 '일선 행정기관에서 흘러나왔을 가능성'을 부인하지는 않았다.

정부가 개인정보를 소중히 다뤄야 한다고 사람들은 생각했다. 그런데 1996년에 정부는 전자주민카드를 도입하려 들었다. 개인정보 42가지를 전자칩에 담겠다고 했다. 이것만도 아슬아슬한데 한술 더 떴다. 이 칩을 카드로 만들어 나눠줄 테니 주민등록증 대신 언제나 들고 다니라고 했다. 이런저런 사고가 터지던 김영삼 정부

현대는 정보화 사회다. 여·야당 후보의 선거운동도 유권자 개개인에 대한 정확한 정보에 기초해 이루어지고 있다. 특히 여당측은 유권자의 재산상태, 결혼유무, 병역관계, 자녀의 생년월일과 입학관계 등을 세세히 담은 개인별 정보를 관리하고 있는 것으로 알려졌다. 그러나 이런 세세한 정보는 유권자의 입장에서 볼 때 사생활침해라는 우려를 불러일으키고 있다.

더욱 큰 문제는 이런 정보의 출처다. 현재 관련전문가들은 정부의 행정전산망에 담긴 정보가 여당에 흘러들어오고 있을 것이라고 추정하고 있다. 그러나 정부는 이를 강력히 부인하고 있다. 선거운동에 활용되는 '개인별 정보'의 출처를 추적해본다. 〈편집자〉

지난달 25일 서울 강서구민회관에서 열린 민자당 강서갑지구당〈위원장 이원종〉 당원단합대회에서는 국민학교 6학년생 학생의 감사편지가 낭독되고 있었다. 편지에는 "가훈들만이 알고 있으리라 생각한 자신의 생일에 '이원종 아저씨'가 축하카드를 보내줘 너무 고맙다"는 내용이 실려있었다.

사회를 맡은 젊은 당직자는 어린이로부터 받아버리며 이가까이 20여만 지역주민의 생일을 1년의 동안 생겨간 이 위원장의 '자상함'을 역설함과 청석자들은 박수갈채로 답했다.

지역주민들의 상태를 손바닥 들여다보듯이 훤히 파악하는 지구당은 강서갑뿐. 그러나 이같지 않은다.

민자당 영등포갑지구당측의 나웅배 의원은 해마다 '성년의 날'이면 20살이 되어 선거권을 얻

은 새로운 유권자들에게 편지를 띄워왔다. 민자당 성북을의 강성재의원실은 이 지역 현역의원의 의식행동이 7개월 선부터 6차례에 걸쳐 당원단체회나 새대

한 치 일마 되지 않는 지역주민들에게 "군기지자를 단번고 기부한자"는 내용의 편지를 보내

또 종로의 이종찬 의원도. 최근에 지역구의 대학생들만을 대상으로 자신의 의정활동집〈무엇을 말했는가〉를 우편 발송한

것으로 알려졌다.

또 상당수 지역구에서는 유권자의 인적사항을 정확히 파악하지 않고는 불가능한 내용으로 특정후보 지지를 부탁하는 내용

유권자의 주민등록번호와 주소지만이 적혀 있어 미성년자가 생년월일, 병역관계, 학력 등도 파악할 수가 없다.

따라서 이런 소상한 정보의 출처에 대해서는 행정기관으로 '의혹의 화살'이 돌려지고 있다.

## 성년의 날·제대날짜 때맞춰 편지 공세
### 민자, 세세한 개인기록 관리…코흘리개 생일까지 챙겨
## 행정전산망 당국서 여당에 유출 의혹

유권자 사생활 침해

의 전화가 걸려와 시민들에게 불안감을 안겨주기도 한다.

당측의 출마예상자들이 공식적으로 확보할 수 있는 유권사에 관한 정보는 지난해 광역의회회원선거 때 선관위에서 배포된 투표인명부가 있다.

그러나 여기에는 20살 이상

실정이다.

특히 대부분이 민자당 지구당에서는 이 정도 정보는 더 확보하고 있는 것으로 알려져 중앙당 차원에서 정부의 행정전산망을 통해 한꺼번에 공급받아 다시 지구당에 일율 배포하는 것이 아니냐는 추측까지 낳고있다.

그러나 '시·군·구 지역담위원회' 기본인적사항 정도는 출력할

현재 정부의 행정전산망에 입력된 주민등록관련 자료로는 무려 78가 항목에 이르고 있으며 이 항목에는 본적·성별·나이·세대구구수 등의 기본인적사항 외에도 직업 화력·형액행·재산상황·구조의 실 여부까지 기록돼 있다.

이러한 의혹에 대해 서울시 관계자는 "공무원의 직업윤리상 있을 수 있는 일이며 기술적으로도 불가능한 일"이라고 해명했다. 이 관계자는 "행정전산망

은 아직 전국적인 온라인망이 구축되지 않았으나 78개 항목을 모두 출력해볼 수 있는 단계로 이상하게 되는 것으로 일부 지역에서 이미 가능한 상태"라며 "일률 공급·배포는 생각조차 할 수 없다"고 잘라 말했다.

수 있다고 말해 일선행정기관에서의 유출 가능성은 인정했다.

이런 가능성은 기업체나 정당 등으로부터 의뢰를 받아 후보들을 대신 발송해주는 우편발송대행업(디엠) 관계자들의 증언에서도 부분적으로 뒷받침되고 있다. 서울에만 수십여곳에 이르는 이들 디엠사는 이번 선거에서 지역구별로 유권자의 이름·주소·나이·성별·전화번호 등이 담긴 컴퓨터디스켓〈유권자관리프로그램〉을 1천만~2천만원 정도의 값에 팔고 있고며 고객은 거의 전적으로 야권후보에 의존하고 있다.

이들의 한 직원은 "디엠업계에서 팔아야 다니는 유권자관련 자료의 출처를 모두 밝힐 수는 없으나 일부 지역의 자료는 민자당 지구당이 쓰기 편하게 전산처리해담았다고 말은 자료표를 복제해볼 것이라고 밝혀 일부 자료의 출처가 민자당임을 인정했다.

반면 야권후보의 유권자 정보관리는 일반적으로 '수공업적 단계'에 머물러 있다. 이들은 지난 광역의회 때의 선거민명부와 서울의 경우 6어5천세대의 집집의 위장보고서를 근거로 일일이 유권자들의 인적사항을 손으로 담아 관리하고 있다.

연구당 영동포갑지구당 장석화 의원의 경우 최근 광역의회의 선거인명부에 기초해 지역주민 6어5천세대의 자신의 위장보고서를 비롯한 몇몇을 꼼꼼하게 하나하나 유권자들의 인적사항을 직접 파악하는 것이다.

〈김의검 기자〉

---

1992년 3월 5일치 기사는 민자당 후보들이 국가전산망에 오른 유권자 개인정보를 빼돌린다는 의혹을 파헤쳤다. 개인정보 일부는 디스크에 담겨 야권 정치인에게 1000만 원 넘는 가격에 판매되기도 했다나.

유창하 기자가 찍었지만 공개되지 않았던 1996년 5월 15일의 전자주민카드 시연회 사진이다. 조순의 개인정보를 담은 카드를 만든 다음 관계자들이 보는 앞에서 휴대용 단말기로 출력해보였다. 조순의 표정이 눈길을 끈다. "내 개인정보로 무슨 짓을 했느냐"고 묻는 듯하다.

막판이었다. 안기부가 이 사업에 공을 들였다는 사실도 드러났다. 사람들은 화가 났다. "이른바 '선진국'들이 그 효용을 모르거나 기술이 부족해 전자주민카드를 도입하지 않는 것이 아니다." 1996년 10월 7일치 〈한겨레〉에 실린 변호사 김기중의 글이다. 전자주민카드 반대운동이 거세게 일어났다. 정부 관계자는 "행정의 효율과 편리성을 높여줄 전자카드에 대해 이렇게까지 반발할 줄은 몰랐다"며 당황했다.(1996년 11월 25일치) 이듬해 12월 대통령선거에서 김대중이 승리했다. 새 정부는 전자주민카드 사업을 접었다.

## 개인정보, 사람을 죽이는 무기가 되다

〈한겨레〉의 옛 자료를 훑던 중 나는 흥미로운 사진을 발견했다. 그때 서울시장이던 조순이 출력한 종이를 보며 설명을 듣는 장면이다. 무슨 일일까? 1996년 5월 15일에 서울시청에서 전자주민카드 시연회가 있었다고 한다. 여러 자료를 비교해보니 그 행사를 찍은 사진 같다. 그때만 해도 전자주민카드 문제가 얼마나 뜨거운 논쟁을 몰고 올지 몰랐기 때문에, 행사도 사진도 기사화되지 않고 묻혔던 것이다.

개인정보를 악용하면 사람이 목숨을 잃을 수도 있다. 1997년 2월에는 이한영 암살 사건이 터졌다. 북한에서 망명한 고위층 인사였는데 아파트 복도에서 권총에 맞아 숨졌다. 이런 일이 있을까 봐 이한영은 나름 조심을 했다. 이름도 바꾸고 신분도 새로 만들고 성형수술도 하고 이사도 자주 다녔다. 그런데 사건이 터지기 며칠 전에 이한영의 개인정보를 알아봐달라고 심부름센터에 의뢰한 사람이 있었다. 〈한겨레〉 3월 1일치 기사를 보면 심부름센터는 경찰

이종근 기자가 구한 폐회로(폐쇄회로)텔레비전 화면 사진이 〈한겨레〉 1997년 2월 28일치에 실렸다. 그러나 이한영을 죽인 범인은 잡지 못했다. 2월 24일치 기사에 따르면 "폐쇄회로 화면 사진이 쓸 만한 단서였다면 안기부가 경찰에게 넘기지 않고 자기들이 결판을 냈을 것"이라며 경찰 일부에서는 회의적인 반응을 보였다고 한다.

전산망을 통해 이한영의 정보를 뽑아냈다고 한다.

한편 심부름센터에 수고비를 부치는 남자의 모습이 은행의 폐회로(폐쇄회로)텔레비전 카메라에 잡혔다. 안기부는 이 자료를 경찰에 넘겼고, 경찰은 이 남자의 사진을 전단으로 만들어 전국에 뿌렸다. 범인은 잡지 못했지만, 범행도 수사도 옛날에는 상상할 수 없던 방법으로 진행되었다. 역사를 기억하는 방식도 바뀌었다. 이한영 사건은 폐회로텔레비전 화면 속 한 장면으로 사람들의 기억에 남았다.

선거와 개인정보 이야기를 하나 더 해보자. 1998년의 일이다. 그때 선거법에 따르면 후보자는 선거관리위원회를 통해 선거인명부를 얻을 수 있었다. 그런데 선거운동이 끝나고 이 명부를 세운상가 같은 곳에 되파는 사람들이 있다고 했다. "세운상가 '개인정보

판매시장' 안에서도 선거인명부는 '값이 비싼 상품'이다." 주민등록번호가 함께 나오기 때문이다. 통신판매업자가 이 정보를 돈을 많이 주고 사간다고 했다. 〈한겨레〉 6월 3일치 기사다.

1992년에는 공무원이 우리 개인정보를 가져다 정치인에게 넘겼다. 선거를 이기기 위해서였다(적어도 그랬다는 의혹을 받았다). 1998년의 상황은 그때와 닮았지만 다르다. "선거운동을 돕기 위해 건네준 선거인명부가 엉뚱하게 '상품'으로 둔갑"한다. 비싼 값을 치르고 우리 개인정보를 사가는 쪽은 통신판매업자다. 더 큰 돈을 벌고 싶어서다.

국가가 어느 정도의 개인정보를 관리해야 좋을까? 의견이 엇갈리는 주제다. 정답이 없는 문제라는 뜻이다. 1999년에는 새 주민등록증으로 사람들 의견이 갈렸다. 한동안 지문 날인을 거부하며 버틴 사람도 있다(나도 그러다가 관공서에 불려가 한바탕 싫은 말을 들어야 했다). 반면 자기 정보를 달갑게 국가에 넘기고 순순히 새 주민등록증을 발급받은 사람도 많았다. 전자주민카드 때처럼 의견이 하나로 모이지는 않았다.

2003년에는 '교육행정정보시스템' 문제가 터졌다. 줄여서 '네이스'(NEIS)라는 이름이 익숙할 것이다. 아니, '나이스'라는 이름이 귀에 익은 분도 있다. 찬성하는 쪽과 반대하는 쪽이 그 이름조차 다르게 불렀기 때문이다. "네이스족과 나이스족, 두 '어족'이 있다. 두 집단의 언어장벽은 깊고도 높다." 〈한겨레〉는 2003년 6월 11일치 칼럼에서 꼬집었다. 찬반 양쪽이 더 많은 대화를 나누길 바라는 뜻에서였다.

2004년 1월에는 주민등록증 발급 과정에서 지문찍기를 거부한 청소년의 사연이 〈한겨레〉에 실렸다. 반면 3월 12일치 〈한겨레〉

에 보내온 독자의 글도 눈길을 끈다. "나는 과학수사반에 근무하는 경찰공무원이다. 변사자의 시신에서 지문을 채취해 신원을 확인한 뒤, 애타게 기다리던 유족에게 차가운 시신이나마 인도하면 고맙다는 인사말을 듣는다."

## 양심 말고 카메라 앞에 떳떳한가

세상은 변했다. 내 개인정보를 더 간절히 원하는 곳은 이제 국가가 아니라 기업이었다. 정보가 돈이 되는 세상이 열렸기 때문이다. 인터넷업체들은 내 개인정보를 달라고 했다. 그 대신 당장 혜택을 주겠다고 했다. 편하고 안전하고 돈도 벌게 해준다는데 마다할 사람이 많이 있을까. 하지만 내 개인정보를 가져다 어디에 쓰려는지 내가 모른다는 점은 문제다.

1999년 8월 24일치 기사에 소개된 회사원 김영만의 이야기가 눈길을 끈다. 머리가 빠져 걱정이었단다. 그래서 대머리 관련 정보를 검색했다. 그랬더니 대머리 예방약을 선전하는 전자우편이 오더라나. 여기까지는 그래도 괜찮았다. 그런데 출산을 앞둔 아내한테 "육아용품을 선전하는 메일"이 자주 오자 김영만은 섬뜩함을 느꼈다. "말이 좋아 '맞춤 서비스'지 자신의 신상정보들이 어떻게 이용될지 알 수 없는 노릇이다."

편한 만큼 위험하다. 개인정보를 넘길수록 내가 받을 혜택도 늘지만 무언가 잘못될 위험도 커진다. 폐회로텔레비전은 좋은 예다. 처음에는 우리 모두 폐회로텔레비전을 좋아했다. 도둑 잡을 때 더없이 편리한 도구였다. 〈한겨레〉 1992년 7월 2일치 기사는 "폐쇄회로텔레비전 카메라가 더 많이 설치되어야 한다"는 경찰의 주장을 전했다. 그런데 얼마 지나지 않아 이 도구는 평범한 사람을 감시할 때도 쓰이게 되었다. 「회사가 당신을 감시하고 있다」. 〈한겨레〉 1999년 10월 14일치 기사의 제목이다.

2005년 3월에는 이런 일도 있었다. 김문수와 이재오 등 일부 한나라당 의원들이 국회 법제사법위원회 회의장을 점거했다. 여야가 합의한 법안을 뒤집겠다고 나선 점도 문제지만, 회의장을 점거한 뒤 의자를 쌓고 올라가 카메라부터 청테이프로 둘둘 말아놓은 일 때문에 더 빈축을 샀다. 카메라 렌즈를 가리는 일이 나쁜 짓을 하겠다는 뻔뻔한 신호로 받아들여진 지 오래되었으니 말이다.

옛날에는 "양심 앞에 떳떳한가" 물었다. 언제부터인지 사람들은 "카메라 앞에 떳떳한가" 묻는다. 좋은 일일까 나쁜 일일까? 폐회로텔레비전이 늘면 우리는 그만큼 더 착해지는 걸까? 모르겠다.

폐회로텔레비전은 인권을 침해하기도 하고 지켜주기도 한다. 2009년부터 이듬해까지, 서울 양천경찰서는 절도 행위를 자백받겠다며 피의자 20여 명을 고문했다. 재갈을 물린 채 머리를 밟거나 수갑을 채운 채 팔을 꺾었다. 뼈가 부러지고 보철한 이가 깨지기도 했다. "카메라 방향이 천장 쪽으로 올라가 사무실에 사각지대가 있다." 그 사각지대에 긴 의자를 놓고 피의자들을 두들겨 팼다고 한다. 국가인권위원회의 조사로 밝힌 사실이다. 〈한겨레〉 2010년 6월 17일치에 크게 실렸다.

그렇다면 폐회로텔레비전은 약인가 독인가? 질문 자체가 잘못일지도 모른다. 폐회로텔레비전 없는 한국 사회는 이제 상상하기 어렵다. 누구나 동의할 답은 나오지 않을 것 같다. 다만 토론을 많이 하는 일은 좋을 것이다. "폐쇄회로텔레비전을 학교에 설치할지의 여부도 훌륭한 디베이트의 논제다." 〈한겨레〉 2012년 6월 18

'황연성 교사의 디베이트 정복' 2012년 6월 18일치에 함께 실린 사진이다. 원래 서울 전곡 초등학교 선생님들이 '학교 안에서 폭력이나 납치 사건이 일어나지 않나' 교무실에 설치된 폐회로텔레비전을 살펴보는 모습이었다. 좋다 나쁘다 이야기하기 쉽지 않은 문제다. 이종근 기자가 찍었다.

일치 교육면에 실린 '황연성 교사의 디베이트 정복'에 나온 토론 주제다. "설치해야 한다는 주장의 근거로 은행이나 대형마트를 예로 들었다고 하자. 이때 반대편은 교내 설치 여부에 초점을 맞춰야 한다는 점을 지적하며 대형마트와 은행은 사례로 적절하지 않다고 반박해야 한다." 디베이트 수업을 설명하는 예지만 폐회로를 둘러싼 논쟁으로도 적절해 보인다.

### 프라이버시의 시대가 끝났다

2010년에 페이스북의 마크 저커버그는 "프라이버시의 시대가 끝났다"고 말했다. 2019년 1월 21일치 〈한겨레〉에 《포스트 프라이버시 경제》의 저자이자 빅데이터 전문가인 안드레아스 와이

겐드의 인터뷰가 실렸다. "정보권력의 균형이 개인이 아니라 회사나 국가 같은 큰 집단으로 이동하고 있다. 우리의 모든 정보가 수집당한다는 현실을 직시해야 한다."

개인정보를 제공한 대가로 얻는 편리함은 크다. 커도 너무 크다. 처음 소개한 1988년의 일화를 다시 살펴보자. 한씨는 왜 굳이 파출소에 가 기분 나쁜 일을 겪었는가? 그때는 서류를 하나 떼려해도 관공서를 하나하나 발품 팔고 다녀야 했다. 지금은 어떤가. 온갖 업무를 앉은 자리에서 해결하는 편한 세상이 되었다. 그러다 가끔 모르는 번호로 문자가 오면 나는 섬뜩한 상상을 한다. 어디서 누가 내 개인정보로 무슨 일을 벌이는지에 대해, 과연 나는 얼마나 알고 있나?

# 2장 *⟋

그들이
꿈꾼
세상의
이름

# 정치

박완서는 말했다
"사는 곳을
말할 때면 나는
쭈볏해진다"

〈한겨레〉 역대
칼럼니스트 I 편

9

1월의 한반도는 추위의 땅이다. '단군신화에 나오는 환웅은 분양 사기를 당했던 것 아니냐' 농담이 돌 정도다. 1989년 9월 정운영 칼럼에는 "단군 할아버지께서 처음 터를 잡으실 때 생각이 고루 미치지 못해 그렇게 되었는지"라는 너스레가 실렸다. 추위는 아니고 부동산 문제에 대한 글이었다. "산림지와 농경지를 빼면" 사람 사는 택지가 얼마 남지 않는 땅인데, 그 좁은 땅마저 소수의 사람이 독차지하고 있다는 내용이었다. "코피가 터지고 머리가 깨지고 제 몸뚱이에 불을 그어대고 싸우며 얻어낸 급여의 인상액"보다 "사우나탕에서 땀 빼고 필드에서 골프채 휘두르면서도 토지 소유로 발생시킨 자본수익"이 더 큰데, 장차 이 사회가 어떻게 될까 정운영은 걱정했다. 32년 전의 글이다. 미래를 내다본 것 같은 독특한 시선의 칼럼들을 〈한겨레〉 아카이브에서 읽어보았다. 해설 김태권

"나는 아주 소심한 사람이다." 1989년 5월, 박완서 칼럼의 첫머리다. 역시 부동산과 양극화 문제가 걱정이었다. "어디 산다고

119

박완서의 문학세계는 독특하다. 역사란 무엇인가, 문학이란 무엇인가, 남들이 거창한 이야기를 하는 동안 박완서는 조곤조곤 자기 이야기를 소설과 수필로 풀었다. 그렇다고 사회 문제에 대해 발언하지 않은 것도 아니다. 〈한겨레〉가 창간하고 얼마 뒤부터는 '한겨레 논단'에 글을 실었다. 오래 연재하지 않았지만, 빈부격차·이념갈등·젠더문제·분단 등 한국 사회의 다양한 급소를 두루 건드렸다. 특유의 조곤조곤한 글맛을 잃지 않으며 말이다. 〈씨네21〉을 위해 오계옥 기자가 찍은 이 사진에 그의 '외유내강'한 표정이 잘 드러나 있다.

말해야 할 때 이미 쭈뼛쭈뼛해지는 것도 나의 못 말릴 소심증이다." 어째서? "지난 1년 사이에 곱절이나 값이 뛴 아파트에 살고 있기 때문이다. 가만히 앉아서 불로소득한 액수까지 계산하면 내가 속한 사회가 미쳐도 단단히 미쳐가고 있다는 위기의식에 사로잡히게 된다."

박완서는 덧붙였다. "도대체 일생을 죽자꾸나 일해도 월세방을 면할 가망이 없는 사람들"의 분노를 두려워할 줄 알아야 한다고. "요새 너무 많이 가진 사람들의 작태를 봐도 미친 것 같은데 너무 없는 사람이라고 미치지 말란 법이 없다. 없는 사람이 중산층에 대해서까지 적의를 갖는 건 요새 갑자기 중산층의 생활이 붕 떠올라 그들이 차근차근 기어오를 수 있는 계단도 온데간데없이 없어진 느낌 때문이지, 그들의 꿈도 결국은 중산층이 되는 것일 것이다."

## 정운영, 30년 전에 이주노동자의 비극을 예언하다

〈한겨레〉의 옛 칼럼을 다시 읽으니 신기하다. 지금의 한국 사회를 내다본 글 같다. "서양보다도 낮은 출산율" 때문에 "우리 (사회)는 어차피 외국 인력을 필요로 할 것"이라고 박노자는 2005년 8월에 지적했다. 2007년 2월에는 이렇게도 썼다. "한국의 인구는 2050년에 이르러 약 12% 줄어들 것으로 예상된다."

그러면 어떻게 해야 할까? "구미에서 해온 것처럼 국내 노동시장을 제한적으로나마 개방해 외국인들이 합법적으로 일하다가 차후에 좀 더 쉽게 한국 시민이 될 수 있는 길을 열어주는 것이 현명하지 않을까?" 이 글에서 박노자는 고려 역사를 언급한다. "12

세기 후반의 고려는 중국인들은 물론 거란, 여진 사람들이 모여 살았던 나라였고 13세기에 이르러서는 몽골인을 포함해 귀화인의 총수가 7만 명에 이르렀다. 귀화인들의 독특한 풍습까지도 배려해주는 '다문화 공인정책'을 편 것은 고려시대 귀화 붐의 현실적 배경이었다."

이때만 해도 박노자를 지나친 이상주의자라고 생각하는 사람이 적지 않았다. "비약적이고 감정적이며 부정확한 사실에 기인하고 있다"는 반박 기고가 2005년에 실리기도 했다. 2006년에는 "이제는 박노자 글의 결론이 얼추 짐작된다"는 말도 나온다 했다. 박노자 칼럼에 대한 한국 사회 일각의 거부감을 보여준다. 하지만 지금은? 박노자가 20년 전부터 해온 이야기들과 비슷한 주장을 이제 우리는 자주 접한다. 불편해하는 사람은 여전히 보이지만 말이다.

한편 이주노동자 문제에 대해 1991년 3월에 정운영은 이런 칼럼을 썼다. "결론부터 미리 꺼내자면 노동력의 수입은 안 된다. 백번 양보해도 때가 이르다." 마르크스주의 경제학자인 정운영이 어째서 이런 글을 썼을까? 박노자의 글과 얼핏 달라 보이지만, 꼼꼼히 읽으면 본뜻이 드러난다.

"나는 '우리가 수입하려는 대상은 노동하는 소나 노동하는 말이 아니고 노동하는 사람'이라는 사실을 기억해주기를 당부한다. 결국 이 좁은 국토의 어느 한 모퉁이를 그들을 위해 할애하거나, 그들의 존재를 전혀 어떤 이질감이 없이 우리 사회의 한 부분으로 포용할 아량이 없다면" 해외 노동력의 수입은 "안이한 발상"일 수밖에 없다는 것이다. "일본인들이 반세기 전에 지어놓은 관사가 여전히 탄광촌의 숙소로 쓰이는 판국에, 외국 노동자를 위한 주택 건설은 엄두조차 낼 수 없는 실정"이라는 정운영의 문장을 읽으

박노자 칼럼에 대한 한국 사회의 반응은 뜨거웠다. 2000년 1월에 독자 김선의는 박노자의 글을 읽고 "이 땅의 한 사람으로서 서글픔과 부끄러움을 감출 길이 없다"고 썼다. 2001년 4월에 독자 김성호는 "우리 내부의 모순과 티를 지적해주고 충고해주어" 고맙다고 썼다. 반면 박노자 칼럼이 불편하다는 반박 기고문도 〈한겨레〉에 종종 실렸다. 특히 '대체복무' 문제에 대한 박노자의 주장은 2002년 7월과 9월에 열띤 지상토론으로 이어졌다. 양심적 병역 거부로 감옥에 간 활동가 오태양을 면회하고자 2005년 1월에 구치소로 찾아간 사진이다. 조현 기자가 찍었다.

정운영의 독특한 시선은 그 독특한 인생 역정에서 나왔을 것 같다. 젊은 시절 가톨릭 사회운동에 관여했고 가톨릭 사제들의 도움으로 해외 유학을 갈 수 있었다. 벨기에 루뱅대학에서는 한국 사회에서 금지된 학문이었던 마르크스주의 경제학을 공부했다. 귀국해 10년 동안 〈한겨레〉에 칼럼을 썼다. 한동안 MBC 〈100분 토론〉의 진행을 맡았고 말년에는 〈중앙일보〉에 글을 썼다. 대학에서 마르크스주의 경제학을 가르쳤다. 〈한겨레〉를 퇴사하기 얼마 전 손홍주 기자가 찍은 사진이다.

며, 얼마 전 비닐하우스에서 숨진 이주노동자의 사연이 떠올라 나는 마음이 내려앉았다. 30년 전에 예견된 비극이었다.

## 30년 후, 누군가 남재희의 예언을 확인해주길

독특한 시선이라면 남재희 칼럼을 빼놓을 수 없다. 2015년에 남재희와 대담을 나누기 앞서, 사회학자 신진욱은 그를 "보수 정권(박정희~김영삼 정권)과 보수정당에 몸담았던 진보 성향의 80대 언론인"이라고 불렀다. 옛날에 장관도 지냈지만 칼럼을 쓰면서는 '언론인'이라는 호칭을 고집하는 그다.

모두가 미래를 말하던 2017년 5월의 칼럼에서 남재희는 1960년의 기억을 버르집는다. "4·19 후 과도정부의 수반이 된 허정씨는 '혁명적 과업을 비혁명적 방법으로 수습하겠다' 운운했다. 그것이 장면 내각의 시정철학으로 이어진 게 탈이다. 혁명적 개혁이 필요했던 시기다. 혁명적 사태를 적어도 반쯤 혁명적인 방법으로 대응했어야 했던 것이 아닌가." 그러면서 촛불항쟁의 결과 탄생한 지금 정권은 "준혁명적 상황까지는 아니라도 준준혁명적 상황에 처했다"고 슬며시 덧붙인다. 행간을 읽는 것은 독자 각자의 몫일 터다.

남북관계가 최악으로 치닫던 2017년 11월에는 "내 생각으로는 북-미 간의 직접교섭이 불가피하다고 본다"는 칼럼을 썼다. 그때는 생뚱맞아 보였지만 평창올림픽을 지나며 정말 이대로 됐다. 2018년에 사상 첫 북-미 정상회담이 이루어졌으니 말이다. 칼럼은 이렇게 이어진다. "전에 한반도의 '핀란드화'가 운위된 적이 있다. 당장 통일하겠다는 것이 아니라면 맞지 않는 이야기 같다. 남

남재희의 경력은 독특하다. 4·19 무렵 잠시 '혁신계' 사람들과 가까이 지냈다고 한다. 〈조선일보〉 〈서울신문〉에서 기자로 일하다 정치에 뛰어들어서는 박정희·전두환·노태우 정부 때 여당 국회의원을 하고 김영삼 정부에서 장관을 지냈다. 노동부 장관 때 법정에 나가 노조 쪽에 유리한 증언을 해 화제가 되기도 했다. 사람을 폭넓게 만나는 것으로도 유명하다. 2014년 11월에는 「진보세력 관찰 60년의 소견」이라는 특별기고문을 〈한겨레〉에 실었다. 수만 권의 장서에 둘러싸인 채 영화 〈스타워즈〉의 요다를 닮은 표정으로 서 있는 그를 신소영 기자가 사진에 담았다.

이이화의 경력도 만만찮게 독특하다. 2015년 11월 '이진순의 열림'에 이이화 인터뷰가 실렸다. 어릴 때 한학을 배웠다. 신식 학문을 배우고 싶어 가출까지 했지만 학업을 계속할 형편이 아니었다. 공식 학력은 고등학교 졸업. 젊은 시절에 술집 웨이터며 아이스케키 장사며 쉽지 않은 일로 먹고살아야 했다. 그러나 탄탄한 한문 실력과 역사를 보는 넓은 안목 덕분에 100권이 넘는 역사책을 썼고, 역사학계에 독특한 발자취를 남겼다. 1993년에는 '발굴 동학농민전쟁 인물열전'을, 2010년에는 회고록 '길을 찾아서-민중사 헤쳐온 야인'을 〈한겨레〉에 연재했다. 사진은 이용호 기자.

북 간에 평화가 이룩되고 아마 반세기쯤 지나면 남북 간의 체제는 엇비슷해져 국가연합 또는 연방제의 길도 트일 것으로 본다. 그렇게 될 때 한반도의 통일된 국가는 동북아에서 당당한 독립된 중위권 국가로 독자적인 역할을 하게 될 것이다."

　　정말 이렇게 될까? 30년 후의 누군가가 〈한겨레〉의 '옛 칼럼'을 꺼내 읽고 확인해주기를 기대한다.

"글쓰기는
어둠을
향한
돌팔매"

〈한겨레〉역대
칼럼니스트 2편

10

"그는 내가 1년 전 도쿄에 들렀을 때 숙소까지 안내해준 재일동포 대학원생이었다. 한국 생활이 어땠느냐고 묻자 그는 '제가 한국인이랑 똑같지 않아 너무 슬펐어요'라고 말했다." 2006년 4월, 한정숙 서울대학교 교수의 '세상읽기' 칼럼이다. "가슴이 먹먹해지면서 표현할 길 없는 감정이 치밀었다. 미안함이었을까? 안타까움 혹은 슬픔이었을까?" 지난 33년 동안 〈한겨레〉에 실린, 마음을 흔드는 칼럼을 두 번째로 추려보았다. 해설 김태권

"서경식의 글은 섬세하고 유려하며 잔잔하지만 언제나 깊은 곳에서 슬픔을 자아낸다. 그러나 그 묵직한 슬픔에는 … 강력한 힘이 있다." 2006년 1월, 지금은 퇴임한 한승동 〈한겨레〉 기자의 평가다. 한승동은 서경식의 칼럼을 여러 해 동안 번역했다. 일본에서 나고 자란 서경식은 일본어로 글을 쓰기 때문이다.

2006년 4월의 칼럼을 읽으며 나는 울었다. "소학교(초등학교) 시절 어느 재일조선인 아동이 두들겨 맞고 있는 현장을 우연히 목격한 적이 있다. 일본인 악동들이 '조센, 조센'이라 욕하면서 때리

고 있었다. … 나는 아이가 낼 수 있는 최대의 용기를 발휘해 '폭력은 그만둬' '약자에게 해코지하지 마'라고 외치며 말리고 나섰다."
얼핏 '의롭고 용감한 어린이'의 자랑 같지만 그렇지 않다. "일은 수습이 됐지만 내게는 꺼림칙한 생각이 남았다. 내게는 기껏 '폭력은 그만둬'라는 일반적인 도덕률을 휘두를 용기밖에 없었고 '나도 조선인이야'라고 선언할 용기는 없었다. 자신도 두들겨 맞을 각오까지는 할 수 있었지만 군이 일상적인 차별을 받는 처지까지를 감내할 각오는 할 수 없었던 것이다."

"조선인 아이는 그 자리를 떠날 때 힐끗 나를 쳐다봤는데 그것은 도와준 데 대해 감사하는 눈빛이 아니었다. 자신을 때린 일본인을 보는 것과 같은 눈빛이었다. 당연했을 것이다. 그가 보기에 나는 아무리 정의파처럼 처신해도 자신을 처벌하고 때린 또래들의 한 명에 지나지 않았던 것이다." 마지막 구절은 가슴이 먹먹하다. "그때부터 나는 '일본인'만은 되지 않겠다고 계속 다짐해왔다. 그랬던 내가 드디어 자기 민족의 나라에서 생활을 시작했는데 가는 데마다 '외국인입니까?' '일본인입니까?'라는 질문을 받고 있는 것이다."

## 눈보라처럼 진실이 몰아치다

2009년 겨울에는 〈한겨레〉 지면을 통해 '편지'를 주고받았다. 서경식은 11월에 일본에서 눈보라에 휘말렸다가 무사히 돌아온 다음 썼다. "'거짓말 같아.' 바로 전까지의 일이 허구고 이 따뜻한 거실이 진실이라는 얘기가 아니다. 그와는 반대로 내가 따뜻한 곳에서 느긋하게 앉아 있는 게 실감이 나지 않는 것이다." 눈보라 치

"죽어가는 아들과 비탄에 빠진 어머니. 정말 비탄에 빠진다면 바로 이런 모습일 것이다. 그건 자식들의 출옥을 학수고대하다 원통하게 죽어가야 했던 내 어머니의 초상이었다." 독일의 판화가 케테 콜비츠의 작품 〈죽은 아들을 껴안고 있는 어머니〉에 대해 2015년 7월에 서경식이 쓴 칼럼이다. "한국과 전 세계에는 이런 비탄을 강요당한 어머니들이 얼마나 많을까." 케테 콜비츠의 작품과 함께 선 서경식의 모습을 한승동 기자가 찍었다.

"1960년대 말에 내 형들이 모국 유학길을 택했을 때 누구보다도 기뻐하고 자랑스러워한 것은 아버지였다. 그러나 형들은 조국에서 감옥에 갇혔고 그들이 석방되는 날을 보지도 못한 채 아버지는 세상을 떠났다." 서경식은 2006년 3월 칼럼에 썼다. 간첩이 아닌데도 간첩죄를 뒤집어쓰고 서승은 19년을, 서준식은 17년을 감옥에 있었다. "서승은 모진 고문을 견디다 못해 난로의 경유를 뒤집어쓰고 분신자살을 기도했다. 자기도 모르게 비명이 터져 나오는 바람에 발각돼 병원으로 이송됐다." 2011년 4월 '한겨레가 만난 사람' 지면에 서승의 인터뷰가 실렸다. 촬영은 이정우 기자.

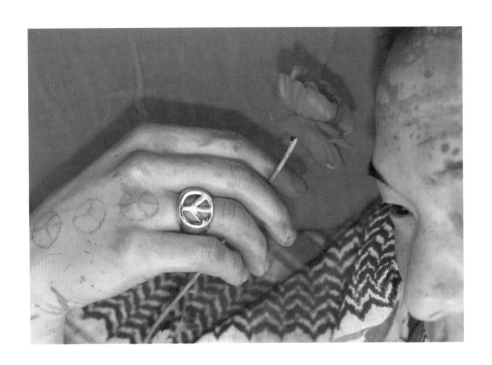

2009년 11월과 12월에 〈한겨레〉 지면을 통해, 감옥에 있던 은국은 서경식과 편지를 주고받았다. 서경식은 2008년 3월에 「2018년, 내가 만나고픈 이런 조국」이라는 칼럼을 쓴 일이 있다. "이 나라는 징병제와 국가보안법을 폐지하고 평화국가로 나아가고 있었다." 2021년에 이 글을 읽으며 나는 씁쓸하다. 〈한겨레〉 데이터베이스에는 은국의 사진이 있다. 2003년 4월, 한국군의 이라크 파병을 반대하는 집회에서 피처럼 빨간 물감을 뒤집어쓴 채 퍼포먼스를 벌이는 그의 모습을 류우종 기자가 찍었다.

는 세상에서 나 혼자 아늑해도 될까, 서경식은 묻는다. "나는 항상 지금의 내 생활이 어쩐지 모조품 같고 그 바깥에 위험으로 가득 찬 진실이 있다는 느낌에 사로잡힌다." 칼럼의 제목은 「눈보라처럼 진실이 몰아치다」였다.

이 칼럼을 읽고 독자가 편지를 보냈다. "저는 양심적 병역거부로 수감 중인 젊은이입니다." 자신의 이름을 은국이라고 밝혔다. "지금 저는 모조품과 같은 평온하고 안전한 삶을 거부하고 위험으로 가득 찬 '바깥'에 있다는 사실이 만족스럽습니다. … 저에게 이 감옥은 진실의 세계입니다." 같은 해 12월에 '한겨레를 읽고' 지면에 실렸다. 며칠 후 서경식은 '답장'을 썼다. 앞서의 '조선인 아이' 이야기를 다시 꺼내며 부끄러워했다. "나는 … 안전지대에 있었고 그 안전지대에서 뛰쳐나가지도 못한 채 이 나이가 되도록 살아왔다. 그런 내 글에서 은국님이 격려를 받았다는 건 어딘가 잘못돼 있다. 나야말로 그한테서 격려받은 것이며, 그 앞에서 부끄러워해야 한다."

2009년 1월에 용산참사가 일어났다. 황현산은 12월에 칼럼을 썼다. "이제 1년이 다 되어가니 혹시라도 잊은 사람이 있을지 모르겠다." 우리가 용산참사를 잊는다면 "그때부터 사람들은 부끄러움이 무엇인지 모를 것이다. 사람이 억울한 일을 당하면, 사람이 불타면, 사람이 어이없이 죽으면, 사람들은 자기가 그 사람이 아닌 것을 다행으로만 여길 것이다. 그리고는 내일이라도 자신이 그 사람이 될까 봐 저마다 몸서리치며 잠자리에 누울 것이다. 그것을 정의라고, 평화라고 부르는 세상이 올 것이다." 칼럼의 제목은 「그 세상의 이름은 무엇일까」였다.

# 글은 세상을 바꿀 수 있을까

그해 2월에 김선주는 용산참사를 떠올리며 이렇게 썼다. "글쓰기가 이처럼 힘든 시대는 내 생전에 없었던 것 같다. 평생 글 쓰는 것을 업으로 삼아왔는데도 글쓰기가 몸이 오그라들 정도로 힘이 든다. 몇 년 전에 글이 세상을 한 뼘도 바꾸지 못하는데 글은 왜 쓰는가라는 탄식을 한 적이 있었다. 그랬더니 새파란 후배가 글이 언제 세상을 바꾼 적이 있나요, 그저 위안을 줄 뿐이지요, 시들하게 답했다. 당시에도 아연했지만 그때의 탄식이 사치로 느껴질 만큼 지금은 글쓰기의 무력함을 절감한다."

김선주는 외부 필진 출신이 아니다. 언론 민주화를 위해 싸우다 해직됐고 〈한겨레〉 창간에 참여했다. "창간호가 나가자마자 … 찬사와 격려, 비난 등이 전화와 편지를 통해 쏟아져 들어왔다." 창간 직후인 1988년 5월에 쓴 기사다. 옛날 신문에 익숙하던 "40대 후반의 독자층"은 〈한겨레〉가 읽기 불편하다고 했다. 그때까지 "우리나라에 한글 가로짜기로 된 일간신문이 없었"기 때문이다. "대조적으로 80살이 넘었다는 한 독자가 '나이 먹은 사람이라 읽기가 어렵다. 그러나 파고다공원 근처에서 젊은 사람들이 〈한겨레〉 신문을 열심히 읽는 것을 보고 참 잘한 일이라고 느꼈다'라는 전화를 주었을 때 한글 가로쓰기는 올바른 선택이었다는 확신을 얻었다"고 썼다.

33년이 지났다. 1988년의 젊은 독자가 지금의 40대, 50대다. 2009년에 서경식은 썼다. "글을 쓴다는 것은 빈 병에 편지를 넣어 바다에 띄워 보내는 것과 같은, 또는 어둠을 향해 돌을 던지는 것과 같은 행위다. 누군가에게 과연 가닿을지, 반향이 있을지 없을지

글은 왜 쓰고 왜 읽나. "(시인이 쓰는 글은) 이 모욕 속에서, 이 비루함 속에서 이렇게밖에 살 수 없다고 생각하려던 사람들을 다시 고쳐 생각하게 한다." 문학평론가 황현산은 2010년 3월에 썼다. "(글 쓰는 사람의) 용기는 당신이 한 순간이라도 꿈꾸었던 세계가 허망한 것이 아니라는 것을 말하기로 결심한 사람의 용기다." 2013년에 김정효 기자가 찍었는데 지면에는 실리지 않았던 사진을 공개한다. 웃음을 터뜨리는 생전의 모습을 보니 격조 있던 그의 문장이 새삼 그립다.

"김선주는 사소한 일상으로부터 사회와 삶의 본질을 길어내어 독자의 마음을 사로잡았다. 노무현 대통령은 가장 좋아하는 칼럼으로 김선주의 글을 꼽았다." 〈한겨레〉 창간 30돌을 돌아보는 2018년 6월의 기사다. 나도 가장 좋아하던 칼럼이다. 문가에서 빼꼼 고개를 내민 모습을 손홍주 기자가 찍었다.

도 모르는 채 그냥 알지 못하는 독자를 향해 말하기를 계속하는 것이다." 2021년의 젊은 사람은 종이 신문을 잘 읽지 않는다고 한다. 오늘날 글은 세상을 바꿀 수 있나. 그런 것도 같고 아닌 것도 같다.

남들이
뭐라건,
노무현의
길

노무현

II

노무현은 앞선 사람이었다. 남과 달랐다. 사람들이 싸우기 주저할 때 투쟁에 앞장섰고, 싸움에 몰두할 때는 통합을 주장했다. 그런데 "튀어나온 못이 망치를 맞는다"는 말이 있다. "웃자란 가지가 먼저 베인다"고도 한다. 그에게 일어난 일이 그랬다. 노무현에게 마음의 빚을 진 사람이 나만은 아닐 것이다.

정치인 노무현과 우리가 함께한 시간은 1988년부터 2009년까지 20년 남짓이다. 〈한겨레〉 30년치 기사와 사진을 모은 아카이브를 찾아보았다. 노무현과 만난 사람, 노무현과 특별한 인연을 맺은 지역이 눈에 띈다. 해설 김태권

젊은 초선의원 노무현이 온 나라 사람의 눈에 든 사건은 1988년의 '5공청문회'였다. 전두환 일당은 자리에서 물러난 다음에도 뻔뻔했다. 텔레비전 중계로 청문회를 보던 시민이 화가 나 심장마비로 숨질 정도였다(〈한겨레〉 1988년 11월 9일치). 이때 온 국민이 보는 앞에서 전두환과 부하들을 꼼짝 못 하게 만든 사람이 노무현이다. 빈틈없는 논리가 그의 무기였다.

1988년 11월 11일치 〈한겨레〉에 노무현의 인터뷰가 실렸다. 노무현은 어떻게 '청문회 스타'가 되었나. 증인으로 나온 5공인사들이 "불합리하고 모순된 진술을 하도록 끌고 가는" 것이 비결이었다. 그가 처음부터 논리적인 모습 때문에 주목받았음을 알 수 있다. 끈질기게 그를 따라붙던 '선동적'이라느니 '감정적'이라느니 하는 비난과는 다르다.

## '바보 노무현'의 시작

세상이 김영삼을 따르던 1990년대 초에 노무현은 그에게 맞섰고 세상이 김영삼에게 등을 돌린 2002년에 노무현은 그를 챙겼다. 남들이 뭐라건 노무현은 소신대로 움직였다.

노무현을 정치권에 영입한 사람이 김영삼이었다. 그런데 1990년에 김영삼은 충격적인 결정을 한다. 노태우와 김종필과 당을 합친 것이다. 민주 대 반민주의 구도에서 민주진영에 유리하던 국회의 의석수는 하루아침에 역전되었다. 악명 높은 '3당합당'이다. 많은 정치인이 김영삼을 따라 거대 여당에 들어갔다. 노무현은 이들과 갈라섰다. 어려운 길을 택했다.

3당합당의 나쁜 결과 하나는 지역 갈등이다. 한때 영남과 호남은 민주주의를 위해 힘을 모았다. 그런데 3당합당 이후 부산과 경남은 김영삼을, 호남은 김대중을 편들며 다퉜다. 노무현은 두 세력의 통합을 바랐다. 2002년에 대통령 후보가 되자마자 김영삼을 찾은 것도 그래서다. 그러나 당시는 김영삼이 비난받던 시절이었다. 노무현의 지지율이 떨어졌다. 후보를 사퇴하라는 말까지 들어야 했다.

노무현은 김영삼과 헤어진 뒤 김대중이 이끌던 야당에 합류

했다. 약은 사람이라면 지역구를 부산 말고 다른 곳으로 옮겼을 터. 그러나 노무현은 우직하게 지역주의와 싸웠다. 1992년 국회의원 선거도 1995년 시장 선거도 부산에서 출마하고 낙선했다. 중간에 한 번, 서울 종로에서 국회의원이 되었다가 2000년 총선 때 다시 부산에 갔다. 그리고 낙선했다. 쉬운 길을 놔두고 굳이 어려운 길로 가는 그를, 사람들은 "바보 노무현"이라 불렀다.

1995년 지방선거. "자정 무렵. 개표 방송을 보며 펜을 들었다." 노무현이 직접 쓴 글이다. 여론조사에서 앞서가던 노무현은 지역주의의 바람을 맞고 휘청였다.

"이러한 상황에서 지역바람을 차단하고 승리를 보장할 비책으로 '탈당' 유혹을 받았다. 그러나 나는 원칙을 지켰다. 나의 자존심도 탈당을 허락하지 않았지만 무엇보다도 나를 지지한 많은 분들에게 실망을 드릴 수는 없었다. 뿐만 아니라, 당락에 연연하여 비겁하게 지역대결구도와의 정면승부를 회피할 수는 없었다."

## 노무현을 두려워한 사람들

노무현을 마음에 담아둔 사람은 일찍부터 많았다. "문화방송 텔리비전의 '퀴즈 아카데미' 시청자퀴즈 공모에서 올해의 '한국의 인물'로 노무현 의원이 선정됐다." 1988년 12월 25일치 〈한겨레〉에 실린 기사다(그때는 '텔리비전'으로 썼나 보다). 〈한겨레21〉은 1999년과 2000년에 호감 가는 정치인이 누구인지 시민을 상대로 여론조사를 했다. 두 번 다 1위는 노무현. 정치인들 사이에서는 이회창과 이인제가 '차기 대권'이라 불리던 시절인데 그랬다.

노무현을 두려워한 이들도 일찍부터 있었다. 노동자 집회에

# 지역대결구도와 싸우자

**높은 벽 앞에 다시 패배… 주체세력 다시 꾸릴 때**

**19**95년 6월28일 자정 무렵. 개표 방송을 보며 펜을 들었다. 이 시대의 정론지 〈한겨레21〉의 요청에 따른 일기이는 하지만, 지금의 심경을 정리해 보는 것도 의미있는 일이라 생각했다.

돌이켜 보면, 오로지 지역대결구도만이 판치는 정치현실 속에서 솔직히 이번 부산시장선거에 직접 나설 용기가 나질 않았다. 그러던 차에 〈한겨레신문〉의 4월14일자 여론조사결과 보도는 출마 결심의 단초를 제공했다. 물론 시민후보에 대한 영입노력은 계속 진행했지만 결국 무산됐다. 게다가 당 일각에서 수구세력 출신을 영입하려는 움직임을 보였고 나는 이를 수용할 수 없었다.

## "지역등권론은 반역사적 행위"

결국 나는 당내 경선에 도전했고 계보정치의 벽을 뚫고 힘겹게 후보로 선출됐다. 그후 〈조선일보〉 등의 여론조사 결과를 접하며 '이기기는 힘들지만 해볼 만한 싸움이다. 지더라도 이기는 싸움이다'라는 생각으로 최선을 다해보기로 마음먹었다. 부산지역 정책연구소 연구원들과 여의도에 있는 지방자치실무연구소 연구원들이 발벗고 나섰고, 부산지역의 운동세력이 결합되기 시작했다. 지역감정이라는 정치현실을 냉정히 인정하고 선거 결과에 관계없이 멋진 한판을 벌여보자는 것이 이들의 의지였다. 나는 이들과 더불어 선거준비에 몰입했다. 이름하여 '노무현 부산시장 선거기획단', 우리는 정책과 정치노선만 있고 지역대결구도만이 판치는 정치현실에 정면으로 도전하기 시작했다. 성공하기 힘든 '선거혁명'이지만, 우리의 투쟁은 일종의 성전이라는 자부심을 갖고 편안한 마음으로 그러나 비장하게 그리고 정말 의욕적으로 선거에 임했다.

부산시민들은 여론조사를 통해 자신들의 뜻을 표출했다. 6월10일까지 중앙지와 지방 일간지에 보도된 12차례의 여론조사 결과 보도는 일관되게 한번의 예외도 없이 나를 더 지지해 주었다. 방심하던 민자당은 부산 민심을 수습하기 위해 홍재형 부총리를 내려보내 '선물보따리'를 풀어놓고 가고, 그것도 모자라 대통령이 직접 다녀가

기도 했다. 이렇듯 확실히 우세를 점한 상황속에서 선거가 시작됐다.

이런 상황에서 '지역등권론'이 등장했다. 부산의 지역바람을 예상하기는 했지만, 김대중 이사장이 직접 나설 것이라고 예상하지 않았던 일이었다. 물론 낙승을 예상했던 서울시장 선거에 이상기류가 형성되면서 김대중 이사장의 지역등권론이 등장했고 지원유세에까지 이르게 되었다고 긍정적으로 이해할 수도 있다.

그러나 나는 김대중 이사장의 행보를 용납할 수 없었다. 역사적으로 심판받고 응징되어야 할 유신 잔재세력과 손을 잡겠다는 발상은 용납할

우리의 정치현실에서
지역대결과 맞서 싸울 주체세력은
아직 형성되어 있지 않다.
이것이 이 시대를 살아가는
우리에게 던져진 숙제다.

수 없는 것이었다. 역사의 수레바퀴를 거꾸로 돌리려는 반역사적 행위이기 때문이다. 수단과 방법을 가리지 않고 원칙을 포기한다면 남는 것은 '추악한 권력욕' 뿐이다. 역사의 주인인 국민대중을 '표'로 보고 수단으로 이용하려는 등권론. 3당합당을, 정치의 진전을 가로막고 있는 지긋지긋한 지역대결구도를, 다시 부활시키는 것이 바로 지역등권론이다. 한편으로는 통일을 외치면서도 다른 한편으로는 반목과 갈등을 조장할 가능성도 배제할 수 없다. 이러한 이유로 나는 3당합당을 반대했던 것처럼 지역등권론에 대해서도 일관되게 비판했다.

## "탈당 유혹 받았지만 원칙 지켰다"

한편 나의 선거와 관련해서는 지역등권론으로 인해, 지역감정을 조작하는 흑색선전이 난무했고 부산에 지역바람이 불었다. 문정수 후보와의 격차가 좁혀지기 시작했다. 이러한 상황에서 지역바람을 차단하고 승리를 보장할 수 있는 비책으로 탈당 유혹을 받았다. 그러나 나는 원칙을 지켰다. 나의 자존심도 탈당을 허락하지 않았지만 무엇보다도 나를 지지한 많은 분들에게 실망을 드릴 수는 없었다. 뿐만 아니라. 당세에 연연하여 비겁하게 지역대결구도와의 정면승부를 회피할 수는 없었다.

내가 당선됐던 지역대결구도는 급속히 붕괴됐을 것이다. 지역대결구도는 상호의존적이기 때문이다. 첫째, 지역대결구도는 정치인의 장단에 국민이 따라주니까 생존하는 것이다. 따라서, 이번에 내가 당선됐다면 그것은 부산시민이 민자당의 장단에 놀아나지 않았다는 것이 된다. 물째, 화가 가면 다른 화가 따라서 따라서 간다. 영남의 지역대결주의를 비난하면서 호남이 단합하지만, 부산이 깨고면 호남도 충청도 뭉칠 명분을 잃어버리게 된다. 이렇듯 나의 당선은, 이미 나와 별개로 정치적 의미를 부여받게 됐을 것이다. 그러나, 문제는 남는다. 아직 우리의 정치현실 속에서 지역대결구도를 뛰어넘을 아니 적어도 정면으로 맞서 싸울 주체세력이 형성되어 있지 않다는 점이다. 이것이 이 시대를 살아가는 우리가 풀어야 할 숙제이다.

그러나 나는 이 숙제를 마주하기도 전에 지역대결구도의 벽 앞에 주저앉았다. 그때 다시 생각해 본다. 문제를 거꾸로 풀어보자. "지역대결구도에 정면으로 맞서 싸울 주체세력부터 만들자"고. ???

1995년 7월 6일치 〈한겨레21〉에 실린 노무현의 글. 글에 열정이 있다.

서 한 말이 앞뒤 맥락 잘리고 악의적으로 보도된 사건이 일어나 노무현이 항의했다는 기사가 1988년 12월 29일치 〈한겨레〉에 실렸다. "〈주간조선〉이 허위사실을 보도해 노무현의 명예를 훼손하였다"는 기사는 1992년 12월 5일치. 재계에서 노무현을 "친노동계 정치인"으로 분류해 견제한다는 2000년 4월 8일치 기사도 있다.

## 종로, 이명박…'악연'의 시작

한국의 정치지형에서 제3세력은 가능한가? 노무현도 한때 이 문제를 고민했던 것 같다. 1996년 국회의원 선거 때 노무현은 김영삼과 김대중의 '거대 양당'에 거리를 둔 채 독자세력으로 서울 종로에 출마한다. 결과는 낙선. 이때 그를 꺾고 당선된 사람이 이명박이다.

그런데 얼마 뒤 이명박은 선거법 위반으로 재판을 받는다. 수를 쓴다. 의원직을 잃기 전에 사퇴를 선언한 것이다. 1998년에 보궐선거가 열리고 노무현이 당선된다(이때는 김대중이 이끄는 새정치국민회의에 몸담고 있었다). "종로는 정치1번지"라는 말을 소개할 때 거론되는 일화다. 노무현과 이명박, 두 사람의 악연이 종로에서 시작했다는 사람도 있다.

## 광주의 선택…'노무현 대통령'을 믿기 시작하다

노무현은 김대중 정부에서 장관을 지내고 2002년에 대선후보 국민경선에 뛰어든다. 노무현을 좋아하는 사람은 많았지만 대통령이 되리라 예상한 사람은 적었다. 후보 경선은 이인제가, 대선

별세한 김종수 기자가 남긴 이 사진은 2009년의 잔인한 5월을 잊지 못하게 만들었다. 아직도 이 사진을 볼 때면 마음이 일렁인다.

본선은 이회창이 이길 것이라고들 생각했다.

그런데 이변이 일어났다. 광주경선이 있던 3월 16일부터였다. 지역주의에 맞서 싸운 그에게 새 미래를 기대했을까? '학살 주범' 전두환 일당을 몰아세우던 청문회 스타를 잊지 않던 걸까? 광주 시민의 선택은 영남사람 노무현이었다. 의미는 컸다. '노무현은 좋지만 설마 대통령이 될까' 의심하던 사람들이 '정말 대통령이 된다'고 믿기 시작했다.

2002년 후보 경선 기간에 노무현은 말했다. "아무도 '노풍'을 예견하지 못했는데 딱 한 군데 노무현을 알아주고 노풍을 예언한 곳이 있다. 바로 〈한겨레21〉이다."

노무현이 표지 인물로 처음 등장한 것은 1999년 7월 1일치 〈한겨레21〉이다. '여론조사를 해보니 1등이더라'는 기사였다. 2002년 3월 28일치에 다시 표지에 오른다. 제목은 무려 「노무현 대통령?」이다. 후보 경선 초반인데 말이다.

"처음 염두에 두던 표지 제목은 '솟는 노무현 대안론' 정도였다. 광주경선 현장에서 떠오른 제목은 '노무현 돌풍'이었다. 머리를 맞댄 끝에 나온 최종 표제는 '노무현 대통령?'이었다. 한 후배는 '?보다 !가 나왔을 것'이라고 농담처럼 건넸다. 민주당 일부에선 너무 나가지 않았느냐는 반응도 나왔다." 2002년 4월 11일치 〈한겨레21〉에 임석규 기자가 털어놓은 뒷이야기다.

## "노무현과 난 전생에 형제였나 보다"

노무현과 김대중은 어떤 사이였을까. 둘 사이가 서먹하다는 추측이 한때 유행했다. 김대중은 속마음을 잘 드러내지 않는 지도

노무현이 표지 인물로 처음 등장한 〈한겨레21〉 1999년 7월 1일치(왼쪽). 노무현은
2002년 3월 28일치에 다시 표지에 등장했다. 제목은 무려 「노무현 대통령?」이다.

자였다. 노무현이 대선후보가 되었을 때도 좋다 싫다 내색이 없었다. 둘 사이가 나쁘다는 주장도 있었다. 김대중이 아끼던 박지원이 2003년에 이른바 '대북송금 특검'으로 구속되고, 민주당과 열린우리당이 2004년에 갈라서는 상황을 보면서였다. 그런데 두 사람 사이는 과연 불편했을까?

이제는 그런 오해를 하는 사람이 별로 없다. 2008년에 김대중은 밝혔다. "노무현 대통령과 나는 이상하게 닮은 점이 많다. 전생에 형제 사이였나 보다." 2009년 노무현이 세상을 떠나자 김대중은 "내 몸의 절반이 무너져 내린 것 같다"며 괴로워했다. 노무현의 영결식 때 김대중의 슬피 우는 모습을 보며 많은 사람이 따라 울었다. 최근 귀가 솔깃한 증언이 나왔다. "2002년 광주경선에서 노무현이 1위를 할 수 있도록 김대중이 간접적으로 지원했다." 2020년 4월 17일 SBS에 출연한 박지원의 주장이다. '민주당의 가치관과 정통성은 노무현에게 있다'고 김대중은 생각했다는 것이다.

이 증언은 어디까지 사실일까? 2002년 3월 25일치 〈한겨레〉에는 이런 기사가 실렸다. 노무현에게 밀리던 경쟁 후보 이인제가 "노무현 돌풍의 배후에 김대중이 있으며 둘의 연결고리는 박지원"이라는 주장을 편 것이다. 이때는 지어낸 말이라고들 생각했는데, 웬걸, 박지원의 증언이 나온 뒤 다시 보니 흥미롭다.

## 문재인이 다시 봉하를 찾는 날

문재인은 부산의 인권변호사였다. 〈한겨레〉 지면에 1988년부터 자주 등장한다. 오랜 친구 노무현의 선거도 도왔다. 그런데 의외다. 노무현의 선거 사진은 많은데 문재인이 찍힌 사진이 거의 없

서울역광장에 마련된 분향소에서 2009년 5월에 김대중은 말
했다. "노무현의 유지를 받들어 민주주의를 회복하겠다"고.
'유지'라니. 먼저 떠난 후배의 '유지'를 입에 올리는 손윗사람
의 심정이 어땠을까. 그해가 다 가기 전 김대중 역시 세상을
떠났다. 촬영은 이종찬 기자.

2006년 제주. 4·3사건 희생자 위령제에 참석해 분향하고 묵념하는 노무현. 현직 대통령으로 처음이었다. 제주4·3평화기념관에 갈 때마다 나는 국가가 저지른 폭력을 국가원수로서 사과하는 노무현의 영상을 본다. 내가 가장 좋아하는 그의 모습이기도 하다. 촬영은 장철규 기자.

다. 여느 정치권 인사들이 노무현과 함께 사진을 박으려고 어떻게든 카메라에 얼굴을 들이밀 때 문재인은 묵묵히 자기 일을 했던 것이다.

그런 문재인에게 언론의 관심이 집중된 것은 2004년부터다. 이른바 '노무현 탄핵 정국' 때 노무현 쪽 대리인단 간사로 활약했기 때문이다. 헌법재판소는 5월 14일에 탄핵을 기각했다. 노무현은 대통령직을 지켜냈다.

문재인은 대통령이 되자 봉하의 노무현 묘소를 찾았다. 임기중에 더 오지 않겠다고, 성공한 대통령이 되어 퇴임 뒤 다시 오겠다고 밝히던 일이 기억에 생생하다. 문재인이 다시 봉하를 찾는 날, 그의 웃는 얼굴을 보며 어쩌면 많은 사람이 눈물을 흘릴지도 모르겠다.

아시아에도
보편적
민주주의가

김대중과
이희호

12

1980년 미국 대선 직후의 일이다. 전두환의 신군부는 "공무원들에게 당시 미국 대통령 당선자인 레이건에게 김대중씨를 모략하는 애걸편지를 보내게 하였다." 1994년 12월 8일치 〈한겨레21〉에 실린 독자투고다. "나 역시 윗전의 강압에 따라 김대중씨를 음해하는 편지를 레이건에게 보낸 사실이 있다. 이 자리를 빌려 그에게 사죄한다." 어찌 된 사연일까? 〈한겨레〉 아카이브에서 김대중 전 대통령과 이희호 여사의 정치 역정을 국제 정치인이라는 측면에서 돌아봤다. **해설 김태권**

박정희도 전두환도 김대중이 미웠다. 죽이고 싶을 만큼 미웠다. 전두환과 신군부는 김대중을 체포하고 사형을 선고했다. 그런데 죽이지는 못했다. 다른 나라 눈치가 보여서였다.

김대중의 목숨은 당시 국제적 관심사였다. 다른 나라 시민이 먼저 관심을 가지고 자기네 정부를 움직인 경우도 있다. 일본이 그랬다. 이름난 작가들이 정부에 편지를 쓰고, "김대중을 죽이지 마" 집회에 시민 1만 명이 참여하기도 했다. "역 앞 선술집의 젊은 주인이 5000엔짜리 지폐를 건네며 '나는 그 사람을 믿습니다'라고 외친 일을 잊을 수 없다." 2006년 10월 〈한겨레〉에 실린 역사학자 와다 하루키의 회고다.

## '김대중을 살려라!'…공항에서 벌어진 소동

이 문제에 특히 관심 많던 지도자가 미국 대통령이던 지미 카터였다. 그런 카터가 재선에 실패했다. "카터 대통령은 노심초사 나를 살리려고 했습니다. 그런데 레이건이 당선됐습니다. 두말할 것 없이 죽는 일밖에 없다고 생각, 나는 울었습니다." 2006년 10월 〈한겨레〉에 실린 김대중의 회고다. "신군부 사람들이 손뼉을 치며 '김대중 죽여도 말릴 사람 없다'고 말했습니다. 이 말 듣고 (나를 살리고 싶어 하던) 글라이스틴 대사가 미국으로 날아가 레이건 쪽에 얘기했습니다. '당신이 당선됐으니 마음대로 죽일 수 있다고 하는데, 어떻게 할 거냐'고. 그러자 레이건이 '그렇게 되면 세계가 용서하지 않을 것'이라며 살리라 해서 살린 것입니다." 미국이 김대중을 살리라며 신군부에 어떻게 압력을 넣었는지 역시 1996년 이후로 띄엄띄엄 〈한겨레〉 지면에 소개된 바 있다.

미국 대선 이야기로 글을 시작한 이유가 있다. 국내 정치에 국한하지 말고 세계사의 관점에서 김대중과 이희호를 보자는 취지다. 20세기 후반에 독재정권을 무너뜨리고 민주주의를 얻어낸 예가 세계에 적지 않다. 한국은 필리핀과 닮았다. 1972년에 필리핀은 계엄을 선포했다. 10월유신 직전이었다. "차를 타고 광화문 앞을 지날 때 라디오에서 필리핀에 계엄령이 내렸다는 뉴스가 나왔어요. 순간 한국도 계엄령이 선포되면 어떡하나 하는 생각이 들었

1980년 5월 17일 쿠데타 직전에 전두환과 군부가 심상치 않은 움직임을 보이자, 미국대사 글라이스틴이 대책을 의논하기 위해 김대중의 집을 찾았다. 김대중평화센터가 제공한 사진.

어요."이희호의 회고다. 2015년과 2016년에 고명섭 기자는 이희호를 20여 차례 인터뷰해〈한겨레〉에 '이희호 평전'을 연재했다.

　1982년 미국에 망명한 김대중 부부는 필리핀 민주화운동을 이끌던 베니그노·코라손 아키노 부부와 만나 친구가 된다. 전두환·이순자가 독재자 커플 마르코스·이멜다 부부와 살갑게 지낸 일과 거울상이다. 1983년 8월에 베니그노 아키노는 필리핀 귀국을 시도한다. 그런데 공항에 내리자마자 총에 맞아 숨졌다. "필리핀으로 돌아갈 때 (베니그노 아키노는) 자기가 쓰던 낡은 타이프라이터를 우리에게 주었어요. 그게 가슴 아픈 기념품이 됐지요." 세월이 흐른 뒤에도 이희호는 안타까워했다.

　1985년에 김대중도 한국으로 돌아온다. "김대중이 제2의 아키노가 되는 것을 막아야 한다며 미국의 저명인사 27명이 김대중과 이희호의 귀국 비행기에 동승했다." 공항에서 경찰과 김대중 일행이 엉켜 몸싸움이 벌어졌다. 카터 행정부에서 차관보를 지낸 팻 데리언이 한국 경찰에 맞아 비명을 지르며 넘어졌다. "카메라 기자들이 그 장면을 촬영해 세계에 알렸어요." 김대중과 이희호는 살아남았다.

　후일담이 있다. 1986년에 필리핀에서 피플파워 혁명이 일어났다. 숨진 베니그노 대신 코라손 아키노가 민주화 운동의 구심점이 됐다. 마르코스·이멜다가 쫓겨나는 꼴을 보며 전두환·이순자가 벌벌 떨었다는 이야기는 유명하다. 코라손 아키노는 대통령이 됐다. 팻 데리언도 김대중·이희호와 좋은 인연을 유지했다. 1994년 12월 〈한겨레〉에는 당시 아태재단 이사장이던 김대중의 초청을 받고 한국을 방문한 두 사람의 사연이 실렸다.

1994년 1월에 김대중은 아태재단의 현판식
을 했다. 김대중과 이희호 사이에 선 사람이
코라손 아키노다. 진천규 기자의 촬영.

## "여보세요" 대신 "이름 대지 마세요" 외친 이유

유신정권의 치졸한 성격을 '보라색 털실 사건'만큼 잘 보여주는 일화가 있을까. 1976년에 김대중과 민주화운동 지도자들이 감옥에 들어가자 이희호와 양심수 가족들이 행동에 나섰다. "구속자 가족들은 V자형 보라색 목도리를 짰다. 'V자형이어서 빅토리 숄이라고 불렀지요.' 다 짠 목도리는 한 장에 10달러씩 받고 미국·캐나다·서독·일본의 교회와 인권단체에 팔렸다." 돈보다도 한국의 인권문제를 세계에 알리려는 의도가 컸다. 그런데 이상한 일이 일어났다. "서울의 털실 가게에서 보라색 실이 사라졌다. 마치 판매금지라도 내려진 것처럼 보라색 실만은 구입할 수가 없었다." 실을 구하는 일조차 국제연대로 이루어졌다. "그래서 우리는 여러 나라에서 우리의 뜻을 이해하고 지원해주는 분들에게 연락하여 그곳으로부터 보라색 털실을 구입하여 보내오게 하였다." 민주화운동가 이해동 목사의 부인이었던 이종옥의 회고다.

박정희는 김대중이 왜 미웠을까. 한때 중앙정보부를 이끌던 김형욱은 미국 정부의 청문회에 나가 "김대중에 대한 박정희의 감정은 깊은 열등의식을 바탕으로 한 사적인 증오에 가까운 것"이라고 증언했다. 에누리해서 읽을 필요는 있다. 김형욱이 박정희라면 치를 떨게 된 다음에 한 말이기 때문이다. 어쨌거나 잘난 사람을 보면 일단 죽이고 보겠다는 것이 독재자들의 흔한 행태다.

아이러니한 일이지만 이희호의 회고로는 두 사람이 마주 서서 둘만의 대화를 나눈 것은 1968년 신년하례식에서 5분이 전부였다고 한다. 김대중은 탄압과 암살 위협에 시달리던 끝에 "1979년 봄에 만나고 싶다는 뜻을 박정희에게 전달한 적이 있다. '우리가 20년 가까이 대립만 하고 이야기도 하지 않는 것은 곤란한 일 아닌가? 꼭 한번 만나고 싶다.'" 박정희는 거절했다. 얼마 뒤 박정희가 죽고 전두환이 권력을 잡았다.

박정희 시대 한동안 김대중·이희호의 집에 전화를 걸면 "여보세요"라는 인사말 대신 "이름 대지 마세요"라는 다급한 목소리를 들었다고 한다. 정보당국이 전화한 사람을 잡아내 고생을 시켰기 때문이다. 전두환 때에는 주변 사람을 줄줄이 잡아들여 끔찍하게 고문했다. 2009년 9월 〈한겨레21〉에는 김대중의 맏아들 김홍일의 사연이 실렸다. "나는 혹여 고문에 못 이겨 허위 자백을 할까 두려워 자살을 기도했다. 책상에 올라가 머리를 시멘트 바닥으로 처박고 뛰어내렸다." 그러나 정보부 요원들은 "치료해주기는커녕 더 때렸다." 김홍일은 훗날 파킨슨병에 시달렸다. 〈한겨레〉의 초대 사장을 지낸 송건호도 '김대중 내란음모' 사건으로 끌려가 받은 고문의 후유증으로 파킨슨병을 얻었다. 김홍일은 자택에서 이동할 때도 휠체어와 엘리베이터를 타야 했다. 당시 한나라당은 과거사를 반성하기는커녕 '김대중 가족이 엘리베이터가 딸린 초호화 주택에 산다'며 트집을 잡았지만 말이다.

김대중이 감옥에 갇혀 있는 동안 전두환은 이희호를 청와대 근처 안가로 불러들였다. "자기가 사형시키려고 했던 사람의 안사람을 만났는데, 동네 복덕방 아저씨가 아주머니 대하듯이 거리낌이 없었어요. 이야기하다 말고 바지 자락을 올리고 다리를 긁적거리기도 하고요." 1982년 2월의 일이었다. 전두환은 이 자리에서 "우리나라는 아주 정의롭고 자유롭다"고 말했다고 한다.

1995년에 전두환은 구속된다. 사형선고를 받는다. 1997년 대통령에 당선된 김대중이 제일 먼저 한 일은 전두환 사면을 김영삼에게 요청한 것이었다. 자신을 죽이려던 자를 용서하다니, 아무나 못 할 일이라는 점은 동의한다. 다만 전두환이 용서받기에 걸맞은 반성을 했는지는 나는 모르겠다. 1998년 7월, 김대중은 전직 대통령 부부를 청와대에 초대했다. "저녁을 함께 먹은 뒤 남자들은 남자들끼리, 여자들은 여자들끼리 따로 테이블을 마련해 이야기했지요." 그런데 남자 테이블에서는 전두환, 여자 테이블에서는 이순자 목소리가 가장 컸다고 한다. "아주 거침이 없었지요." 이희호의 회고를 보며 나는 여러 감정이 들었다.

## 카터, 브란트, 미테랑…온 세계가 보호한 정치인

독일의 빌리 브란트, 미국의 카터, 프랑스의 프랑수아 미테랑, 오스트리아의 브루노 크라이스키, 스웨덴의 올로프 팔메의 공통점은? 각자 자기 나라의 민주주의 지도자였으며, 또 김대중 살리기에 발 벗고 나섰다는 점이다. 브란트와 김대중은 닮은 점이 많다. 브란트는 젊어서 히틀러 반대운동을 했고 정권을 잡은 다음에는 과거사 청산과 독일 통일을 위해 노력했다.

1989년 11월 9일에 브란트는 서울에 있었다. "남편이 브란트 전 총리를 초청해 저녁을 대접했지요. 만찬이 한창 진행 중이었는데 브란트 총리에게 베를린 장벽이 무너졌다는 전갈이 왔어요. 모두 놀랐지요." 우연이라도 의미심장한 우연이다. 김대중은 김일성과 상상 속에서 남북문제를 놓고 담판을 짓곤 했다. 이희호의 증언에 따르면 김대중은 "감옥에 있을 때도 마음속으로 김일성 주석과 만나 남북통일 문제를 놓고 장기를 두듯이 수없이 대화를 했대요." 2000년 남북정상회담 때 평양 땅을 밟고 후계자 김정일을 만났다. "참을성 없고 신경질적이라던 풍문과는 아주 다른 인상이었어요." 정상회담은 순탄치만은 않았다고 한다.

김대중의 본관 농담도 그래서 나왔다. 두 가지 버전이 조금은 차이가 있다. 하나는 2016년 〈한겨레〉에 실린, 이희호가 전한 이야기다. 전주 김씨인 김정일이 먼저 "대통령과 내가 종씨라서 잘 통하지 않냐"며 농을 치자 김대중은 "나는 김해 김씨"라고 받았다고 한다. 또 하나는 퇴임 후 목포를 찾은 김대중의 회고. 2006년 〈한겨레〉에 실렸다. 김정일이 "대통령은 전라도 사람이라 고집이 셉니까"라고 묻자 김대중이 "전라도 사람은 전주 김씨인 위원장 아니오. 나는 김해 김씨니까 경상도 사람"이라 받았다는 것이다.

어느 쪽 버전이건 김정일이 양보를 요구했으나 김대중이 들어주지 않았고 그 긴장을 농담으로 풀었다는 맥락이 읽힌다. 남북 정상회담 이후 김대중은 노벨평화상을 받는다. "선정위원장은 노벨상 수상 로비가 있었냐는 질문에 '노벨상을 받으려는 로비가 아니라 노벨상을 주지 말라는 로비가 있었다'고 밝히고" 불쾌감을 드러냈다. "노르웨이 현지 신문은 '과거에는 이런저런 자격 시비가 있었지만 김대중은 한 건의 반대의견도 없었다'고 보도했다." 김대중이 세상을 떠난 뒤에는 이희호 혼자 북한을 다녀오기도 했다. 부부는 평화를 위한 노력을 멈추지 않았다.

김대중이 국제정세에 밝은 데에는 이희호의 공이 크다. 이희호는 당시 드물게 미국 유학까지 마쳤다. 결혼 전 이미 한국의 여성운동가로 외국에 유명했다. 결혼 후에도 "1960년대 내내 여성운동가의 길을 계속 걸었다. 활동을 접은 것은 남편의 요구 때문이 아니라 정치적 외압 때문이었다." 김대중이 국회의원 활동을 할 때도 부부는 함께 외신을 읽었다. "뒷날 남편이 목숨을 잃을 위기

"나 김해 김씨인데." 1997년 10월에 가락종친회 분향대제에 참석한 김대중의 모습이다. 남북정상회담의 팽팽한 긴장을 누그러뜨리려고 김대중은 본관을 이용해 농담을 했다. 지역감정과 맞서 싸운 그의 삶을 생각하면 농담의 무게가 묵직하다. 지면에 게재되지 않은 사진이다. 이용호 기자가 찍었다.

1954년부터 1958년까지 이희호는 미국 유학을 한다. 1959년부터 대한와이더블유시에이(YWCA) 연합회 총무가 되어 여성운동가로 활약한다. 김대중과 사귀고 결혼한 것은 3년 뒤의 일이다. 당시 사무실에서 찍은 사진이다. 김대중평화센터 제공 사진.

에 처했을 때 외국 신문·잡지를 읽고 세계정세를 보는 안목을 키운 것이 국제사회에 구명 요청을 하는 데 도움이 되었어요."

1994년에 김대중은 미국 잡지 〈포린 어페어스〉를 보다가 싱가포르 리콴유의 대담기사를 읽었다. 서구와 다른 아시아적 가치라는 것이 따로 있어서 아시아에는 서구식 민주주의가 맞지 않는다는 취지였다. 〈포린 어페어스〉는 김대중의 반박 논문을 11·12월호에 실었다. 김대중은 맹자와 동학사상을 재구성해 민주주의의 핵심 가치는 아시아에도 존재했다고 주장했다. 김대중의 반론은 국제적인 반향을 일으켰다. 국내에는 잘 안 알려졌지만 말이다.

1994년 12월 〈한겨레〉에 김대중의 글이 한 달 늦게 소개되었다. "국제사회에 아시아 민주주의의 가능성에 대한 시각을 드러냈다." 이희호는 이렇게 회고한다. "당시엔 리콴유 총리의 주장에 동조하는 서구 학자들도 적지 않았거든요. 그 논문은 리콴유의 대담과 함께 미국 대학에서 교재로 쓰기도 했대요." 훗날 독일 대통령 헤어초크가 한국을 찾았을 때도 이 논문을 인용했다. 1999년 10월 〈한겨레〉에는 리콴유가 청와대를 찾아 김대중과 직접 토론을 벌인다는 기사도 실렸다.

"서구가 아닌 아시아에서도 민주주의는 실현될 수 있다"는 것이 김대중·이희호의 신념이었다. 이 신념을 아직도 위험하다고 여기는 지역이 아시아에, 세계에 적지 않다. 나는 민족주의자도 아니고 '한류'라는 말에 감동받지도 않지만 이런 생각은 한다. 미래의 아시아가 한국을 주목할 이유가 있다면 민주주의를 위한 이 노력 때문은 아닐까 하고. 노력은 지금도 끝나지 않았다.

'유머의 정치인'
노회찬의
외로웠던
싸움

노회찬

13

그는 어떤 시대를 살았나. 노동자 김지선의 이야기로 시작하자. 1978년에 노회찬은 군복무를 하던 삼수생이었다. 그해 2월에 동일방직 사건이 있었다. 회사와 한편을 먹은 남성 노동자들이 똥을 퍼 왔다. 고무장갑을 끼고 민주노조를 요구하던 여성 노동자들한 테 똥을 발랐다. 항의하는 사람들이 무더기로 해고당했다. 노동자의 언론도 노동자의 정당도 없던 때였다. 이 사건을 보도해주는 매체가 없었다. 해설 김태권

다른 회사의 노동자들이 나섰다. 3월 26일은 부활절이었다. 여의도 예배가 기독교방송 CBS 라디오로 생중계되는 날이었다. "'갑시다!' 그 한마디에 여섯 명의 노동자들은 용수철처럼 일어나 연단으로 올라갔다. 목사님을 왼쪽으로 밀치면서 CBS 글자가 새겨진 마이크를 움켜잡았다. … 여성 노동자들의 목소리가 마이크를 통해 울려 퍼진 시간은 30초 정도였을 것이다." 2002년 〈한겨레21〉에 쓴 노동운동가 하종강의 글이다. 김지선은 이날 연단에 뛰어오른 노동자 가운데 한 명이었다.

김지선은 1970~80년대 노동운동의 산증인이다. 훗날 여성운동가로도 활약한다.
2002년 6월 〈한겨레21〉에는 활동가 김지선을 소개하는 기사가 실렸다. 하종강에
따르면 "그가 한 일들은 우리나라 현대 노동운동사를 단면으로 자른 듯 보여준다."
촬영은 박승화 기자. 김지선은 1988년에 연하의 노동운동가 노회찬과 결혼했다.

"'노동자가 된 계기가 뭐냐?'는 나의 질문에 김지선씨는 잠시 어이없다는 듯 쳐다보다가 '먹고살기 힘들어서'라고 짧게 답했다." 하종강은 질책받는 기분이었다고 썼다. 김지선은 학생운동권 출신이 아니다. 가난 때문에 학업을 마치지 못하고 어릴 때부터 공장에서 일을 했다. 그러다 "동일방직 사건에 대해 이 땅의 언론이 단 한 줄도 보도하지 않자" 참지 못해 연단에 뛰어올랐다. "김지선씨는 그때 처음 구속되어 6개월을 살았다." 감옥에서 나온 후 김지선은 노동운동을 했다. 나중에 여성운동을 했다. "인천여성노동자회 회장과 서울여성의전화 부회장 등을 지냈다"고 2013년 〈한겨레〉 기사에 실렸다.

인천에서 노동운동을 할 때 김지선은 한 사람을 만났다. 학생운동을 하던 이 사람은 노동운동을 더 열심히 하기 위해 진짜 노동자가 됐다. 용접 기술을 배우고 자격증도 땄다. 김지선은 연하의 이 사람과 1988년에 결혼을 했다. 이 사람이 바로 노회찬이다. 김지선과 노회찬은 평생의 동지였다. 그런데 2002년 하종강의 글에 남편의 이름은 나오지 않는다. 2013년에 김지선을 소개하는 〈한겨레〉 기사의 제목은 「남편의 대리인 아니다」였다. 당당한 운동가 김지선을 굳이 '노회찬의 아내'로 부르지 않겠다는 뜻이리라. 이 글이 돌아 돌아 시작하는 이유기도 하다.

신혼은 짧았다. 신랑 노회찬은 결혼한 지 1년 만에 공안당국에 붙잡혀 갔다. "치안본부 대공3부는 25일 '인천지역민주노동자연맹'(인노련) 사건과 관련해 권우철(31) 노회찬(33)씨 등 2명을 이적단체 가입 등 혐의로, 차명진(31)씨를 이적표현물 제작 반포 등의 혐의로 구속했다." 1989년 12월 26일치 〈한겨레〉 기사다. 노회찬의 이름이 처음 신문에 실렸다.

옛날 기사에는 잡혀간 사람의 출신 대학이 이름과 나란히 적혀 있었다. 학생운동이 주목받던 시절이라 그랬을 것이다. 기사를 인용하며 그 부분을 지웠다. 명문고니 명문대 따위 내세우는 일은 노회찬이 가지 않은 길이라 그렇다. "노회찬은 엘리트의 특권의식에서 탈출하기 위해 노동현장에서 몸부림쳤다"고 채진원 경희대학교 교수는 2018년 〈한겨레21〉에 썼다. 어느 인터뷰에서 노회찬은 밝혔다. "학생운동 당시 엘리트 의식 같은 게 있었는데 실제 노동현장에 가서 많은 충격을 받고 바뀌었다."

1989년 기사에 눈에 띄는 대목이 하나 더 있다. 같은 일로 잡혀간 사람이 누군가. 차명진이다. 진보정당 운동에 함께하던 사람 중에는 신지호가 있다. 진보정당 운동을 하던 사람들이 1992년 국회의원 선거를 앞두고 민중당에 모여들었는데, 이때 민중당 지도부가 이재오와 김문수와 장기표다. 당선자를 내지 못하고 민중당은 해산했다. 지도부는 흩어졌다. 떠나지 않은 사람들을 추슬러 진보정당을 만들어가는 일은, 그 무렵 감옥에서 막 출소한 노회찬의 몫이었다.

## 추수에 대한 희망도 없이 씨앗을 뿌리다

운동권 경력이 있으면 보수정당에 들어갈 때 몸값이 올랐다. 이재오는 그때 대통령이던 김영삼한테 영입되어 훗날 이명박의 측근이 된다. 신지호는 이명박계 국회의원이었다. 장기표는 2020년에 미래통합당 후보로 출마했다. 김문수와 차명진은 이제 가십난에만 나온다. "386 운동권 출신의 이른바 명망가들은 대부분 자신들의 젊은 날 이상과는 큰 거리가 있을 뿐만 아니라 정치적 노선

# '인노련 재건' 3명 구속

## 치안본부 가족 "영장없이 집수색 서적등 압수"

치안본부 대공3부는 25일 '인천지역민주노동자연맹'(인노련) 사건과 관련해 권우철(31·서울대 경제 졸) 노회찬(33·고려대 정외 졸)씨 등 2명을 이적단체 가입 등 혐의로, 차명진(31·노동운동단체협의회 선전부·서울대 정치 졸)씨를 이적표현물 제작 반포 등의 혐의로 구속했다.

경찰에 따르면 권우철씨 등 2명은 인노련 회원으로서 지난 10월18일 오동렬(29·서울대 철학졸)씨 등 인노련 간부 17명이 경찰에 구속돼 조직이 와해 위기에 처하자 이 조직을 복원, 현 정부 타도와 미군축출을 통한 민족해방민주주의혁명을 목표로 인천·부평지역 노동자들을 상대로 의식교육 등의 활동을 해온 혐의이다.

또 함께 검거된 차명진씨는 인노련에 가입한 사실은 없지만 인노련 조직 재건활동에 참여해 왔으며 인노련에 각종 이념서적과 유인물들을 제작 배포해 온 혐의를 받고 있다.

한편 경찰은 24일 오전 1시께 차씨를 인천시 북구 부평6동 604 집에서 연행하면서 압수수색영장 없이 집을 수색해 '말'지 11월호 20여권 등 서적 3백여권과 각종 유인물 등 2천여점을 무단압수했다.

차씨의 부인 서명회(31·부평 '한권의 책' 서점 점원)씨에 따르면, 이날 치안본부 소속 수사관이라고 신분을 밝힌 경찰관 6명이 책자 등을 압수하려 해 "이들 책들은 당국에서 판금도서로 분류한 책들도 아니며 압수수색영장이나 인수증도 없이 서점의 부탁으로 보관중인 책들을 불법 압수하는 것은 부당하다"며 30여분간 불법 압수색에 항의했으나 경찰이 강제로 책자를 압수해 갔다는 것이다.

### "안기부 한겨레신문 고소 의문사 사건 은폐 음모"

#### 중앙대 총학생회 성명

중앙대 총학생회는 25일 이내창 추모예술제 '민중의 땅 전' 개막에 즈음한 성명을 발표, "국가안전기획부(부장 서동권)가 이내창씨 의문사 사건 보도와 관련해 〈한겨레신문〉을 상대로 고소한 것은 민주언론에 대한 탄압이자 이 사건을 또 하나의 의문사로 덮어버리려는 음모."라고 주장하며 "2만여 중앙인들이 이번 행사를 계기로 진상규명투쟁에 나설 것"이라고 밝혔다.

이 성명은 또 "그 동안의 조사활동을 토대로 안기부 관련 부분을 폭로해나가는 한편 지속적인 조사활동을 벌이겠다"고 밝히고 "국회는 국정조사권을 발동해 이 사건의 진실을 밝혀야 할 것"이라고 주장했다.

한편 중앙대 예술대생 1백50여명과 이씨의 가족 등은 이날 낮 12시30분께 중앙대 흑석동캠퍼스에 마련된 전시장 앞에서 추모예술제 개막식을 갖고 '이내창 추모사업회'를 발족시켜 고인의 뜻을 이어갈 것을 결의했다.

### 방위병 스키장 살인
#### 대학생과 시비끝 칼 찔러

【춘천=김종화 기자】 25일 0시25분께 강원도 평창군 도암면 용산2리 용평스키장 용평리조트 디스코테크에서 술을 마시던 하성수(23·방위병·서울 서대문구 창천동 377)씨가 옆자리에서 술을 마시던 김종완(21·한양대 화공3)씨와 사소한 시비를 벌이다 갖고 있던 등산용 칼로 김씨의 목을 찔러 숨지게 하고 이를 말리던 채흥석(19·단국대 사학1)씨의 허벅지를 찔러 중상을 입히고 달아나다가 경찰에 붙잡혀 군수사기관에 넘겨졌다.

경찰에 따르면 이날 하씨가 디스코테크에서 후배 4명과 함께 술을 마시다 옆자리의 여자손님에게 접근, 귀찮게 하는 것을 숨진 김씨가 말리자 시비가 붙어 말다툼을 벌이던 중 갖고 있던 등산용 칼로 이같은 범행을 저지른 뒤 자신의 경기6 가3737호 9인승 밴지프(운전자 이윤중·25)를 타고 달아나 평창군 진부면

---

〈한겨레〉 1989년 12월 26일치 11면에 노회찬의 이름이 처음 등장한다. 민중민주계열 활동가들을 "미군축출과 민족해방혁명을 의식화했다"는 혐의로 잡아갔다는 내용을 보며, 저때 공안당국이 얼마나 '엿장수 마음대로'였는지 실감한다. 기사에 등장하는 차명진의 이름도 눈길을 끈다.

도 판이한 보수정당을 선택했다. 물론 이런 선택은 진보정당이 뿌리를 내리지 못하고 있는 '현실' 때문이기도 하다." 2000년 1월에 이미 이런 기사가 〈한겨레〉에 실렸다. 노회찬과 다른 길이었다. 웃음을 잃지 않던 모습 때문에 우리는 노회찬이 언제나 더 어려운 길을 선택했다는 사실을 잊기 쉽다. 그가 가지 않은 길을 살펴보면 이 점은 더욱 눈에 띈다.

"〈한겨레〉 1월 1일자에는 20, 30대의 상당수가 진보이념정당의 필요성을 인정한다는 기사가 실렸습니다." 노회찬의 1995년 인터뷰다. "좋아하는 정당이 없다"는 응답이 69.9%, "새로운 진보이념정당이 나타나면 지지하겠다"가 64.6%로 나온 여론조사를 언급했다. "실제 선거에서 투표 행위를 그렇게 하지는 않았지만 잠재적 요구는 큰 것 같습니다. 진보세력이 그에 부응하지 못하고 있는 것이 문제입니다. 진보정당세력을 지지하지 않는 국민을 탓할 것이 아니라, 진보세력 스스로가 자신의 행적을 뒤돌아보며 반성을 해야 한다고 생각합니다."

쉽지 않은 길이었다. 시행착오도 많았다. 훗날 노회찬은 "과거로 가는 타임머신이 있더라도 타지 않겠다. 타임머신을 타고 싶은 유혹이 있어도 유혹을 끊고 앞일을 생각하겠다"고 말했다. 그와 함께 일했던 강상구는 이 말을 생각하면 눈물이 난다고 했다. "노동운동, 진보정당 하는 게 얼마나 힘든 일인지 다 겪어봤으면서. 본인 말대로 '추수에 대한 희망도 없이 씨앗을 뿌리려는' 일일지도 모르는데."(〈한겨레〉 2019년 10월 3일치)

2004년에 기회가 왔다. 국회의원 선거를 앞두고 텔레비전 토론이 열렸다. 마침 유권자들의 관심도 어느 때보다 높던 선거였다. "50년 묵은 정치 이제는 갈아엎어야 합니다. 50년 쓰던 고기판에 삼겹살 구우면 새까매집니다. 이젠 삼겹살 판을 갈아야 합니다." 노회찬의 말이 화제가 됐다. "노회찬 민주노동당 사무총장의 입담이 네티즌 사이에서 '촌철살인의 유머'라는 평과 함께 폭발적인 인기를 얻고 있다. (티브이 토론에서) 했던 그의 발언이 '토론 어록' 형태로 각종 인터넷 게시판으로 급속히 퍼지고 있는 것이다."(3월 24일치 기사) "각종 방송 토론에서 거침없고 해학과 기지 넘치는 발언으로 기성 정치권을 질타했던 노회찬 민주노동당 사무총장은 이번 총선의 최대 '스타'로 꼽힌다."(4월 15일치 기사)

## 찰나의 화양연화, 그 뒤에 찾아온 긴 시련

노회찬 말솜씨의 비결은 무얼까. 그의 말은 어렵지 않다. "대한민국 국민 누구나 알 수 있는 쉬운 어법이다. 상황을 압축하는 은유와 비유가 뛰어나다. '불필요하게 엄숙한 말은 금물이고 상대방의 눈높이에 맞춰 이야기하는 것이 중요하다'는 것이 노회찬식 화술의 철학"이라고, 2006년 5월 〈한겨레21〉은 분석한다. 그런데 이것은 하루아침에 완성된 말솜씨가 아니다. 노회찬은 1993년부터 10년 동안 〈매일노동뉴스〉를 발행했다. 1997년에는 《어, 그래? 조선왕조실록》이라는 책을 썼다. "노동조합운동책의 지은이로 유명한 그가 이번에는 대중적인 역사책 쓰기에 나선 셈이다." 그때 〈한겨레〉에 실린 서평이다.

노회찬의 입담 덕분이었을까. 선거 결과는 놀라웠다. "2004년 총선날, 개표 방송을 보려고 정말 많은 사람이 모여들었다. 당사가 좁아 국회 앞 사거리에 대형 화면을 설치하고, 빔프로젝터를 쏴 방송을 봤다. 개표 막판까지 붙었다 떨어졌다를 반복했던 노회

2004년 국회의원 선거에서 진보정당은 열 명의 당선자를 낸다. 개표방송을 보던 노회찬(옆얼굴), 이수호, 천영세, 단병호는 웃기도 하고 울기도 한다. 이 사진을 다시 보며 나는 웃음도 나고 눈물도 난다. 이종근 기자가 찍었으나 지면에 나가지 않은 사진이다.

찬이 당선됐을 땐 흥분 그 자체였다. 당원은 물론, 직장을 마치고 늦게 합류한 지지자들까지 국회 앞 한 맥줏집을 '점령'한 채 밤새 기뻐했다." 2010년 2월 〈한겨레21〉의 기사다. 비례대표 마지막 한 자리에 그가 붙고 김종필이 떨어지는 바람에 "결국 김종필 자민련 총재를 정계은퇴시킨 주역이 됐다"는 말도 나왔다.(2004년 4월 21일 치) 아무려나 진보정당이 "두자릿수 의석을 차지하며 제3당이 된 데는 노회찬의 공이 컸다는 데 토를 다는 이가 거의 없다."(4월 17일 치 기사)

어떤 사람은 "2004년 선거부터 1인 2표 정당명부 비례대표제로 제도가 바뀌었기 때문에 의석이 늘었을 뿐, 진보정당 약진은 과장된 평가"라고 박하게 평가할지도 모른다. 그런데 이 제도를 도입하게 된 것 역시 노회찬이 한 일이다. "2000년 2월 노회찬은 민주노동당 사무총장을 하면서 기존 비례대표 의원 선출 방식이 위헌이라며 헌법소원을 제기했다. 기존 방식은 별도의 정당투표를 하지 않고 지역구 출마자의 득표를 합산해 비례 의석을 배분하는 방식이었다. 그러나 이는 지역구 후보에게 던진 표를 통한 간접투표이므로 '직접'투표라는 헌법 규정에 위배된다는 것이 그의 핵심 주장이었다." 2018년 7월 〈한겨레21〉에 실린 채진원 교수의 설명이다.

즐거운 시절은 오래가지 않았다. 「민노당의 한 달, 행복하십니까」. 2004년 7월, 〈한겨레21〉 기사의 제목이다. 거대 양당은 진보정당을 따돌렸다. "민노당이 교섭단체 중심인 국회에서 철저히 왕따당하면서 유력한 캐스팅보트 역할을 할 것이라던 기대는 점차 물거품이 되고 있다." 이듬해 5월의 기사 제목은 이랬다. 「민주노동당은 왜 폭락했나」. 노회찬은 진작부터 위기를 내다보고 쓴소

노회찬은 2005년 8월 18일에 삼성에서 '떡값'을 받은 검사의 명단을 공개한다. 이 일로 앙심을 품은 검찰은 두고두고 노회찬을 괴롭힌다. "허익범 특검팀이 노 의원 을 첫 타깃으로 겨냥한 것을 비판하는 목소리가 법조계에서 나온다." 2018년 7월, 〈한겨레21〉에 실린 분석이다. 드루킹 사건의 특검팀 상당수가 "노 의원을 껄끄러 워했던 검찰 출신"이라는 것이다. 이종찬 기자가 찍었지만 지면에 실리지 않은 사 진이다.

리를 했다. "민노당이 뭘 했는데 잘못된 게 아니고 뭘 안 해서 지지율이 떨어진 것이다. … 새 방법을 개발하고 실천해야 하는데, 기존에 정해진 코스에만 갇혀 있다. 만민공동회 등 참여민주주의에 맞는 새로운 정치 영역을 확대하려는 시도는 없고 운동권이 하던 아스팔트 위와 기왕의 보수정치꾼들이 하는 의회만 왔다 갔다 한다. 집과 학교를 왔다 갔다 하듯 딱 두 곳만 왔다 갔다 한다." 2005년의 일침이 지금도 아프다. 민주노동당이 이후 밟게 된 운명을 생각하면 더욱 그렇다.

노회찬은 검찰과 삼성이라는 가장 힘이 센 두 집단도 적으로 돌렸다. 삼성에서 꼬박꼬박 뇌물을 받아 챙긴 검사들의 명단을 2005년 8월 18일에 노회찬이 공개한 것이다. "노회찬의 폭로가 있기 전까지 삼성 돈을 정기적으로 받은 인사들의 실명은 언론에 일절 보도되지 않았다. … 언론사도 형사처벌 대상이 될 수 있었기 때문이다. 특히 '떡값 검사'는 이니셜로 보도하는 것조차 꺼렸다. 누군지 알면서도 보도 못 하는 기자들의 답답함은 한여름 무더위만큼이나 짜증스러운 것이었다. 이런 상황에서 노 의원의 이날 질의는 가뭄에 단비와도 같았다." 〈한겨레21〉이 2018년 7월에 회고한 내용이다.

그날 〈한겨레〉는 기사 제목을 이렇게 뽑았다. 「떡값 검사 실명공개 파장/ 검찰 후폭풍 거셀 듯」. 〈한겨레〉가 잘못 짚었다. 후폭풍은 거세지 않았다. 검찰은 여론 따위 신경 쓰는 조직이 아니었다. 뻔뻔한 사람을 보면 보통은 화가 난다. 그런데 뻔뻔함이 어느 정도를 넘어가면 보는 사람이 두려움을 느낀다. 검찰과 삼성이 그랬다. "검찰은 한술 더 떠 2년 뒤인 2007년 5월에 노 의원을 기소했다. 치졸한 보복을 한 것이다. … 그는 무려 6년 동안 형사재판에 시달렸다." 2심에서 무죄가 나왔으나 2013년에 유죄로 뒤집혔다. 노회찬은 의원직을 상실했다.

## 노회찬, 황교안, 그리고 경기고

이 대목에서 낯익은 사람이 또 한 명 등장한다. 그때 검찰 수사를 지휘하던 황교안이다. 황교안과 노회찬이 고등학교 동기동창이라는 사실은 유명하다. 1989년에 노회찬이 잡혀갔을 때 황교안과 만난 일화도 2016년 한겨레TV를 통해 알려졌다. "다른 검사에게서 조사를 받은 노동운동가 노회찬을 '황교안 검사'는 자기 방으로 불렀다. 포승줄 풀어주고 담배도 피우고 커피도 함께 마셨다고한다. '어떻게 지내냐'는 '황 검사'의 물음에 '서울구치소 새로 옮겨 가서 덜 춥고 괜찮다'고 답하니 '그게 문제. 구치소 지을 때 이렇게 따뜻하면 안 된다고 했었다'는 게 '황 검사'의 반응이었다."

이 일화를 보고 황교안의 사람 됨됨이를 욕하기도 하는데, 나는 생각이 다르다. 아마 황교안은 옛 친구 노회찬을 챙겨줄 요량으로 방에 불렀을 것이다. 그때 공안검사는 사람을 죽이고 살릴 위력을 가진 자리였다. 군사정권 시절 권력 말단의 사람들이 '공안검사의 동기동창'에게 함부로 대하지 못하리라는 황교안 나름의 계산이 있었을 것이다. 2007년에 남몰래 노회찬에게 정치후원금을 보냈다가 훗날 장관 청문회 때 입길에 오르기도 했다. 노회찬을 바라보는 황교안의 시선에는 나름의 애틋함이 없지 않다. 물론 '구치소가 따뜻하면 안 된다'는 말을 노회찬 앞에서 한다거나 '10만 원을 후원한 뒤 9만 원의 소득공제를 받았다'거나 따위의 일에서 황교안이 어떤 사람인지 언뜻언뜻 드러나 보이지만 말이다.

2017년 2월 국회 본회의장에서 황교안이 노회찬에게 깜짝인사를 건네는 모습을 이정우 기자가 찍었다. 노회찬의 놀라는 표정이 눈에 띈다. 두 사람은 고등학교 동기동창이다. 황교안에게 노회찬은 어떤 의미였을까. 다른 신념을 가진 옛 친구였을까, 아니면 그가 이해할 수 없는 이유로 엘리트 집단을 배신한 이단아였을까?

내 마음에 분노와 슬픔이 밀려온 것은 다음 일화 때문이다. "황교안은 당시(2005년 삼성 엑스파일 수사 시기) 언론 브리핑 때 '경기고 동문들이 노회찬 욕을 많이 한다'는 말을 불쑥 꺼내기도 했다. 녹취록에 등장하는 검사들 중 상당수가 경기고 동문이었다. 당시 경기고 출신은 경북고와 함께 검찰 주류 중의 주류로 분류됐다." 〈한겨레21〉의 2018년 기사다. 황교안도 노회찬도 경기고 출신이었다. 이 사람들에게 노회찬은 어떤 존재였을까. 힘든 길만 골라 가는 이상한 사람이었을까? 엘리트끼리 나눠 먹던 이 나라에 천둥벌거숭이처럼 튀어나온 배신자였을까? 이 사람들의 머릿속에 있는 한국 사회는 과연 어떤 모습일까?

노회한
두 정치인의
마지막
싸움

홍준표와
김종인

14

2020년 4월 15일의 국회의원 선거. 보수의 대선주자라 불리던 이들 가운데 국회로 돌아온 사람은 홍준표뿐이었다. 그렇다면 다음 목표는 대선. 홍준표는 김종인에게 손을 내민다. "이순신 할아버지가 와도 질 선거였다." 4월 17일 아침에 CBS 〈김현정의 뉴스쇼〉에서 홍준표는 말했다. 김종인이 패배의 책임을 지지 않아도 된다는 뜻이었다. 비상대책위원장에 김종인이 맞춤이라고도 했다. 그런데 이럴 수가. 김종인은 홍준표의 손을 뿌리친다. 4월 22일에 같은 방송에 나와 "다음 대선 후보는 40대가 좋겠다"고 밝힌다.

홍준표는 화가 났다. 아니, 화난 시늉만 했을지도 모른다. 4월 25일에 페이스북에 글을 올려 김종인을 쳤다. "1993년에 김종인을 취조한 검사가 나다." 30년 다 된 기억을 버르집어 진흙탕 싸움을 만들었다. 선거를 마친 지 달포가 지나도 '김종인 비대위'는 제대로 첫발을 떼지 못했다. 홍준표의 복당 역시 마찬가지지만. 홍준표와 김종인, 둘의 오랜 악연이 궁금하다. 한국현대사를 엿보는 마음으로 나는 〈한겨레〉 아카이브를 뒤적인다. **해설 김태권**

김종인은 금수저였다. 군사정권 시절부터 잘나갔다. 그래도 여느 금수저와는 달랐다. 흙수저의 삶이 무너지면 사회 또한 무너진다는 사실을 아는 사람이었다. 김종인이 일찍부터 경제민주화에 뜻을 둔 것은 그래서였다고 한다. 적어도 김종인 쪽 주장에 따르면 그렇다.

홍준표는 흙수저였다. 김영삼 정부 초기에 군사정권 때 잘나가던 사람들이 하나둘씩 무너졌다. 홍준표는 이때 검사였다. 금수저를 잡는 흙수저로 눈길을 끌었다. 1993년의 슬롯머신 사건 때 전 정권 실세들을 거꾸러트린 사람들이 홍준표다. 고집스럽게 우리말을 쓰던 〈한겨레〉는 '슬롯머신' 대신 '투전기'라는 말을 썼다. '슬롯머신'이건 '투전기'건 이 노름 기계를 들여오던 업자가 지난 정권 고위층 인사들에게 뇌물을 줬고, 그 사람들을 홍준표가 잡아들였다. 군사정권 시절에 숨죽이던 사람들은 환호했다. 지금은 상상하기 힘들지만 그때만 해도 홍준표는 사회개혁과 검찰개혁의 아이콘이었다.

이 무렵 무너진 인물 가운데 김종인이 있다. 1993년에 동화은행 비자금 사건이 터졌다. 그때 동화은행의 은행장이던 사람이 연임을 바라며 권력 실세에게 몰래 돈을 준 권력형 비리 사건이다. 뇌물을 받은 혐의로 당시 국회의원이던 김종인이 잡혀갔다. 김종인이 자기가 쓰려고 큰돈을 받았다고 생각하는 사람은 거의 없었다. 노태우의 비자금이었다는 말도, 보수정당의 선거 자금으로 쓰인 것 아니냐는 말도, 새로 대통령이 된 김영삼이 김종인에게 분풀이를 했다는 말도 있었다. 그러나 정작 의심받던 거물급 인사는 법망을 빠져나갔고, 세상은 곧 사건을 잊었다. 그런데 홍준표가 그때의 기억을 2020년에 되살렸다. "1993년에 김종인한테 자백을 받

김종인이 동화은행 비자금 사건으로 체포되었지만 '몸통'은 따로 있다는 말이 당시에도 있었다. 1993년 7월 23일치 〈한겨레〉에 실렸다. 촬영 장철규 기자.

아낸 사람이 나다." 자기가 담당검사도 아니었는데 말이다. 홍준표의 주장은 사실일까? 두 사람의 악연이 정말 이때 시작했을까?

## 홍준표의 정계 입문과 김종인의 귀환

인기 폭발 홍준표. 검사를 그만두고 정치인이 될 준비를 한다. 그런데 어느 당으로 갈까? "어떻게 될지는 장담하기 힘들지만 지금 생각은 민자당에는 가기 싫다는 것이다." 1995년 10월 19일치 〈한겨레21〉에 홍준표는 속내를 밝혔다. 그때 홍준표는 개혁, 민자당은 보수를 상징했다. 그런데 1996년 국회의원 선거를 앞두고 김영삼이 묘수를 냈다. 재창당과 혁신공천. 당 이름을 갈고 새 사람을 뽑았다. 아직도 먹히는 방법이다. 당 이름은 신한국당. 홍준표를 영입했다. 또 이회창과 이재오와 김문수를 데려왔다. 그때 이들은 '개혁인사'였다. 홍준표는 송파에 출마한다. "강남벨트"라는 말은 그때도 있었다. 지금과 의미는 다르다. 〈한겨레〉 1996년 1월 31일치 기사에는 정당이 아니라 "인물로 승부가 갈라지는 곳"이라 했다. 같은 해 2월 24일치 기사를 보면 보수나 진보나 한쪽만 지지하는 대신 "개혁과 보수의 양 날개가 먹혀들어가"는 지역이라 했다. 그땐 그랬다.

얼마 지나지 않아 정권이 바뀌었다. 야당의원이 된 홍준표는 김대중 정부를 공격하는 '저격수' 역할을 맡았다. 선거법 위반으로 잠시 의원직을 잃기도 했다. 2000년대가 되었다. 세상은 변했다. 홍준표는 더는 개혁의 상징이 아니었다. 의원인데도 검사처럼 군다는 말을 들었다. 2004년에 김어준은 홍준표를 만나고 와 2월 20일치 〈한겨레〉에 이렇게 쓴다. "그는 아직도 '수사'하고 아직도 '기소'한

김어준이 "문제적 인간" 홍준표를 인터뷰했다. 2004년 2월 20일치 〈한겨레〉에 실렸다. 홍준표는 노무현 정부 때에도 저격수 노릇을 했다. 본바탕은 여전히 검사 같다고 김어준은 썼다. 홍준표도 김어준도 젊었다. 촬영 윤운식 기자.

다. 그에게 정치는 사건이고 정적은 피의자며 폭로는 기소다."

그러는 동안 김종인이 돌아왔다. 김대중 정부는 그를 재정경제부(현 기획재정부) 장관으로 임명하려고 했다. 2003년 1월 14일치 〈한겨레〉를 보면 김종인이 노무현 정부의 초대 총리가 될 뻔했다는 사실도 나온다. 결국 장관도 총리도 되지 못했지만, 민주 정부가 들어서도 김종인의 이름값은 여전했다.

2004년에 김종인은 또 국회의원이 된다. 비례대표로만 4선째였다. 홍준표는 지역구에서 3선이 됐다. 두 사람은 국회에서 다시 마주친다.

여기서 짚고 넘어가자. 김종인은 정말 일찍부터 경제민주화를 주장했나? 군사정권 시절의 일은 확인이 어렵다. 밀실에 모여

자기들끼리 일처리를 했기 때문이다. 그러다 보니 나중에 지어낸 이야기 아니냐며 의심하는 사람도 있다. 궁금하다. 나는 〈한겨레〉의 옛날 기사를 찾았다.

결론부터 말하면 김종인의 주장은 근거가 있다. 다만 옛날에는 '경제민주화' 대신 '재벌개혁'이라는 말을 썼다. 김종인 스스로는 그 말을 안 좋아하는 것 같지만 말이다.

1990년 6월 10일치 〈한겨레〉를 보면 김종인과 재벌이 갈등한 이야기가 나온다. 노태우 정부 때였다. 김대중 정부 때인 〈한겨레 21〉 2000년 8월 24일치를 보면 이런 구절이 있다. "김종인씨는 일찍부터 재벌개혁을 주장하고 이를 실행에 옮기기 위해 나섰던 사람으로 유명하다. 학계나 시민단체에서는 재벌개혁의 확실한 마무리를 위해서는 지금 그런 인물이 필요하다고 그의 경제총수 임명을 적극 주장했다." 결국 이때 장관이 되지 못한 것도 재벌의 반대 탓이었다고 한다. 김종인은 일관된 자기 주장이 있다. 그가 단순한 '철새 정치인'으로 치부되지 않는 이유다. 그렇게 자주 당을 바꾸었는데도 말이다.

한편 〈한겨레〉는 김종인이 말하는 경제민주화의 한계도 지적했다. 1990년 12월 29일치 기사는 김종인을 분배보다 성장이 중요하다고 보는 "성장우선론자"로 분류했다. 스물여섯 해가 지나 〈한겨레〉 2016년 8월 24일치에는 경제학자 김공회의 글이 실렸다. 「김종인표 경제민주화에는 노동이 없다」라는 제목이 붙었다.

### 다시 만난 홍준표와 김종인, 그 마지막 싸움

한때 홍준표는 별명이 "야생마"였다. 그런 그가 2011년에 보

# 경제팀 좌장 제1덕목은 개혁·전문성

**■ 전문가들이 주문하는 새 경제팀 방향**

## 빈부격차 해소 가장 중요…금융개혁 지속 강조도
## 새 천년 흐름 앞서가야…이헌재위원장 추천 많아

■ 경제전문가 17명의 새 경제팀 과제와 추천인물

| 응답자 교 체 | 과 제 | 재경부 장관 후보 · 추천 |
|---|---|---|
| 1 | 바른 경제시스템 정착 | 개혁성있고 검증된 프로 | 이헌재·김종인 천남 |
| 2 | 빈부격차 해소 독점 개선 | 전문성과 소신 | |
| 3 | 구조조정 지속, 변칙줄기 경착 | | |
| 4 | 정부이입 축소, 금융재편 확대 | | 이헌재 |
| 5 | 재벌지배 법제도·관행 정착 | 개혁성과 신뢰성 마인드 | |
| 6 | 물산업 벤처육성, 디지털 경제 구축 | 벤처정신과 국제감각 | |
| 7 | 건전한 시장경제 시스템 전환 | 시장경제원리 고려 | |
| 8 | 개혁과제 미래지향적 전환 | 패거리고 개혁 할 머무리 | 진념 오호근 (금감위) |
| 9 | 생산적 복지경제, 틀가꿈뿌 | | 김종인·김종인 (금감위) |
| 10 | 분배문제 | 인품 갖추고 경제리드하는 덕장 | |
| 11 | 재벌개혁 완수, 분배문제 | 개혁성향과 노동복지 마인드 | |
| 12 | 개혁없애 빛나는 경쟁력 강화 | 디지털경제 대비 소신 | |
| 13 | 금융구조조정, 분배문제 | | 이헌재 |
| 14 | 공공·기업개혁, 분배문제 | 재벌에 당복감있게 할울 사람 | 김종인·이헌재 (금감위) |
| 15 | 인플레억제, 지속성장 | 새 패러다임 맞는 새인물 | 정운찬·김종인·이헌재 |
| 16 | 근본적 금융체질 개선 | 전문성과 소신 | 이헌재 오호근 (금감위) |
| 17 | 금융구조조정 분배문제 | | |

※ 실문 설답지들을 요청에 따라 기명을 밝히지 않음

〈한겨레〉는 새 경제팀 구성의 시행착오를 조금이라도 줄여보자는 뜻에서 17명의 경제 전문가에게 바람직한 새 경제팀의 구성방향을 물어봤다. 역시 구조조정과 개혁이 화두였고, '20 대 80 사회화 문제'의 해결, 다시 말해 분배구조 개선이 빼놓을 수 없는 해결과제로 대두됐다.

곧 경제팀총리로 격상될 재정경제부 장관, 즉 경제팀의 좌장은 개혁성향, 전문성과 함께 디지털 경제에 대한 식견을 갖춘 인물이어야 한다는 쪽으로 의견이 모아졌다. 17명의 경제전문가 중 9명이 자신이 생각하는 재경부 장관감을 추천했는데, 6명이 이헌재 금융감독위원장을 꼽았다. 김종인 재경부 장관·이헌재 금감위원장, 이헌재 재경부 장관·오호근 금감위원장의 팀워크를 추천한 전문가도 각각 두 명 있었다.

◇ 이런 일을 해야 한다 =재벌개혁과 함께 한국사회를 갈라놓고 있는 빈부격차 문제 해결이 새 천년 경제팀의 새 과제로 제시됐다. 17명 중 6명이 이 문제의 심각성에 공감을 표시하며, '생산적 복지경제'를 추진한데 일관된 철학과 신념을 던져 가져야 한다는 주문 또한 빠지지 않았다. 한 전문가는 "현 경제팀에서처럼 핵심머리에

서 똑딱 만들어내놓는 시혜적 복지정책은 곤란하다"고 지적했다.

지금까지 별여놓은 재벌·금융 개혁을 중지하지 완수해야 한다는 목소리를 낸 전문가는 7명이었다. 이들은 현 경제팀의 위기극복 노력을 평가하면서도 "이제까지의 금융개혁은 국민세금을 쏟아붓는 데서 크게 나아가지 못했다"고 지적했다. 아직 미완의 상태에 머물러 있는 재벌개혁과 금융 구조조정을 확실하게 모습으로 마무리해야 한다는 주장이다.

디지털 경제 구축에 최대 역점을 두어야 한다는 요구도 여러 전문가들의 입을 통해 제기됐다. 활발하게 싹트고 있는 벤처창업의 열기를 지속적으로 끌어가야 하며 디지털 경제라는 새 패러다임의 바탕 위에서 새 경제 종책이 운용돼야 한다는 것이다.

시장기능 회복을 강조하며, 정부는 소비자나 주주 채권자가 재벌의 전횡을 막을 수 있도록 시스템 구축을 뒤에서 도와주는 데 그쳐야 한다는 주장도 나왔다.

◇ 이런 진용으로 짜여져야 한다 =짜맞추기가 아니라 과제를 추진하기에 적합한 인물이어야 한다는 게 전문가들의 한결같은 주장이다. 개혁을 더 철저히 추진할 수 있는 인물이면서 디지털 시대에 걸맞게 신산업 감각을

갖춘 인물이 요구된다. '재벌에 발목 잡히지 않을 사람'이라는 요건도 제시됐다. '단순히 관리형이나 실무 집행력을 가진 인물' 보다는 '장기적 안목과 비전을 갖춘 인물' 등 새 패러다임을 이해하고 큰 방향을 끌어갈 수 있는 경제부총리가 기대된다.

17명의 전문가 중 구체적으로 추천인물을 밝힌 이는 9명에 그쳤고, 그 또한 하마평에 나온 서너명에 국한되는 뚜렷한 한계를 드러냈다. 9명 가운데는 무려 8명이 이헌재 금융감독위원장의 이름을 밝혔다. 이 위원장은 재경부장관 감으로 6명의 추천을 받았고, 그의 금융감독위원장 유임이 바람직하다는 의견도 두 명으로부터 나왔다. 이 위원장은 재벌 동안 재벌·금융 개혁을 큰 무리없이 이끌었다는 평을 받은 것으로 분석됐다.

또 김종인 전 청와대 경제수석은 세 전문가로부터 재경부장관 추천을 받았고, 이들 중 둘은 김종인 재경부장관·이헌재 금융감독위원장 꾸리미를 제안했다. 이들은 노태우 정부에

서 재벌개혁의 칼을 휘둘렀던 김종인 전 청와대 경제수석이 집행력과 개혁철학을 고루 갖췄다고 평했다. 다만 동화은행 비자금사건 연루전력이 있는 김씨는 업무추진 방식이 권위주의적인 게 흠이라는 지적도 받았다.

이헌재씨가 재경부 장관이 올 때 오호근 기업구조조정위원장이 후임 금융감독위원장을 맡아야 한다는 제안도 두 사람한테서 나왔다. 진념 기획예산처 장관은 정치적이지 않으면서도 실무능력과 안목을 갖췄다는 평가와 함께 두 명의 추천을 받았으나 비개혁적 예산처장관이었다는 '적 흡사유'도 한 명한테서 나왔다. 정운찬 서울대 교수는 1명으로부터 재경부장관, 다른 1명으로부터 경제수석 추천을 받았다.

이밖에 이헌재 재경부 장관·김종인 공종거래위원장·강철규 산업자원부 장관·정운찬 경제수석·한국은행 출신 금융감독위원으로 이어지는 '완성된' 경제팀 개각안도 나와 눈길을 끌었다.

경제부 종합 economy@hani.co.kr

경제전문가들은 13일께 뚜껑이 열릴 새 경제부총리 후보로 이헌재 금융감독위원장과 김종인 전 청와대 경제수석, 진념 기획예산처 장관 (사진 왼쪽부터) 등 세 사람을 강력히 추천하고 있는 것으로 나타났다.

---

김종인은 어떤 사람인가. "노태우 정부에서 재벌개혁의 칼을 휘둘렀던 김종인은 집행력과 개혁철학을 고루 갖췄다. 다만 업무추진 방식이 권위주의적인 게 흠이라는 지적도 있다." 흥미로운 평가가 〈한겨레〉 2000년 1월 12일 치에 실렸다. 김대중 정부가 김종인을 장관에 앉힐지 말지 고민하던 때다.

수여당의 당 대표가 된다. 몇 달 후 낡은 정치세력으로 지목돼 자리에서 밀려난다. 바뀐 상황이 홍준표도 당황스러웠나 보다. "내가 부정부패를 저질렀나. 나만큼 서민입법 발의를 많이 한 사람이 있느냐. 그런데 나를 쇄신 대상으로 본다."(《한겨레》 2011년 12월 19일치)

홍준표가 물러난 다음 비대위를 이끈 것은 박근혜다. 이때도 당 이름을 바꾸고 혁신공천을 했다. 이름을 새누리당으로 지었다. 공천권을 휘두른 사람은 오랜만에 보수정당으로 돌아온 김종인이다. 홍준표에 따르면 "2012년 총선을 앞두고 나 홍준표에게 공천을 주지 말자고 김종인이 주장했다. 나는 내가 조사한 뇌물사건의 피의자에게 공천심사를 받고 싶지 않았다. 그래서 공천 신청을 하지 않았다." 사실일까? 모르겠다. 2020년의 주장이다. 어쨌거나 홍준표는 동대문에 공천을 받고 낙선했다.

박근혜는 김종인의 도움을 받아 2012년 국회의원 선거도 대통령 선거도 이겼다. 그다음, 김종인을 쫓아냈다. '팽'을 당했지만 김종인은 몸값이 올랐다. 2016년 국회의원 선거 때는 문재인을 도와 더불어민주당을 지휘한다. 중간에 잠시 칩거도 했지만 선거 결과는 예상 밖 승리. 김종인이 '비례대표만 5선'이라는 기록을 세운 것도 이때다. 그런 다음 또 물러났다. '선거 불패 신화'는 2020년에 깨진 것일까. 김종인은 황교안을 도와 미래통합당의 선거를 이끌었지만 결과는 아는 대로다. 하지만 당 이름을 국민의힘으로 바꾸고 이듬해 서울과 부산의 시장 보궐선거를 크게 이긴다.

홍준표도 파란만장한 시간을 보냈다. 2012년 총선에 낙선한 홍준표는 경남지사 보궐선거로 겨우 살아났다. 성완종 리스트 사건으로 재판을 받기도 했다. 경남기업의 성완종 전 회장은 자신이

박근혜와 홍준표가 사진기 앞에서 친한 척 보이려고 애를 쓴다. 풍자만화 같은 두 사람의 어색한 표정이 아무리 봐도 질리지 않는다. 2008년에 강재훈 기자가 찍었다.

2011년 한나라당 비대위에 참여한 김종인. '선거불패 신화'는
이때가 시작이었다. 이상돈과 김종인과 이준석이 나란히 찍혔
다. 이준석은 이때 앞머리를 내렸다. 촬영 강창광 기자.

정치적 희생양이라 주장하며 2015년 4월에 목숨을 끊었다. 이때 자신이 불법 정치자금을 주었다는 정치인의 명단을 메모로 남겼다. 이것이 이른바 '성완종 리스트'다. 홍준표는 오랜 재판 끝에 무죄 판결을 받는다. 반면 박근혜 탄핵 정국은 박근혜와 서먹하던 홍준표로서 기회였다. 박근혜와 친하던 사람들이 몸을 사리는 동안 홍준표가 앞에 나섰다. 2017년 대통령선거는 질 선거를 졌다며 넘어갔다. 2018년 지방선거도 지는 바람에 홍준표는 다시 물러났다. 공천을 받지 못한 채 2020년 총선을 치렀다.

다시 지금 이야기로 돌아오자. 홍준표와 김종인의 싸움은 그래서 어떻게 되었나? 김종인은 한때 타격을 입었다. 홍준표처럼 당 안팎에서 때리는 정치인 때문에 김종인 체제는 하마터면 제대로 출범하지도 못할 뻔했다. 한편 홍준표도 흠집이 났다. 30년 된 악연을 버르집는 모습은 사람들 눈살을 찌푸리게 했고, 김종인이 당을 이끄는 동안 복당도 하지 못했다. 아무려나 지금은 김종인도 보궐선거에 승리를 거둔 채 물러났고 홍준표도 복당에 성공했다.

두 노회한 정치인의 마지막 싸움은 서로에게 상처였던 것 같다. 아니, 이것이 마지막 싸움이 아닐지도 모른다. 직접 마주치건 다른 사람을 내세워서건 앞으로 다시 두 사람이 충돌하지 말란 법이 있나. 한국현대사에 불가능한 일이란 없었다. 두 사람의 롤러코스터처럼 파란만장한 행보가 증거랄까.

오바마는
박근혜에게 왜
"불쌍한 대통령"
이라 했을까

미국
대통령

15

지난 2020년 세계 최강대국 미국에서 조 바이든이 도널드 트럼프의 재선을 막으며 새 대통령으로 당선됐다. 미국 대통령이 바뀌거나 재선에 성공하면, 우리나라 외교부가 가장 먼저 공을 들이는 게 한-미 정상회담이다. 미국의 새 대통령과 대북 정책을 비롯한 현안에서 입장을 조율하는 건 한-미 관계에 중요할 뿐 아니라 국내 정치적으로도 의미가 크다. 특히 미국 대통령이 바뀌면 정상회담을 서둘러야 할 필요성은 훨씬 커진다. 미국 대통령과 한국의 인연. 미국 대통령이 한국에 끼친 영향을 〈한겨레〉 아카이브에서 돌아봤다. **해설 박찬수**

첫손에 꼽을 수 있는 한-미 정상회담은 2001년 3월 7일(현지 시각) 워싱턴 백악관에서 열렸던 김대중 대통령과 조지 부시 대통령의 정상회담이다.

사상 초유의 플로리다 재검표로 얼룩진 2000년 11월 7일의 미국 대선. 이 선거에서 앨 고어 민주당 후보가 당선됐더라면 빌 클린턴 당시 대통령이 평양을 방문하면서 북-미 관계 정상화는 급

진전을 이뤘을 것이다. 연방대법원이 조지 부시 공화당 후보의 승리를 선언한 뒤에도 클린턴은 평양을 방문하겠다는 뜻을 굽히지 않았다. 그러나 부시 당선자 진영이 반대했다. 김대중 대통령은 어떻게든 북-미 대화의 기류를 이어가려 했다. 2001년 2월 조지 부시 대통령이 취임하자마자 한-미 정상회담을 추진했고, 그렇게 급하게 이뤄진 게 3월 7일의 워싱턴 회담이었다.

미국 정치권과 언론은 김대중 대통령을 '아시아의 만델라'로 대했다. 1980년대 초반 쿠데타로 집권한 전두환 신군부가 김대중에게 사형을 선고했을 때, 그를 감형하는 조건으로 전두환의 워싱턴 방문을 받아들인 게 로널드 레이건 대통령이었다.

전두환 방미 열흘 전인 1981년 1월 22일 윌리엄 글라이스틴 주한 미국대사가 알렉산더 헤이그 국무장관에게 보낸 2급 비밀 전문엔 "전두환 대통령은 상당 부분 이번 방문이 김대중 사건에 대한 자신의 결정(사형에서 무기징역으로 감형) 때문에 가능했다는 점을 알게 될 것"이라고 적었다. 그런 민주주의 정치인이 한국 대통령이 돼서 노벨평화상까지 받았으니, 김 대통령을 대하는 워싱턴의 분위기는 호의적이었다.

그러나 텍사스 주지사 출신의 조지 부시는 '카우보이'였다. 부시 대통령은 텍사스주에 여의도의 약 2배 크기인 1600에이커짜리 개인 목장(크로포드 목장)을 두고, 휴가 때면 미국 대통령의 공식 별장 대신에 이곳에서 많은 시간을 보냈다. 말을 타고 소를 몰기도 하고 개울에서 낚시도 했다. 성격도 카우보이처럼 솔직하고 직설적이라, 외교적 언사를 싫어했다.

김 대통령 방미에 앞서 〈뉴욕타임스〉가 김대중 인터뷰를 싣고 '햇볕정책'을 소개하자 조지 부시의 백악관은 몹시 못마땅해했다. 가뜩이나 전임자인 클린턴 대통령의 대북 유화정책을 마뜩잖게 여기고 있었는데, 김 대통령 방미에 맞춰 진보 성향 〈뉴욕타임스〉가 이를 뒷받침하는 기사를 싣자 부시와 그의 참모들은 기분이 상했다.

## '아시아의 만델라'와 '카우보이'의 불편한 만남

부시의 카우보이 기질은 정상회담장에서 그대로 표출됐다. 당시 정상회담 상황을 잘 아는 전직 고위 관리는 이렇게 말했다.

"회담을 시작하자마자 부시는 '(양쪽이 조율한) 공동선언문은 그대로 언론에 발표하고 우리는 좀 더 솔직하게 얘기를 하자'고 말했다. 직설적인 그의 말에 우리 대표단은 얼어붙었다. 회담 도중 김 대통령 발언이 좀 길어지면 부시는 가차 없이 통역을 끊고 들어와 자기 말을 했다. 급한 성격을 그대로 보여주는 이례적인 행동이었다. 부시의 성격은 오찬을 겸한 확대정상회담에서도 나타났다.

서빙하던 직원이 부시 그릇에 수프를 퍼주다가 실수로 국물을 약간 양복에 흘렸다. 그러자 부시가 큰소리로 직원을 나무라면서 손수건에 물을 적셔 양복을 닦았다. 그 뒤에도 여러 번 자기 양복이 더러워졌다고 불평하며 투덜댔다. 정상회담에선 참 보기 힘든 장면이었다. 좋게 보면 솔직하고, 나쁘게 보면 상대방을 배려하지 않는 것이었다. 그래도 김 대통령은 노련했다. 얼굴은 흙빛이 됐지만 한 번도 부시를 맞받아치지 않고 꾹 참았다. 그렇게 참았기에 2002년 2월 부시 방한 때 김 대통령과 함께 도라산역을 방문해서 한국이 원하는 말('북한과 대화할 준비가 되어 있다')을 해줬다고 본다."

빌 클린턴 행정부 시절 관계 정상화 직전까지 갔던 북-미 관계는 조지 부시 행정부의 등장으로 완전히 뒤집어졌다. 2001년 3월 7일(현지시각) 워싱턴에서 열린 김대중 대통령과 조지 부시 대통령의 정상회담은 그 분기점이었다. 이때만 해도 두 사람은 웃었지만, 정상회담 뒤 김대중 대통령 표정은 굳어져버렸다. 〈한겨레〉 자료 사진.

이 점에선 문재인 대통령도 김 대통령과 비슷한 점이 있다. 거칠고 무례하기로 따지면 부시보다 더하면 더했지 덜하지 않은 게 도널드 트럼프 대통령이었다. 정상회담이나 정상 통화에서 트럼프는 자기가 원하는 경제적 이익을 얻기 위해선 외교적 예의를 벗어던지고 상대국 정상을 강하게 몰아붙였다. 문 대통령에게도 예외는 아니었다. 특히 주한미군 방위비 분담금 인상 요구가 대표적이었다고 한다. 정상 통화에선 구체적인 액수까지 거론하진 않는 게 외교 관례인데, 트럼프는 '얼마를 올려달라'는 식으로 마치 장사꾼 흥정하듯 했다고 한다. 트럼프와 통화가 끝난 뒤 문 대통령은 참모들에게 '정상 간에 이렇게까지 할 수 있는가'라는 취지로 불만을 토로한 적이 있다고 한다. 그러나 트럼프 면전에선 꾹 참고 맞대응을 하지 않았다. 특히 대북 문제에서 트럼프의 적극적인 태도를 이끌어내기 위해서 몹시 애를 썼다. 트럼프도 문 대통령의 제안에 호의적 반응을 보였지만, 회담에 배석한 마이크 폼페이오 국무장관이나 존 볼턴 국가안보보좌관 등이 트럼프의 이런 즉흥적 행동에 제동을 걸곤 했다고 한다.

트럼프와 문재인 대통령은 전화 통화도 많이 했다. 정상 통화를 하기 전, 청와대 국가안보실에선 거의 대화록 수준의 수십 쪽짜리 상세한 참고자료를 대통령에게 올린다. 하지만 문 대통령은 트럼프에게 무슨 말을 건넬지 직접 A4 용지에 따로 적어서 정서적으로 접근하려 애썼다. 2019년 2월 하노이 2차 북-미 정상회담의 실패로 북핵 문제는 다시 수렁에 빠졌지만, 2018년 6월 싱가포르 1차 북-미 정상회담을 성사시킨 건 이런 방식으로 문 대통령이 트럼프의 마음을 산 측면이 컸다. 싱가포르 1차 정상회담을 끝내고 본국 귀환을 위해 에어포스원에 오르자마자 트럼프는 문 대통령

2018년 9월 24일(현지시각) 미국 뉴욕에서 열린 한-미 정상회담에서 도널드 트럼프 대통령이 한-미 자유무역협정(FTA) 개정안에 서명한 뒤 펜을 문재인 대통령에게 선물하고 있다. 무역협정이나 방위비 분담금 등 현안에서 트럼프는 오로지 경제적 실리만 챙기려는 모습을 보였다. 김정효 기자가 찍었다.

에게 전화를 걸어 마치 만점을 받은 아이처럼 회담 성과를 자랑했고, 문 대통령은 "세계 평화의 큰 토대를 놓았다"고 극찬했다. 북핵 문제를 다루는 두 대통령의 스타일을 잘 보여주는 광경이었다.

1961년 11월 군사쿠데타로 권력을 잡은 박정희 국가재건최고회의 의장이 워싱턴을 방문해 존 에프 케네디 대통령을 만나는 사진은 유명하다. 다리를 꼬고 비스듬히 의자에 기댄 케네디와 선글라스를 쓴 박정희 의장의 무표정한 모습이 대조를 이뤘다. 쿠데타를 일으킨 제3세계 군 장교가 백악관에서 미국 대통령을 만난다니 얼마나 긴장했을지는 충분히 짐작할 수 있다. 1979년 김재규 중앙정보부장이 박정희 대통령을 저격하기 몇 달 전, 지미 카터 대통령이 서울을 방문했을 때도 박 대통령은 몹시 긴장했다. 주한미군 철수와 한국 정부의 야당·재야인사 탄압을 놓고 한-미 간에 긴장이 높을 때였다. 정상회담에서 박 대통령은 주한미군 철수 계획을 철회해달라고 강하게 요구했고, 카터는 "내 개인적인 바람은 당신이 긴급조치 9호를 철회하고 재소자(양심수)를 가능한 한 많이 석방하는 것"이라고 직설적으로 비판했다.(2018년 한미클럽이 공개한 미 국무부 비밀해제 문서)

아버지의 이런 모습을 봤기 때문일까. 박근혜 대통령은 2014년 4월 버락 오바마 대통령과의 청와대 공동기자회견에서 유난히 긴장해서 실수를 많이 했다. 오바마가 답변을 하라고 눈길을 주는데도 박 대통령은 마이크만 만지작거리면서 제대로 말을 하질 못했다. 오바마가 "불쌍한 대통령이 질문이 뭔지 기억하지 못하나 보네요"라는 조크를 던질 정도였는데, 이 부분은 백악관 영상에선 묵음으로 처리됐다.

## 미국 대통령 별장에서 보낸 하룻밤, 그 값비싼 대가

미국 대통령은 한-미 관계와 대북 정책에만 막대한 영향을 끼치는 게 아니다. 나비의 날갯짓처럼 물결을 일으켜 국내 정치·사회적으로도 커다란 흔적을 남긴다. 2008년 4월 취임한 지 얼마 되지 않은 이명박 대통령의 캠프데이비드 방문이 대표적이다. 이 대통령이 워싱턴을 방문하는 동안 한-미 쇠고기 협상이 전격 타결된 게 '광우병 파동'을 불러일으키며 대규모 촛불시위를 불러온 것이다.

이 대통령은 조지 부시 행정부의 환대를 받으며 미국을 방문했다. 정상회담은 백악관이 아니라 미국 대통령 별장인 메릴랜드 캠프데이비드에서 열렸다. 한국 대통령으론 첫 캠프데이비드 방문이었다. 부시 대통령은 가장 친한 외국 정상을 개인 별장인 텍사스 크로퍼드 목장으로 초대했다. 영국 토니 블레어 총리나 중국 장쩌민 주석, 일본의 고이즈미 총리가 크로퍼드 초청을 받았다.

그러나 2003년 이라크에 병력을 파병한 한국의 노무현 대통령은 크로퍼드로 초대하질 않았다. 부시와 노무현, 두 대통령이 정상회담에서 수차례 설전을 벌인 게 영향을 끼쳤다. 전직 외교부 고위 관계자의 얘기. "대개 정상회담은 의전적이고 외교적인 성격이 강하다. 양쪽 모두 원원하는 모양새를 좋아한다. 노무현 대통령은 달랐다. 정상회담에서 현안을 담판 지으려 했다. 처음엔 주변에서 말려서 의전에 따라 했는데, '이러니 너무 답답하다. 솔직하게 토론했으면 좋겠다'고 말하더라. 2005년 11월 경주에서 열린 조지 부시 대통령과의 정상회담은 그런 논쟁의 장이었다. 부시와 노 대통령은 대북 금융제재 등을 놓고 직설적인 말들을 주고받았다. 거의 자리를 박차고 나올 듯한 분위기였다. 이듬해 오스트레일리아

2008년 4월 18일 방미한 이명박 대통령이 메릴랜드주 캠프데이비드에서 부시 대통령을 옆자리에 태우고 골프 카트를 운전하고 있다. 이 대통령은 한국 대통령으론 처음으로 미국 대통령 별장인 캠프데이비드에서 숙박했다. 그러나 그 대가는 컸다. 방미 직후부터 미국산 쇠고기 수입 재개에 반대하는 촛불시위가 광범위하게 일어났다. 김종수 기자가 찍었다.

에서 열린 정상회담도 분위기는 비슷했다."

2008년 4월 18일 오후 6시(한국시각), 이명박 대통령이 캠프데이비드에 도착하기 11시간 전에 한-미 간에 쇠고기 수입 재개 협상이 타결됐다. 한국이 '30개월 이상 쇠고기 수입금지' 방침을 철회하고 미국산 쇠고기를 다시 수입한다는 내용이다. 정부는 쇠고기 협상과 대통령 방미는 관련이 없다고 말했지만, 나중에 공개된 미 국무부 문서엔 한국 정부가 이명박 대통령 방미 전에 쇠고기 수입 문제를 풀겠다는 뜻을 미국에 전달한 것으로 적혀 있다. 위키리크스가 공개한 미 국무부 외교전문을 보면, 인수위 시절인 2008년 1월 17일 최시중·현인택 두 측근 인사가 알렉산더 버시바우 주한 미국대사와 만나 이 대통령 방미를 논의했다. 현인택씨가 "4월이 적기이며 캠프데이비드를 방문할 수 있다면 이상적"이라고 제안했고 버시바우 대사는 "한국이 미국산 쇠고기 수입을 재개한 이후 4월에 방미한다면 더 좋을 것"이라고 대답했다. 이에 현씨는 "이 대통령 방문에 앞서 한국 시장이 개방될 것"이라고 말했다.

정부의 미국산 쇠고기 수입 재개 발표로 전국에선 대규모 촛불시위가 벌어졌고, 임기 초반의 대통령 지지율은 한자릿수까지 떨어졌다. 이명박 대통령이 직접 대국민 사과를 하고 쇠고기 재협상에 들어가겠다고 밝혔다. 미국 대통령 별장인 캠프데이비드에서 하룻밤 묵은 값으로는 너무 커다란 정치적 대가를 치른 셈이었다.

1966년 10월 린든 존슨 미국 대통령의 서울 방문은 또 다른 측면에서 한국 사회의 중요한 변화와 연결되어 있다. 존슨 방한은 박정희 대통령이 베트남에 전투병력을 파병(1965년 10월)한 데 대한 답례 성격이 짙었다. 한국은 존슨의 7개국 순방 중 마지막 방문국이었다. 전 세계적으로 베트남전 반대시위가 불이 붙던 때였다.

존슨은 순방국들에서 시민들의 큰 환영을 받지 못했다. 뉴질랜드에선 의사당 앞에서 반전 시위대와 마주치기도 했다. 한국은 달랐다. 김포공항에서 서울시청까지 카퍼레이드를 했는데, 180만 명(언론 보도)의 시민들이 연도에 쏟아져 나와 열렬히 존슨을 환영했다. 당시 서울 인구가 370만 명이었으니 이 숫자는 다소 과장됐고 또 대다수는 동원 군중이었지만, 어쨌든 베트남전에 짓눌려 있던 존슨 대통령은 기뻐했을 것이다.

그런데 존슨의 카퍼레이드 도중 소공동 지역의 너저분한 중국인촌과 남산 기슭 판잣집이 텔레비전으로 방영되면서 나라 안팎의 반향을 불러일으켰다. 박 대통령은 도시 미관을 위해 용산역 등 철도 부근 판잣집부터 철거하라고 지시했다. 무허가 건물 철거와 대대적인 도시계획의 출발이었다. 도심 철거민들은 경기도 광주의 허허벌판 대단지(지금의 성남)로 강제 이주해야 했다.(《경기동부》, 임미리, 2014) 서울 도심 재개발이 꼭 존슨 대통령의 방한 때문에 이뤄진 것은 아니지만, 1971년 한국 사회운동에 한 획을 그은 광주대단지 사건은 그렇게 미국 대통령과 실낱같은 연결점을 지니고 있다.

## 따뜻한 바람을 몰고 오는 회담이 되길

한국과 미국 대통령의 만남이 꼭 껄끄러운 건 아니다. 재미있는 장면도 적지 않다. 1993년 7월 빌 클린턴이 방한했을 때는 김영삼 대통령과 청와대 녹지원에서 조깅을 같이 했다. 매일 아침 달리기를 했던 김 대통령이 클린턴 쪽에 먼저 제안을 했고 클린턴도 흔쾌히 수락해서 이뤄진 행사였다. 행사 이름은 '민주주의를 위한 조

1993년 7월 10일 아침, 빌 클린턴 대통령은 청와대 녹지원에서 김영삼 대통령과 조깅을 함께 했다. 김영삼 대통령은 조깅 전에 참모들에게 "내가 지지 않을 끼다"라며 특유의 승부욕을 불태웠다. 김 대통령은 처음부터 조깅 속도를 높였는데 클린턴이 잘 맞춰주었다고 한다. 〈한겨레〉 자료 사진.

깅'(Jogging for Democracy)이라 붙였다. 300m 우레탄 트랙을 10바퀴 뛰었는데, 나이가 많은 김 대통령은 클린턴에게 지지 않으려 처음부터 속도를 올렸다. 클린턴은 여유 있게 맞춰주었지만, 미국 쪽 통역은 따라가질 못해 중간에 통역을 포기하고 트랙 밖으로 나와버렸다. 클린턴은 조깅을 마친 뒤 김 대통령에게 "나이도 많으신데 젊은 사람처럼 잘 뛰신다"고 덕담을 건넸다. 흡족한 김 대통령은 그날 저녁 만찬에서도 조깅을 화제에 올렸다. 힐러리 클린턴에게 "딱딱한 시멘트에서 뛰면 무릎이 상하니 우레탄을 깔아야 한다"고 조언했고, 힐러리는 백악관에 돌아가서 조깅 트랙에 우레탄을 깔았다.

지난 2021년 5월 21일, 미국 백악관에서 문재인 대통령과 바이든 대통령의 첫 한-미 정상회담이 열렸다. 대북정책, 코로나19 백신 협력, 반도체·배터리 공급망 협력, 대중국 정책 등을 논의했다. 회담 결과에 대해서 기대 이상이라는 긍정론과 함량미달이라는 부정적 평가가 엇갈리고 있지만, 중요한 것은 이번 정상회담이 동북아 정세와 한국 사회에 던질 파장이다. 20년 전과 달리, 한반도에 따뜻한 바람을 몰고 오길 기원한다.

# 누가
# 우리들의
# '따거'를
# 침묵하게
# 했는가

홍콩

16

1984년 영·중 공동선언, 혹은 홍콩 반환 협정이라 하는 조약이 맺어졌다. 1842년 이래 영국 땅이었던 홍콩섬과 카오룽반도, 그리고 1898년 이래 99년간 조차지였던 신계 지역이 1997년 7월 1일을 기해 중국에 반환된다는 뉴스가 타전됐지만, 안타깝게도 우리는 이 소식을 〈한겨레〉를 통해 읽진 못했다. 〈한겨레〉는 이 사건으로부터 4년 뒤인 1988년 창간했기 때문이다. 창간 이듬해인 1989년부터 이번 '시간의 극장' 이야기는 본격적으로 시작된다. 〈한겨레〉 아카이브에서 홍콩에 대한 한국인의 기억을 살펴봤다.

해설 전명윤

영화 〈첨밀밀〉 이야기로 시작해보자. 지금이야 홍콩 자본이 중국에서 푼돈이 되었지만, 1989년만 해도 광둥성 제조업의 기반은 홍콩 자본 그리고 홍콩을 경유하는 화교 자본이었다. 중국이 홍콩과 인접한 선전, 마카오와 인접한 주하이를 경제특구로 지정한 이유도 홍콩과 마카오의 제조업 기반을 임금이 싼 선전과 주하이로 돌리고자 함이다.

1980년대까지만 해도 강세를 보였던 홍콩의 제조업은 1980년대 후반부터 광둥성으로 옮겨 가기 시작한다. 1990년대 후반 홍콩 내 제조업은 명맥만 유지하는 수준이 된다. 이로 인해 홍콩의 산업은 금융서비스업으로 재편된다. 광둥성엔 일거리가 넘쳐났다. 많은 중국인이 광둥행 기차에 몸을 실었다. 이 시기 광둥성 사람들에게도 친지 방문 등의 이유로 홍콩행 기차를 탈 수 있는 길이 열린다.

타지의 중국인이 광둥성으로 몰리는 동안 광둥성의 중국인들은 이런저런 이유로 홍콩으로 갈 방법을 찾았다. 1996년작인 영화 〈첨밀밀〉은 1980년대 말 기차를 타고 홍콩으로 온 광둥 출신 이방인이 낯선 홍콩에 적응해가는 이야기이면서, 이런저런 이유로 어긋나는 사랑에 대한 이야기다.

1984년 홍콩 반환이 결정되고 홍콩 사회는 크게 술렁였다. 일시적으로 홍콩의 주식 지표인 항셍지수가 폭락하고, 슈퍼마켓의 물건이 동이 나는 혼란이 벌어졌다. 홍콩을 떠야 한다는 사람도 있었지만 절대다수는 일단 상황을 관망하는 쪽을 선택했다. 그러던 중 중국에서 끔찍한 뉴스가 날아들었다.

1989년 4월 개혁개방을 상징하는 전 중국공산당 총서기 후야오방의 죽음을 추모하기 위해 베이징 천안문(톈안먼) 광장에 학생들이 모여들기 시작했다. 그저 추모집회로 시작된 이 움직임은 이내 대규모 시위로 발전하고 6월 4일 인민해방군이 그들이 지켜야 할 인민의 가슴에 방아쇠를 당기며 수백 명이 사망하는 유혈 사태를 낳으며 비극적으로 끝나고 만다. 천안문 사건이다. 1980년 광주의 기억이 있는 한국인들에게 계엄군의 총격으로 무고한 시민이 죽었다는 기사는 충격적이었다. 바로 전해 광주 청문회로 전국이 들끓던 중이었다.

# 중국계엄군 발표 5백명 사망

## 어제 새벽 천안문 탱크 진입하다 시위대 충돌
## 상하이·난징등서 수십만 항의시위

**부상자 6백여명**

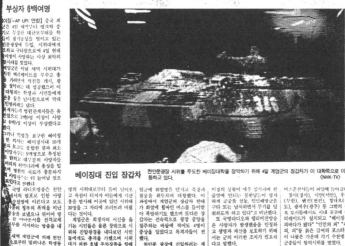

**베이징대 진입 장갑차**

천안문광장 시위를 주도한 베이징대학을 장악하기 위해 4일 계엄군의 장갑차가 이 대학쪽으로 이동하고 있다.
(NHK-TV)

### 버스운전사들 파업

**[홍콩=AFP 연합 특약]** 베이징의 유혈진압 소식이 알려진 4일 상하이, 난징 등 주요 지방 도시들을 비롯한 중국 전역에서 이에 항의하는 시위가 줄을 잇고 있다.

이날 남부도시 난짱(남강)에서 10만여명이 참가하였을 중국 당국은 발표를 통해 "베이징의 시위를 병행하며 노조 지도자를 잃은 홍파업을 별이고 호소했다.

상하이의 학생들은 푸단(부단) 대학에서 동맹휴학으로 동하는 도로에 버스들을 세워놓고 바리케이드로 삼은 한편 황(나)의 버스 호텔 앞과 이등 버스도에 벽보를 붙이고 시위... 인민광장...

학살 다음날인 6월 5일 월요일, 〈한겨레〉는 국제 이슈로는 드물게 2면짜리 '호외'를 냈다. 「중국계엄군 발포 5백 명 사망」이라는 검은색 제호가 헤드라인을 장식했고, '호메이니 사망' 기사를 제외하고는 1면 전체가 천안문 관련 내용이었다. 1989년 7월 1일부로 중국의 일부가 되어야 하는 홍콩 시민들에게도 이 사건은 청천벽력과도 같았다.

5월 23일치 〈한겨레〉를 보면 「홍콩, 중국시위 지지 1백만 명 8시간」이라는 짧은 기사가 나온다. 학살 열흘 전 홍콩 시민들도 베이징의 시위대를 지지하기 위해 모였다. 앞으로 8년 뒤면 중국의 일부가 되어야 하는 홍콩 시민들에게 천안문 사건은 홍콩 자신의 일이기도 했다. 5월 23일에 모인 100만 명의 인파는 홍콩의 절박함 그 자체였다. 그리고 이 절박함은 계속 표출된다.

홍콩이 삶의 터전인 홍콩인들은 1989년 이후 극도의 불안감에 휩싸였지만, 한국인에게 홍콩은 관광지이기도 했다. 홍콩에서 비행기로 3시간 반 거리에 있는 한국에서는 그해 해외여행이 전면 자유화됐다. 자유화 첫해인 1989년 해외여행객 100만 명을 돌파하더니, 1992년 200만 명, 2000년 500만 명, 2005년 1000만 명으로 해외여행객 수가 급성장했다. 해외여행 초창기에야 "나 홍콩 가봤어!"라는 말에도 "우와!"라는 감탄사가 나왔으나, 해외여행객이 많아지면서 "거기 가봤다" 정도로는 대화 상대가 되지 못하는 시대가 되었다.

1996년 10월, 〈한겨레21〉은 「음식천국, 홍콩의 유혹 홍콩은 아시아요리의 심장부」라는 특집 기사를 냈다. 기사에서는 홍콩이야말로 가장 짧은 시간에 중국 전역의 요리를 모두 맛볼 수 있는 집합소라고 묘사했는데, 이 기사는 지금 봐도 부족함이 느껴지지 않을 만큼 중국 요리의 특징, 중국요리 테이블 매너를 상세히 소개하고 있다. 기사는 시대를 반영한다. 이즈음부터 한국인의 홍콩 여행이 단순 방문이 아닌 체험 여행이 된 시대가 도래했음을 알 수 있다.

## 1997년 홍콩 반환과 2명의 죽음으로 끝난 이민 갈등

홍콩 반환의 해인 1997년 〈한겨레〉는 어느 때보다 많은 홍콩 관련 기사를 쏟아냈다. 홍콩에서 벌어지는 일 하나하나가 뉴스거리였다. 중국군이 홍콩에 진주를 할지 말지, 1995년 마지막 영국인 총독 패튼의 선거개혁안으로 만들어진 법을 중국이 인정할지 폐기할지, 무엇보다 홍콩의 미래는 어찌 될지.

홍콩 반환은 제국주의 구질서의 붕괴라는 관점에서는 환영할 일이었지만, 홍콩 시민들의 자유라는 측면에서 본다면 무작정 역사의 순리라고 주장하기도 어려워 보였다. 1997년 6월 27일, 홍콩 반환을 사흘 앞두고 〈한겨레〉는 「반환, 불안, 그리고 희망」과 「우리들의 홍콩 / 이소룡부터 왕가위까지 꿈의 공장」이라는 기사에서 다소 우울한 전망을 내비친다. '우리들의 홍콩'이라는 여섯 자의 소제목 아래 '류더화가 아닌 유덕화이고, 초우옌팟이 아닌 주윤발'임을 선언하는 기사의 시작은 비장하다. 2020년 현재, 중국인이 아니라 홍콩인이라는 정체성을 지닌 홍콩의 스타들이 광둥어(캔토니즈)도 아닌 중국 표준어 발음 이름에 갇혀 있다는 사실을 상기하면, 이 기사는 지금 더 비장하게 느껴진다.

반환 이후 홍콩과 대륙의 갈등은 계속 이어진다. 1997년 홍콩 반환 직후 홍콩은 밀려오는 중국인 이주자들로 인해 골머리를 앓

"조국의 품으로 돌아오는 홍콩"이라 쓰인 선전역의 전광판에는 홍콩 반환까지
남은 날짜가 쓰여 있다. 1996년 7월 이혜정 기자가 찍었다.

게 된다. 1940년대 말의 이민과 다른 점이라면, 그때는 상하이 등지의 부유층 이민이 주를 이뤘는데 이번 이민 열풍은 일반 노동자들이 대거 밀려들었다는 점이다.

1999년 5월 〈한겨레〉는 「본토인 밀물 홍콩 비상/법원 이민 판결 따라 10년간 170만 명 이주 예상」이라는 기사를 낸다. 이 기사에 따르면 2007년까지 본토인 170만 명가량이 홍콩으로 이주할 것으로 보인다는 홍콩 정부의 예측과 함께, 이들을 위한 기초적인 주택, 의료, 교육 인프라에만 900억 달러의 돈이 추가로 투입돼야 한다는 우려가 나온다. 참고로 그전까지 홍콩은 중국인의 홍콩 거주권에 대한 수많은 제약을 뒀지만 이 제약은 곧 사라진다. 1999년 1월 홍콩 법원이 '부, 모 중 한쪽만 홍콩 거주권자면 그 부모의 자녀에게도 홍콩 거주권이 제공된다'고 판결하기 때문이다.

기존 홍콩 주민들과 중국 이주민 사이의 첫 번째 갈등이 표면으로 분출되기 시작했다. 이로 인해 홍콩 사회에 반중국 정서가 다시 팽배해질 조짐을 보이자, 중국 전국인민대표대회(전인대)가 나서 홍콩 종심법원의 판결을 무효화시키며 '중국 본토인 홍콩 거주 권리 없다'는 결정을 내린다.

그러자 이번에는 홍콩 거주권을 무난히 얻을 것으로 안심했던 중국계 이주노동자들이 불만을 토로했다. 이 갈등은 결국 비극으로 끝을 맺는다. 2001년 8월 거주권을 요구해온 중국인들이 홍콩 출입국사무소에 불을 질렀다. 이날 방화로 7명이 중태에 빠졌고 며칠 후 중국인 이주노동자 한 명과 홍콩 관료 한 명이 사망하게 된다. 이 사건은 홍콩 시민과 중국 이주민 사이에 회복하기 어려운 첫 번째 감정의 골을 만든다.

홍콩과 대륙의 감정 골은 이어지고 깊어진다. 2003년 홍콩 영

우산혁명 당시, 학생 시위대 지지를 선언한 그에게 중국에서의 출연이 끊어질 걸 우려하자 "그러면 돈 좀 그만 벌면 되지"라고 응수했다는 그의 이야기는 그가 왜 큰형을 뜻하는 '따거'(大哥)로 불리는 지 알게 해주는 대표적인 일화다. 자신의 생각을 말하는 사람이 그 말로 인해 어떤 불이익을 받는 다면 그 사회는 나쁜 사회다. 최성열 기자 사진이다.

화계의 두 라이벌, 성룡과 주윤발 사이의 경쟁 관계를 보여주는 사건이 발생했다. 〈한겨레〉 2003년 7월 3일치를 보자. 「홍콩 배우 주윤발 '대기만성' 삶 /홍콩 중학교 중국어 교재 실려」라는 제목의 기사다. 홍콩 교과서에 연예인의 일대기가 실린 건 이때가 처음이다.

교과서에는 노점상 홀어머니와 살며 불량 학생으로 성장한 주윤발의 학창 시절과 연기자로 성공한 이후 할리우드에 진출하고 만학도가 돼 영어를 공부하는 그의 이야기가 감동적으로 실려 있다. 당시 주윤발이 교과서에 실린 일은 한국 언론에는 단신으로 소개됐다. 하지만 2014년 우산혁명 당시 학생 시위대를 지지한 주윤발과 시위대를 비난한 성룡의 태도가 엇갈리며, 주윤발은 과연 교과서에 실릴 만한 인물이었다고 새삼스럽게 소환돼 회자되는 중이다.

## 홍콩 기본법 개정을 둘러싼 첫 번째 대회전

갈등은 이어졌다. 중국과 홍콩 사이에 첫 번째 '대회전'이 벌어졌다. 50만 명의 홍콩 시민이 거리로 나섰다. 2003년 7월 4일 〈한겨레〉 보도 제목은 「언론, 홍콩 50만 시위 모르쇠」. 갈등의 원인은 홍콩의 헌법이라고 할 수 있는 홍콩 기본법 23조 조항을 홍콩 행정부가 개악하려 했기 때문이다. 홍콩 기본법 23조는 국가 안보에 관한 광범위한 금지 사항과 이에 대한 처벌이 명시된 항목을 갖고 있다. 문제는 이 개악된 조항에 "선동의 금지" 같은 정부가 자의적으로 해석할 수 있는 여지가 많았다는 점이다.

결국 홍콩 반환 기념일인 2003년 7월 1일을 기해 홍콩 반환 이후 최대 시위가 벌어졌다. 홍콩 시민들의 강력한 저항에 중국 정부는 깜짝 놀라 홍콩 기본법 23조의 개정을 없던 일로 되돌리게 된다. 재미있는 것은, 마카오도 같은 시기 마카오 기본법 23조의 개정을 추진했는데, 강력한 저항으로 철회된 홍콩과 달리 별다른 반대 없이 무사 통과됐다는 사실이다. 중국의 지배에 대처하는 홍콩과 마카오의 입장은 이때부터 갈리기 시작한다.

홍콩인들에게 한국인은 어떤 이미지일까? 여러 이미지가 있지만 그중 하나는 '전투적인 시위'다. 나는 직업상 2008년 이후 매년 수차례 홍콩을 가곤 했다. 홍콩인들은 2005년 12월 세계무역기구(WTO) 각료회의 무산을 위해 홍콩으로 원정시위 온 한국 시위대에 대한 이야기를 내게 여러 번 했다. 그만큼 인상이 강렬했단 말이다. 1400명이 넘는 단일 국적의 외국인 시위대 자체도 홍콩인들에게는 낯설었지만, 그간 텔레비전을 통해 보던 전투적인 한국의 시위 방식에 대한 걱정도 많았다. 하지만 시위대가 초반에 벌인 삼보일배 시위는 홍콩인들에게 한국의 시위는 전투적이라는 그간의 이미지를 바꾸었다. 중국 언론 〈밍바오〉(明報)의 긴급 여론조사에도 홍콩 시민의 60%가 삼보일배 시위에 긍정적으로 답했을 정도.

이런 우호적인 분위기는 오래가지 않았다. 결국 17일 저녁 시위대는 경찰 저지선을 돌파하려고 했고, 홍콩 경찰은 한국 시위대가 경험 못 해본 고무탄총을 들이댔다. 결국 양측은 대규모로 충돌했고, 한국 시위대만 700명이 연행되고 11명이 구속되기에 이른다. 급기야 당시 드라마 〈대장금〉으로 홍콩에서 인기를 누리던 이영애를 비롯해 안성기, 이병헌씨까지 홍콩 정부에 선처를 당부하는 탄원서를 쓰기에 이른다. 구속된 사람들은 해를 넘겨 1월 13일 석방된다. 어쨌든 한국의 시위문화가 이후 오랫동안 홍콩인들의 기억에 남아 있다는 말을 많이 듣는다.

다시 홍콩과 대륙의 갈등. 2012년 1월의 〈한겨레〉 기사를 보면 지하철에서 음식을 먹은 중국인과 이를 지적하는 홍콩인 사이에 벌어진 감정싸움을 상세히 보도하고 있다. 이게 기사까지 쓸 내용인가 싶을 수 있지만, 당시 홍콩-중국인 간의 감정싸움을 보면 그럴 만했다.

홍콩인들은 중국인들이 유입되며 작게는 거리 질서의 붕괴, 보따리상으로 인한 생필품 품귀, 크게는 부동산값 폭등으로 인한 주거비 인상까지 온갖 고초를 겪고 있었고, 반대로 대륙에서 온 중국인은 자신들을 멸시하는 홍콩인을 이해할 수가 없었다. 이런 유형의 사건은 꾸준히 이어졌는데, 2014년에는 홍콩을 찾은 중국인 부부가 화장실을 찾지 못하자 아이를 대로변에서 노상방뇨시키며 다시 한번 불이 붙었다.

경제적으로 부유하지만 피지배자 정서가 있는 홍콩인의 감정과, 대륙에서는 용인 가능했던 행동 하나하나를 홍콩인이 꼬투리 잡는다고 느끼는 대륙인의 서운함은 홍콩과 중국 관계, 그리고 홍콩인 사이의 출신지에 따른 갈등을 계속 증폭시켰다.

## 우리들의 홍콩은 어디로 가는가

2014년, 홍콩인의 대륙에 대한 분노는 행정장관을 직선제로 선출하고 싶다는 지극히 기본적인 요구를 중국이 거부하면서 분출되기 시작했다. 중국 정부는 홍콩 시민들의 요구에 '후보 선정 위원회가 애국적인 인사 2~3명을 골라줄 테니 그중에서 투표해서 뽑으라'라는 식으로 대했다. 홍콩인들은 '우리는 우리의 대표를 뽑고 싶을 뿐이지, 쇼 프로에서 1등을 뽑는 게 아니'라며 격렬히 반

2014년 우산혁명 당시만 해도 고글은 시위대의 표준 장비가 아니었다. 김성광 기자가 2014년 찍은 이 사진은 마치 2019년 송환법 시위대의 모습과도 같다. 멀리 보이는 건물은 홍콩 정부청사. 저 안에 우리의 국회 격인 입법회도 있다. 홍콩의 공방전은 늘 이 일대에서 벌어진다.

발했다. 홍콩 경찰은 대중들의 분노에 최루탄으로 답했고, 맨몸의 시위대는 최루탄을 우산으로 막았다. '우산혁명'이라는 조어는 이런 풍경 속에서 등장했다.

시민들은 2003년 국가안전법 사태와 중국식 애국교육을 추진하는 2012년 국민교육 사태를 떠올리며 이번에도 뭉치면 이기리라 생각했지만, 중국도 이번만큼은 체제 수호의 문제라 여겼기 때문에 물러서지 않았다.

2016년 홍콩의 영화상인 '금상장'은 영화 〈10년〉을 최우수상으로 선정했다. 2016년으로부터 딱 10년 후인 2026년의 홍콩을 그린 이 영화는 홍콩의 미래를 바라보는 홍콩인의 우울함을 총집합해놓은 것 같다.

영화 〈10년〉에서는 국가보안법을 무난히 통과시키기 위해 암살을 기획하고, 중국 표준어를 사용하지 못하는 택시기사가 고난을 겪으며, 홍콩산이라는 말이 금기어가 된 세상이 펼쳐진다. 당시에는 과격한 상상이라는 느낌을 주었을지 모르지만, 2020년 홍콩 의회를 건너뛰고 중국 전인대가 국가보안법을 통과시킨 현실을 보면 4년 전의 영화적 상상력도 이런 현실까지는 생각지 못했고, 삼권분립 같은 단어가 교과서에서 삭제되는 현실을 보면 오히려 영화 속 택시기사의 고충 또한 '그 정도면 나쁘지 않은 것 아닌가'라고 생각하게 만들 정도다. 이 영화가 개봉했을 때 "아무리 그래도 지나치다"라고 말했던 사람이 물정 모르는 사람이 되어버렸다.

이제는 우리의 '따거' 주윤발조차 침묵하는 시대다. 〈한겨레〉는 1997년 6월 27일 홍콩 반환을 사흘 앞두고 '우리들의 홍콩'이라는 부제를 단 기사를 냈다. 그 부제처럼 나도 묻는다. 우리들의 홍콩은 어디로 가는 것일까?

"야 이
새끼들아,
그만 좀 죽여!"…
중대장이
소리쳤다

베트남전

17

베트남전쟁은 어떤 전쟁이었나. 이 전쟁을 바라보는 한국 사회의 시각은 세 단계로 변했다. 첫 번째는 '거룩한 전쟁'이다. 공산주의라는 거대한 악과 맞선 싸움에 한국이 한몫을 맡았다는 시각이다. 옛날 군사정권은 모두가 이렇게만 생각하기를 바랐다. 전쟁의 어두운 면은 덮으려고만 했다. 그다음은 '한국 사람도 피해자'라는 시각이다. 참전 군인이 전쟁 후유증을 앓는다는 사실이 1990년대에야 확인되었다. 미군이 뿌린 고엽제에 피해를 본 사람도 많았다. 1990년대 중반에는 한국전쟁 때 한국 사람이 미군한테 당한 피해 역시 알려지며 사회가 들썩였다. 그러다가 1999년에 충격적인 사실이 밝혀졌다. 베트남전쟁 때 한국 사람이 피해자였을 뿐 아니라 '가해자이기도 했다'는 사실이다. 〈한겨레〉는 다른 언론보다 더 많이 더 깊이 베트남전을 보도해왔다. 아카이브에서 베트남전쟁을 바라보는 한국 사회의 시각을 돌아봤다. 해설 김태권

1992년 5월 26일치 〈한겨레〉에는 전쟁 후유증에 시달리던 정

아무개씨의 안타까운 사연이 실렸다. "1970년 무더운 여름밤 매복작전 때부터 정씨는 베트남전쟁에 뒷덜미를 잡혔다. 작전 중 옆구리를 관통하는 총상을 입고 흘러내린 내장을 꾸역꾸역 다시 몸속으로 집어넣던 기억을 천형처럼 지니게 된 것이다. 전쟁의 상처는 그의 의식 세계를 할퀴고 갔다." 요즘은 외상 후 스트레스 증후군(PTSD)이라는 말이 익숙하다. 당시 기사에는 '전쟁공포증'이라는 말을 썼다. 결국 1992년 5월 15일 "정씨는 비행기 소리가 들리자 '숨어라'라며 하수구로 달려갔다가 머리를 찧고는 뇌출혈로 쓰러져" 숨을 거두었다.

정씨는 고엽제 후유증도 앓았던 것 같다. "몸이 가려워지며 발작도 심해져 1981년에는 '손이 가렵다'며 불구덩이에 손을 집어넣어 열 손가락의 마디가 형체도 알아볼 수 없게 일그러졌다. 이듬해에는 연탄난로를 감싸 안는 바람에 또다시 몸에 화상을 입었다. 부인 강씨는 '이제 와 생각하니 고엽제 때문인 것 같다'며 한숨을 내쉬었다."

고엽제는 멀쩡한 나뭇잎이 떨어지는 독한 약이다. 전쟁 때 미군이 베트남의 정글에 뿌렸다. 사람 몸엔들 좋을 리 없다. 적지 않은 한국 군인이 전쟁이 끝난 뒤 돌아와 아팠다. 한참이 지나서야 이것이 고엽제 후유증임을 알았지만 하소연할 곳이 없었다. 한국 정부는 한동안 모른 척했다. 반미 감정이라도 일어나면 어쩌나 두려웠던 걸까. 1992년이 되어서야 공론화가 되었다.

한편 1994년에는 한국전쟁 때 노근리 사건이 세상에 알려졌다. 1950년에 한국 민간인 수백 명을 "피난시켜주겠다"고 모아놓고 미군이 쏘아 죽인 사건이다. 1999년에 미군의 공식 문서를 통해 사실임이 확인되었다.

이 무렵부터 베트남전쟁에 대한 시각도 변한다. 1999년 5월 최초로 한국군이 양민을 학살했다는 베트남 사람의 증언이 공개되었다.

## 1999년 9월, 첫 한국군 양민 학살 기사가 일으킨 반향

9월에 처음으로 〈한겨레21〉을 통해 의미 있는 르포 기사가 나갔다. 르포를 쓴 사람은 당시 베트남 통신원이던 구수정이다. 베트남 호찌민종합대학에 유학하며 1995년부터 〈한겨레21〉에 현지 소식을 전한 구수정 통신원은 1999년 여름 무려 한 달 반 동안 1965~1972년 베트남전 파병 시기 한국군이 작전했던 중부 5개 성을 다니며 피해자들의 증언을 듣고 수집했다. 그 전에는 "베트남 학생들이 선호하는 학과는 영어 전공" "설날 폭죽 사용 금지령에 주민들 불만" "한국이나 일본보다 베트남의 젓가락이 훨씬 길어 옆 사람 음식을 집어주는 일이 많다"는 등 베트남에 대한 궁금증을 풀어주는 재미있는 기사가 많았다. 9월과 10월, 〈한겨레〉는 베트남전쟁 때 민간인 학살 사건과 한국전쟁 때 노근리 사건을 나란히 다뤘다.

구수정 통신원은 1999년 11월 13일치 〈한겨레〉에도 베트남 마을 르포를 실었다. 1966년 3월 23일 무기도 없는 베트남 민간인 143명이 총과 수류탄으로 학살당한 뇨럼 사건이었다. 베트남 사람들은 가해자가 한국군이었다고 말했다. "뇨럼 양민학살은 베트남에서 벌어진 한국군 양민학살의 극히 일부분에 불과하다는 게 베트남 쪽 주장이다."

뇨럼 마을 사건은 초창기에 알려진 한국 군인의 베트남 민간인 학살 사건 가운데 하나다. 1966년에 일어난 학살을 잊지 않기 위해 뇨럼 마을 사람들은 추모비를 세웠다. 1999년 당시 〈한겨레〉의 베트남 통신원이던 구수정이 보낸 사진이다.

〈한겨레21〉은 "베트남의 양민학살, 그 악몽 청산을 위한 성금 모금 캠페인"을 시작한다. 1999년 12월 1일치 〈한겨레〉의 사설은 이랬다. "일본의 식민통치와 정신대 문제 등 과거사 문제가 밝혀져야 한다면, 미국에 노근리 사건의 진상 규명과 속죄를 요구한다면, 우리가 베트남에서 한 일들의 책임을 우리 스스로 질 줄 알아야 한다. 고엽제 등 후유증을 앓고 있는 또 다른 피해자인 참전용사들의 상처를 씻는 길이기도 하다."

　반응은 엇갈렸다. 화를 내는 사람도 적지 않았다. 1999년 11월에 국방부 관리는 말했다. "베트남전은 적과 아군을 구별하기 힘든 비정규전의 성격을 지녔다. 우리 병사도 민간인으로 위장한 베트콩들로부터 많은 피해를 입었다." 2000년 2월, 월남참전전우 복지회 이사장은 〈한겨레〉에 썼다. "2만여 명의 전우들은 지금도 고엽제 후유증으로 신음하고 있다. 그러나 오히려 참전전우들에게 양민을 학살했다며 그들이 흘린 피와 땀, 눈물을 욕되게 하고 그들의 자손까지 흉악한 전쟁범죄자의 자식들로 몰아가는 기막힌 사태가 벌어지고 있다. 우리는 양민학살자나 전쟁범죄자로 취급받는 것을 원치 않는다." 한국 사람은 피해자일 뿐, 가해자가 아니라고 주장했다.

　옛날에 우리는 민족주의의 눈으로 역사를 봤다. 한국 사람은 악한 힘센 나라들에 괴롭힘을 당하던 선한 피해자라고만 배웠다. 그래서였을까. 피해자이면서도 가해자일 수 있다는 사실을, 선뜻 받아들이지 못하는 사람이 많았다.

　반면 사실을 받아들이자는 사람도 있었다. "베트남 양민학살에 대한 시사주간지 〈한겨레21〉의 연속보도는 우리 참전군인들에게 30년 전의 악몽을 되새기는 충격과 고통을 느끼게 했다." 2000

226

년 4월 〈한겨레〉에 실린 김주황의 글이다. 월남참전전우 사회복지지원회 위원장이던 그는 현지를 찾아 마을 사람들의 증언을 들었다. "미안하고 죄스러운 마음에 얼굴을 들 수 없었다. 주민들은 34년 만에 한국군이 와서 사죄하기는 처음이라고 했다. 노근리 사건이 근 50년 만에 밝혀진 마당에 이제 우리도 잘못된 전쟁에 대해 베트남 국민에게 사죄와 화해를 구해야 한다."

## 〈한겨레〉 습격한 '아스팔트 보수', 그들도 피해자였다

결정적 증언을 한 사람은 김기태다. 베트남전쟁 때 해병대 대위였다. "앞서가는 소대의 뒤를 이어 중대본부가 불타는 마을에 들어서자 길바닥엔 아이들과 여자들, 노인들의 주검이 널브러져 있었다. 중대장은 무전으로 앞서가는 소대장들에게 고함을 쳤다. '야 이 새끼들아, 그만 좀 죽여!'" 1966년 11월에 한국군이 베트남 프억빈 마을에서 민간인 학살을 벌였다는 김기태의 증언이 2000년 4월에 〈한겨레21〉 지면에 실렸다. 끔찍한 사실도 증언했다. "한국군이 귀를 자르고 코를 잘랐다는 이야기가 있는데?" 기자의 질문에 그는 답했다. "실제로 그런 일 있었다. 중대원 가운데 한 명은 죽은 사람의 눈알을 알코올병에 담아두는 병사가 있었다. 또 한 명은 한쪽 귀를 잘라 모아 철사로 꿰어 걸어놓기도 했다."

용기 있는 고백이었다. "베트남 피해 주민들의 증언만 있었다면 반쪽에 그쳤을 것이다."(〈한겨레21〉 2000년 9월 6일치) 가해자의 증언이 나오자 세계가 관심을 가졌다. 2004년 3월 〈한겨레21〉에 따르면 "1999년부터 집중 보도한 베트남 기사의 파괴력은 해외 언론들을 움직였다는 데 있다. 베트남 국립문서보관소 문서 발굴, 베트남 중부 5개 성 현장르포, 한국군 참전군인 인터뷰, 미국 국립문서보관소 문서 발굴로 2년 넘게 숨 가쁘게 이어진 주요 보도를 베트남의 거의 모든 신문과 방송이 받아서 보도했다. 그리고 〈로이터〉 등 통신사들이 세계에 타전했다."

그러나 증언 이후 김기태는 협박과 욕설에 시달려야 했다. "머리가 아파요. 생각하기도 싫습니다." 2004년에 〈한겨레21〉에 털어놓은 회고다. "하루 종일 끊이지 않고 울리는 전화. 일방적 욕설이 끝나면 전화가 툭 끊겼고, 몇 분 되지도 않아 또다시 전화기가 울렸다. 집 밖을 나가면 휴대전화가 비명을 질렀다. 어떻게 번호를 알았는지 신기할 정도였다." 그래도 4년 만에 연락이 닿은 그는 "목소리에 활기가 있었"다. 오랜 짐을 덜었기 때문이리라.

이 일로 2000년 6월 27일에는 〈한겨레〉 사옥이 습격을 당했다. 기억하실 독자님이 적지 않으리라. 나도 다음날 신문을 보며 깜짝 놀랐다. "대한민국고엽제후유의증전우회 회원 2000여 명이 보도에 불만을 품고 〈한겨레〉 신문사 앞에서 시위를 벌이다 건물에 난입해 신문 제작 설비를 부수는 등 난동을 부렸다. 서류 뭉치에 불을 붙여 사무실 안으로 던져 방화를 시도하기도 했다. 이들은 술에 취해 자기들끼리도 싸우는 등 아수라장 무법천지를 연출했다." 이튿날 〈한겨레〉 사설의 첫머리다.

"회사가 추정한 피해 규모는 거의 1억 원 수준. 그렇다고 경제적·사회적 약자인 베트남 참전군인들에게서 배상을 받을 수도 없는 노릇이었다. 오히려 그쪽에서는 탄원서를 내달라고 간청하는 형편이었다." 당시 〈한겨레21〉 편집장이던 김종구가 2006년 3월에 회고했다. "최학래 당시 사장은 '피해 복구는 전적으로 〈한겨레21〉에서 책임지라'라고 말하기도 했다. 물론 농담이었지만 속이

퇴역 장교 김기태는 전사한 동료의 무덤을 찾아 참배하고는 베트남전쟁 때 한국군이 저지른 민간인 학살에 대해 용기 있게 증언했다. 김갑수 소대장의 묘 앞에서 고경태 기자가 찍었다.

고엽제후유의증전우회 사람들 2천여 명이 〈한겨레〉 사무실을 습격하는 모습이다. 2000년 6월에 김봉규 기자가 찍었으나 공개되지 않았던 '비컷 사진'이다.

편할 수는 없는 노릇이었다. 어쨌든 〈한겨레21〉이 사태 발생의 원인을 제공한 셈이니 말이다."

다른 버전도 있다. 김기태의 증언을 받았던 고경태는 이렇게 회고한다. "전쟁 같은 소동이 끝난 뒤 〈한겨레〉 신문 최학래 사장이 피해 상황을 점검하기 위해 회사를 돌아보다가 내 자리로 왔다. 나는 속으로 이런 꾸중을 듣지나 않을까 걱정했다. '너 때문에 회사가 이 지경이 됐다'고. 정반대였다. 사장은 나를 툭 치더니 이렇게 한마디 뱉고 떠났다. '넌 훌륭한 일을 한 거야.'" 훗날《유혹하는 에디터》라는 책에 밝힌 일화다.

'대한민국고엽제후유의증전우회'는 2005년에 이름을 '대한민국고엽제전우회'로 바꿨다. 나중에는 '아스팔트 보수'의 행동대 노릇을 한다. 2009년 6월에 대한문 앞 노무현 대통령 분향소를 때려 부순 것도 이들이다. 지도부 일부는 보수정권의 관제데모에 회원을 대고 이권을 챙겼다. "전우회는 웬만한 중견그룹 뺨치는 문어발식 사업체를 거느리고 있다. 돈 되는 사업거리가 있는 모든 공공기관이 전우회의 '밥'이었다." 2019년 3월 〈한겨레〉 토요판 기사다. 이렇게 챙긴 돈을 핵심 간부들이 챙기다가 나중에 비리로 구속되었다. 회원들은 서러웠다. "'우리 모두 배신당했어요.' 어느덧 칠십 줄로 들어선 이들의 가슴마다 울분과 회한이 가득하다." 씁쓸한 이야기다. 베트남전쟁에서, 한국 사회에서, 또 전우회 내부에서, 이들은 가해자이면서 또 피해자였다.

### 베트남전쟁, 일본군 '위안부', 민간인 학살이 만나는 곳

2004년 12월에 〈한겨레〉는 '이윤기와 함께하는 베트남 평화기행' 행사를 벌였다. 소설가로 번역가로 작가로 유명한 이윤기는 베트남전쟁 때 전투병이었다. 베트남은 그에게 삶과 죽음을 넘나들던 땅이다. "베트남인들은 한국인에 대해 적의를 갖고 있기는커녕 호의를 품고 있다는 말을 듣고서야 나는 긴장을 얼마간 풀 수 있었다." 이윤기의 가슴을 울리는 기행문이 〈한겨레21〉에 실렸다. "하지만 그들은 화해할지언정 잊지는 않을 것이다."

2016년 10월 〈한겨레21〉에는 17년 동안의 취재 뒷이야기가 실렸다. "17년째 한 사건을 좇았다. '징하다.' 30년 만에 기밀 해제된 미국 국립문서보관소의 베트남전 한국군 학살 관련 문서와 사진을 입수해 2000년 11월 세계 최초로 보도했다. 10여 년 뒤 2013년 1월과 2014년 2월 베트남 마을을 다시 취재했다. 2016년에는 기록전 〈한마을 이야기-퐁니·퐁넛〉을 마련했다." 오랜 세월 민간인 학살 사건을 취재한 고경태는 "아직도 궁금한 게 많다"고 덧붙였다.

베트남전쟁 민간인 학살 문제를 처음으로 알린 사람은 구수정이다. 지금은 한베평화재단에서 활동한다. 재단은 2017년에 설립되어 '베트남 피에타'라는 추모 조각을 베트남과 한국 곳곳에 세우는 사업을 했다. 엄마가 아이를 꼭 끌어안은 모습의 작품이다. 베트남 쪽에서 이 작품을 부르는 이름은 "마지막 자장가"다. "1966년 청룡부대가 남베트남 빈호아에서 자행한 학살로 민간인 430명이 숨졌다. 학살 당시 생후 6개월이던 도안응이아는 총탄에 쓰러진 어머니의 배 밑에 깔려 간신히 목숨을 건졌지만, 빗물에 흘러든 탄약에 눈이 멀었다." 2017년 1월 〈한겨레〉에 실린 작품의 뒷이야기다.

'베트남 피에타'의 조형은 어쩐지 낯이 익다. '평화의 소녀상'

베트남 피에타
(Lời ru cuối cùng, 마지막 자장가)

'베트남 피에타' 동상은 빈호아 학살 때 엄마 품에 안겨 살아남은 아기 도안응이아의 이야기를 담았다. 제주 강정마을에도 동상이 섰다. 베트남 민간인학살 피해자들과 제주 4·3 사건 피해자 단체 사이에 연대와 교류가 이어진다. 2017년에 김진수 기자가 찍었다.

을 만든 조각가 김서경·김운성의 작품이라 그렇다. 작품은 제주에
도 설치되었다. 이렇게 일본군 '위안부' 문제와 한국의 민간인 학
살과 베트남전쟁은 하나로 만난다. 한국 사람은 피해자이면서 가
해자였다. 이제는 평화를 바라는 사람이다.

분단의
경계를
넘는
이들

탈북민

18

고난의 행군은 북녘 사람들의 삶을 파괴했다. 1994년 김일성 주석 사망 이후 연이은 자연재해로 가뜩이나 힘겨웠던 경제상황은 더 이상 나빠질 수 없을 정도가 되어버렸다. 급기야 북한체제는 '자력갱생'이라는 이데올로기를 앞세워 멈춰버린 배급제와 국가 운영 시스템의 위기를 돌파하려 했다. 갑작스레 '자력'으로 살아남아야 했던 북한 인민들은 목숨을 걸고 강을 건너게 된다. 상당수는 중국에 남아 있으면서 북한에 남겨둔 가족을 부양하고, 또 다른 몇몇은 또 한 번의 위험을 무릅쓰고 한국행을 선택하기도 한다. 탈북민의 역사를 〈한겨레〉 아카이브로 돌아봤다. 해설 김성경

탈북민의 안타까운 상황이 〈한겨레〉에 보도되기 시작한 것은 1990년대 중반이다. 1994년 5월 망명자 신분으로 시베리아에서 일하던 북한 벌목공들이 한국으로 오게 되면서 한국 사회는 탈북민의 갑작스러운 증가에 대비하기 시작한다.

먹을 것이 없어 국경을 넘은 탈북민의 상황을 다룬 기사가 넘쳐나자, 금방이라도 다수의 식량난민이 발생할 것이라는 우려

북한 주민의 월경이 본격화되자 〈한겨레〉도 북-중 접경지역을 찾아 북한 사람들의 모습을 카메라에 담았다. 장난기 가득한 소년들은 중국 음식에는 손도 대지 않고, 밥 한술을 뜨고는 환한 웃음을 짓는다. 장철규 기자가 1999년 선양에서 찍은 사진이다.

가 깊어졌다. 「연변…베이징…베트남… 끝나지 않은 7000km 유랑」(〈한겨레〉 1997년 12월 4일치) 등의 보도가 눈에 띈다. 예상보다는 적지만 탈북민 수는 꾸준히 늘어 2000년대에 들어서는 해마다 1000~2000여 명 수준을 유지했고, 2020년 현재 3만 3000명을 넘어서고 있다.

한국 정부는 1997년에 '북한이탈주민의 보호 및 정착지원에 관한 법률'을 제정하고 북한주민 '대량 탈북'의 대응책을 수립하게 된다. 이 법령은 북한이탈주민을 "군사분계선 이북지역에 주소, 직계가족, 배우자, 직장을 두고 있는 사람으로서 북한을 벗어난 후 외국 국적을 취득하지 아니한 사람"으로 정의한다. 만약 이주 과정에서 중국 등 제3국의 국적을 취득한 경우와 북에 살았더라도 국적이 다를 경우에는 북한이탈주민 보호대상에 포함되지 않는다.

## 간첩 조작과 기획탈북…탈북민을 향한 엇갈린 태도

북한이탈주민 정착 전반은 통일부가 주관하지만 이들의 보호 여부는 국가정보원(이하 국정원)에서 결정한다. 국정원은 탈북민 중 보호대상자와 비보호대상자를 구분하고, 이들 중 국가 안보에 위협이 되는 존재가 있는지를 판별한다. 국가 정보기관이 직접 나서 탈북민의 탈북 동기나 북한 체제와의 연관성을 따진다는 것은 북한에서 온 이들을 잠재적 간첩으로 가정하고 있음을 뜻하는 것이기도 하다.

이러한 상황을 반영하듯 탈북민 위장 간첩 사건의 발생이 지속적으로 증가했다. 대표적으로 2008년 위장탈북 부녀간첩 사건은 여러 측면에서 석연치 않은 구석이 많았다. 검찰에 따르면 원

대성공사는 탈북민에게는 유명한 곳이다. 국정원의 초기 탈북민 신문방식은 대단히 폭력적인 것으로 알려져 있는데, 이미 1990년대 후반부터 대성공사 내 탈북민들이 폭력과 협박을 당했다는 증언들이 심심찮게 터져 나왔다. 1999년 박승화 기자가 촬영했다.

정화씨는 북한 국가보위부의 지령에 따라 2001년 조선족으로 위장해 한국 사회에 잠입했고, 결혼정보업체에 등록해 군인을 상대자로 만나 포섭하려 했다는 혐의를 받았다. 거기에 원씨의 의붓아버지 김동순씨가 원정화씨를 사주했다는 혐의를 받았지만 결국 2012년에 무죄 확정 판결을 받게 된다. 〈한겨레〉 2018년 3월 22일 치(「'탈북 여간첩 1호' 원정화 사건도 뒤집히나」)에는 원정화씨 단독 인터뷰가 게재되었는데, 검찰의 강압과 회유로 인해 간첩임을 자백했고, 의붓아버지의 혐의 또한 허위로 증언했다고 고백했다.

오래전부터 탈북민 사이에선 한국 정부가 자신들을 간첩으로 의심하고 있다는 불만들이 터져 나왔었다(「탈북자들 '우리가 간첩? 황당하다'」, 〈한겨레〉 2005년 6월 3일치). 탈북민 중 상당수는 북한에 남겨둔 가족 혹은 지인과 접촉이 있을 수 있고, 이는 복잡한 정치적 상황에 따라 간첩 사건의 빌미가 되곤 했다. 예컨대 2013년 서울시 공무원 간첩조작 사건의 피해자인 유우성씨는 북한이탈주민의 정보를 북한에 넘겼다며 국가보안법 위반 혐의로 기소되었지만 결국 대법원에서 무죄를 받은 바 있다.

한편 유우성 사건은 재판 과정에서 국정원의 증거조작이 밝혀지면서 커다란 사회적 반향을 일으키기도 했다. 또한 국정원은 유우성씨가 간첩이라는 증거를 잡는다며 그의 여동생인 유가려씨를 무려 180일에 다다르는 기간 동안 강제 구금해 압박과 폭행을 서슴지 않았다. 이후 유가려씨의 증언을 통해 국정원이 주도하는 북한이탈주민 조사 과정의 인권적 문제점이 폭로되면서 중앙합동신문센터의 개혁을 요구하는 사회적 목소리가 확산되기도 했다(「전기고문실의 공포, 아직도 치가 떨려」, 〈한겨레〉 2013년 12월 21일치).

한편 2004년 즈음에는 기획탈북으로 인한 국제적 갈등이 본

유우성씨의 여동생으로 한국으로 입국한 유가려씨는 합동신문센터에서 강압적인 조사를 받게 되고, 유우성씨가 간첩이라는 거짓 증언을 하게 된다. 끈질긴 법정 싸움 끝에 유가려씨가 사실상의 구금 상태에서 국정원의 회유에 의해 증언을 하게 되었음이 밝혀졌다. 이 사진은 유가려씨가 재판을 앞두고 탄원서를 적고 있는 모습이다. 이정아 기자가 촬영했다.

243

격화되었다. 북한의 인권문제를 제기하는 국내외 활동가 등을 중심으로 북한 주민의 탈북을 지원하는 경우가 많았고, 몇몇 단체에서는 중국 내 외교공관이나 외국인학교에 탈북민이 진입할 수 있도록 돕기도 했다(「베이징 '독일학교'는 탈북자 '서울행 통로'」, 〈한겨레〉 2004년 6월 2일치).

하지만 이들의 한국행을 두고 북한이 강력하게 반발하면서, 중국 정부는 외교공관을 통한 탈북민의 한국행을 불허하기에 이른다(「정부, 중국에 한인학교 탈북자 한국행 촉구」, 〈한겨레〉 2005년 10월 11일치). 탈북민의 정착지원금을 노린 탈북 브로커의 활동을 제한하기 위해 한국 정부는 정착지원금을 줄이고 입국심사를 강화하는 방안을 담은 북한이탈주민 정착지원금 제도를 통과시키기도 한다(「'일시불' 줄여 기획탈북 제동」, 〈한겨레〉 2004년 12월 24일치). 또한 중국에 거주하고 있는 탈북민이 아닌 북한 내 거주자의 탈북을 돕는 단체에 정부가 지원한 사례가 적발되면서 정부가 나서 탈북을 '기획'했다는 비판이 등장하기도 했다(「정부가 예산 사용해 '기획탈북' 직접 개입한 셈」, 〈한겨레〉 2013년 11월 1일치).

2016년 4월 총선 직전 일어난 '중국 닝보 류경식당 집단 탈북'은 전형적으로 한국 정부가 개입한 '기획탈북'이다. 국정원과 국군정보사령부가 나선 여종업원 집단 탈북은 총선에 '북풍'의 효과를 불러일으킬 셈으로 기획되었다. 정부의 정보기관이 정치적 목적 아래 타국의 국민을 직접 '납치'했다는 사실은 참으로 충격적이다. 이는 여전히 '탈북'이라는 문제가 남북의 체제 경쟁에 활용되고 있음을 방증하는 것이다. 북한은 지속적으로 이들의 송환을 요구하고 있지만, 이미 한국 국민이 된 이들이 북한으로 돌아가는 것은 불가능에 가깝다.

## 왜 탈북민은 제3국으로 이주하는가

탈북민은 사실상 이동의 자유가 박탈된 이들이다. 귀향이 금지되어 있으니까 말이다. 물론 아주 불가능한 것은 아니다. 2010년부터 지금까지 재입북을 선택한 탈북민은 모두 55명이며 이 중 25명은 다시 재입국했다. 이들이 북으로 돌아간 이유는 정착 실패, 북에 있는 가족에 대한 그리움 등으로 알려져 있다. 어쩌면 더 많은 탈북민이 고향을 그리워하고 있을지도 모를 일이다. 김련희씨가 국내외 언론 및 단체를 통해서 북한으로 돌아가고자 하는 의지를 피력한 사례가 잘 알려져 있으며, 최근 조성길 전 주이탈리아 대사대리의 한국 망명이 알려진 이유는 북에 남겨둔 딸을 그리워한 그의 아내가 언론사에 제보를 했기 때문이었다. 떠나온 이들이 설혹 자신의 결정을 번복하고 싶더라도, 분단은 그것을 철저하게 봉쇄하고 있다.

2004년 10월 미국의 북한인권법이 통과되면서 미국행을 택하는 탈북민도 늘어나기 시작했다. 미국 정부는 탈북민에게 난민 지위를 부여함으로써 인권을 앞세워 북한을 압박하려 했다. 북한은 반발했지만, 더 나은 삶의 기회를 찾고자 했던 탈북민에게는 분명 새로운 기회였다. 하지만 미국 정부의 높은 심사 기준으로 인해 대부분은 난민 자격을 얻는 데 실패한 것으로 알려져 있다(「4. 탈북자들의 '아메리칸드림' / 미국 망명길 '출구없는 비상구'」,〈한겨레〉 2004년 12월 13일치). 탈북민의 미국 망명은 정치적 레토릭에 비해 실행 사례는 손에 꼽힐 정도다. 하지만 미국의 북한인권법 제정으로 인해 캐나다, 영국, 독일 등에서 탈북민을 난민으로 받아들이기 시작한 것은 고무적이다.

여기 남겨진 질문이 있다. 왜 탈북민은 한국이 아닌 제3국으로의 이주를 감행하는가? 이유는 간단하다. 그들에게 한국 사회가 녹록하지 않아서다. 1990년대 후반부터 지금까지, 〈한겨레〉 지면에서 일관되게 지적한 문제는 바로 이들을 향한 사회적 차별과 편견이다. 그동안 정부의 탈북민 지원정책은 진화 발전했고, 남북하나센터와 같은 정부 산하 탈북민 지원단체가 출범하기도 했다. 그럼에도 여전히 그들은 정착에 어려움을 겪고 있으며, 사회문화적 차별을 상시적으로 경험한다고 토로하고 있다(「탈북자 3만 명 시대, 우리 사회 편견과 차별은 여전하다」, 〈한겨레〉 2019년 10월 29일치).

2019년 7월 서울 관악구의 임대아파트에서 탈북민 출신 어머니와 아들이 굶주림에 시달리다 사망한 사건은 탈북민 정착지원의 구멍이 발견된 사건으로 우리 모두에게 커다란 충격을 주었다. 가족도, 친구도, 지인도 없었던 젊은 탈북 여성과 어린 아들이 사회의 무관심으로 인해 목숨을 잃었기 때문이다. 탈북민 정착지원 체계도, 사회적 약자를 위한 복지체계도, 아동보호체계도, 그 어느 것도 작동하지 않았다.

이러한 상황에 가장 분노한 것은 탈북민 단체였다. 하지만 복지체계의 허점에 대한 비판보다는 정권을 향한 분노가 더 컸다. 2018년 이후 남북 관계가 진전되면서 탈북단체 사이에서는 문재인 정부가 의도적으로 탈북민을 차별한다는 주장이 나왔다. 사실 탈북민은 지금껏 정권의 입장에 따라 특정 방식으로 '활용'되어왔는데, 과거 보수정부에서 탈북민 단체를 적극적으로 지원해온 것이 그러한 예이다. 2000년 6·15 정상회담에서 남북이 '상호 비방 중단'을 합의했음에도 보수정권은 대북전단 등 반북 활동을 하는 탈북민 단체를 우회적으로 지원하기도 했다. 또한 보수 세력과 손

북한 인권운동에 나선 탈북민 단체는 대북전단 사업을 상당 기간 지속해왔다.
2020년 남북관계가 경색되자 북한은 탈북민의 대북전단 문제를 감정적 표현을
써가며 비난하기도 했다. 이를 빌미로 개성 남북공동연락사무소를 폭파하기도
했다. 대북전단의 내용 또한 문제가 된 적이 있는데, 북한 지도자에 대한 원색적
비난과 조롱을 담고 있다고 알려져 있다. 촬영은 박종식 기자.

잡은 몇몇 탈북민 단체는 문재인 정부의 한반도 평화번영 정책의 허구성을 지적하면서 반북과 반공이라는 정치적 메시지를 알리는 데 적극적으로 활동하고 있다.

기억해야 할 점은 이러한 탈북민 단체의 행보는 역대 한국 정부가 추동했다는 사실이다. 각 정부는 자신들의 필요에 따라 특정한 역할을 탈북민 단체에 부여했고, 이로 인해 탈북민들은 정착과 같은 자신들의 현실적인 문제에 정치적 목소리를 내기보다는 남남갈등과 같은 이념 문제의 전면에 나서게 되었다. '반북'의 상징으로 해석되는 탈북민은 결국 한국 사회가 요구한 그 이념적인 역할을 성실하게 수행함으로써, 자신을 증명하고자 하는 것이다.

## 분단 이데올로기를 넘어 공생을 향해

탈북민이 한국 사회에 본격적으로 등장한 지 20년이 조금 지났다. 다행스럽게도 〈한겨레〉에서 주목한 이들의 면면에는 분단 이데올로기에 장악되지 않는 역동적인 모습도 상당하다. 탈북 여성들의 요구로 북한에 남겨진 배우자와의 이혼이 법적으로 가능하게 되었으며, 2000년대 초반까지 탈북민에게 제공되었던 단수여권도 이제는 여느 한국 국민처럼 복수여권으로 바뀌었다. 탈북 청소년의 학교생활 정착을 위한 대안학교도 만들어졌으며, 남북한에 얽매이지 않고 새로운 기회를 찾아 외국으로 이주하는 이들도 점차 많아지고 있다. 물론 변화는 기대와 열망보다 더딜 수밖에 없을 것이다. 인권 측면에서 탈북민은 항상 위태로운 자리에 있는 것이 사실이고, 경제적 상황도 여전히 열악하다.

분단이 완전히 종식되지 않는 한 이들의 불안정한 삶은 어쩌면 계속될지도 모르겠다. 하지만 비관적일 필요는 없을 것이다. 이들의 발자취를 따라가보니, 정착을 위한 탈북민의 치열한 노력과 몸부림을 마주할 수 있었기 때문이다. 이들의 적극적인 행위주체성이 지금까지의 변화를 만들어내는 기폭제였다면, 이제는 한국 사회가 나서야 할 것이다. 함께 존중하며 공생할 방도를 찾아내야만 한다.

CIA
비밀요원이 된
중국군
포로

한국전쟁과
사람들

19

한국전쟁은 어떤 전쟁이었나? 70년이 지난 지금도 모두가 납득할 그림은 없다. 어쩌면 시간이 더 필요할지도 모른다. 그렇게나 상처가 깊은 전쟁이었다. 평가나 논쟁에 앞서, 사람의 이야기를 해보고 싶다. 한국전쟁에서 살아남은 사람, 그러나 그 상처에서 벗어날 수 없었던 사람의 이야기를 〈한겨레〉와 〈한겨레21〉에서 찾아보았다. 해설 김태권

　제3국으로 떠난 포로들 이야기부터 해보자. 최인훈의 소설 《광장》을 떠올릴 사람이 많을 것 같다. 남한도 북한도 겪어본 주인공은 '이념'에 넌더리가 난다. 포로수용소에서 풀려난 그는 단호히 중립국을 택한다. 도착은 하지 못하지만 말이다. 〈한겨레〉도 제3국행 포로에 관한 기사마다 《광장》을 언급했다. 현실은 소설과 어떻게 다를까.

　그들은 왜 고향을 등졌나. 제일 큰 이유는 가난이 싫어서였다. "서울에 살 때 집이 종로3가에 있었다. 그때 성매매 집결지였던 곳이다. 다시 돌아가 경제적 전투를 벌일 생각을 하니 끔찍했다." 북

한에 포로로 잡힌 후 제3국을 택한 '국군포로' 송청기의 증언이다. 남한에 잡혀 있던 이른바 '반공포로'들도 비슷한 생각이었단다. "그들에게 가난은 이데올로기의 선택보다 심각한 명제였다."〈한겨레21〉1995년 9월 21일치의 기사다.

또 하나 이유는 전쟁의 상처 때문일 것이다. "거제도의 포로수용소는 쉴 새 없는 폭력의 무대였다."〈한겨레〉1989년 6월 7일치에 실린 '역사기행' 글이다. 포로들은 '반공'수용소 대 '친공'수용소로 패를 갈라 싸웠다. 포로 출신으로 훗날 거제에 정착한 한상언은 이렇게 증언한다. "한 수용소의 포로들이 일사불란하게 반공이거나 친공이지는 않았고 어느 파의 간부가 수용소의 헤게모니를 잡느냐에 따라 그 수용소의 빛깔이 정해졌다." 이념을 명분 삼았지만, 정작 사상을 택할 권리는 없었다는 이야기다.

포로들은 서로를 죽였다. "유엔군의 방조 속에 좌우익 포로들의 주검을 기름 드럼통에 넣어 바다에 땅에 몰래 버렸다."〈한겨레〉2004년 6월 24일치 기사에 실린 진장순의 회고다. "백주에 살인귀로 표변해 교살, 타살, 두개골 박살내기, 솜을 코에 막고 물을 부어 질식시켜 죽이기, 가슴에 뛰어올라 갈비뼈를 우적우적 밟아 죽이기." 제3국을 택해 인도에 가서 산 현동화는 "살인행위를 나열할 뿐 (그때의 일을) 더 이상 언급하려 하지 않았다"고 한다. 1993년 10월 22일치 기사다.

제3국을 택했다고 악몽이 끝나지는 않았다. 북송을 거부한 포로 8천여 명은 "또 한 번 '편가르기'를 강요당한다." 제3국을 택한 주영복씨처럼 "수용소 내 반공포로들이 자체 구성한 특공대에 끌려가 중립국행을 택한 이들의 이름을 대라며 20여 일 동안 구타와 고문에 시달리다 극적으로 탈출해 목숨을 건지기도 했다." 제3국

1989년 6월 7일치 〈한겨레〉에 거제 포로수용소를 다녀와서 쓴 '역사기행'이 실렸다. "제65수용소 경비막사 안벽에는 언제 누가 그렸는지 알 수 없는 벽화가 희미하게 남아 있다. 한쪽 벽면의 작고 메마른 한국인들과 다른 벽면의 크고 위엄 있게 묘사된 외국인들." 한때 〈한겨레〉 기자였던 작가 고종석이 거제 포로수용소를 다녀와 썼다. 사진은 김선규 기자.

을 택한 남한 포로와 북한 포로끼리 서로를 "프락치로 오해해 심각한 대립을 겪어야 했다."

## 왜 미국 아닌 인도·브라질이었나

부자 나라 미국에 가고 싶었지만 미국은 이들을 받아주지 않았다. "그래서 생각한 게 미국에 가까운 멕시코였다. 여차하면 미국으로 갈 수 있는." 멕시코행도 성사되지 않았다. 그래서 인도의 난민캠프에 몇 년이나 발이 묶여 있던 포로들은 "뜻하지 않게 인도, 브라질, 아르헨티나 등의 이민 1세대가 되어버렸다." 이들의 사연이 알려진 것은 MBC가 1993년에 〈76인의 포로들〉이라는 프로그램을 내보내면서였다. 이후 10여 년에 걸쳐 〈한겨레〉는 이들의 사연을 소개했다. "일부는 현지에서 탄탄한 기반을 잡았다. 그러나 어디에도 뿌리를 내리지 못한 채 전쟁의 상처를 보듬고 살아가는 이들도 적지 않다." 정신이상이 된 사람도 십수 명이라 했다.

김남수의 사연이 눈에 띈다. "사실 그는 전쟁포로가 아니었다. 군대 근처엔 가본 적도 없다." 2003년 7월 10일치 기사다. "인민군에 징집되지 않기 위해 피신 중이었다. 그러다 국군과 유엔군에 잡혔다. '인민군이 아니다'라고 말했지만 소용이 없었다. 거제 포로수용소행. 그의 부모는 그가 왜 갑자기 사라졌는지 모른 채 세상을 떴다." 중립국을 택했다. "남수씨는 애초부터 이념엔 관심이 없었다." 미국행이 무산되자 브라질에 갔다. 고독하게 살다 정신이상이 되었다. 살인 사건에 두 번 휘말렸다. 감옥과 정신병원을 오가며 수십 년을 보냈다. 사연이 알려진 후 한국 사람들의 주선으로 1993년에 귀국했다. 충북 음성 꽃동네에 정착했다. 함께 농사

짓는 사람에 따르면 "마음씨 좋고 법 없이도 살 사람"이지만 "대화를 안 한다, 아랍인가 어딘가 갔다 오셨다고 하는데 그런 거 물으면 엄청 싫어한다"고 했다. 김남수는 2005년에 세상을 떠났다. 한국전쟁이 안 일어났다면 그의 삶은 어땠을까.

## "주더와 마오쩌둥을 죽이자"…대만 노병의 '반공문신'

한국전쟁은 생각 못 한 곳에도 상처를 남겼다. 두 번째 이야기는 대만 노병의 문신에 얽힌 사연이다. 한국전쟁에 참전한 중국군. 이때 중국공산당 정부에 불만을 품은 사람도 군인으로 끌려 나왔을 것이다. 국공내전이 끝난 직후였으니 말이다. 중국인 전쟁포로가 2만 명이 넘었는데, 중국 본토에 송환되는 대신 대만으로 가고 싶다고 한 사람이 1만 4000명이 넘었다. 그런데 대만은 대만대로 분위기가 좋지 않았다. 장제스 정부는 한국전쟁이 터지기 전인 1949년부터 대만 전국에 계엄령을 내렸다. 중국인 포로들이 도착한 1954년도 계엄 상태였다(계엄령은 1987년까지 38년 동안 이어진다).

한국전쟁 때 공산주의 군대에 몸담았던 사람들이다. 얼마나 공산당을 싫어하는지 '신앙고백'을 해야 했다. 저마다 가슴이며 등이며 팔뚝에 대만 국기나 반공 구호 따위를 문신으로 새겨 넣었다. 〈한겨레21〉 2005년 1월 4일치 기사에는 문신 새긴 노병의 팔 사진이 실렸다. 나는 사진을 들여다본다. 반세기 전 새긴 문신이라 흐릿하기도 하고 사전에 없는 한자도 있다. 한자와 서예학을 전공한 윤성훈 박사의 도움을 받아 기사가 나간 지 15년 만에 사진 속 문신을 해독했다.

노병은 반공 표어 16자를 팔에 새겼다. "공산당과 러시아에 맞서자(反共抗俄)" "나라 잃은 치욕을 복수하자(復國雪恥)" "공비가 살면 내가 못 산다(有匪無我)", 마지막 네 글자는 설명이 필요하다. 관련 자료를 찾아보니 무시무시하다. 그때 대만에서 쓰던 반공 표어 가운데 "주더와 마오쩌둥을 죽이자(殺朱拔毛)"라는 문구가 있다. 주더와 마오쩌둥은 공산당 군대의 지도자였다. 발음이 "돼지 잡고 털을 뽑다(殺猪拔毛)"와 같다나. 그런데 사진 속 문신을 보면 주더(朱)와 마오쩌둥(毛)을 나타내는 글자에 특별히 개를 뜻하는 변을 붙여 사전에도 없는 글자를 만들어냈다. "개 같은 주더와 마오쩌둥을 돼지처럼 도살하자"는 어감일까. 이 소름 끼치는 말을 몸에 새기고 살았다.

　이야기는 여기서 끝이 아니다. 이 사람들 가운데 일부가 훗날 미국의 비밀 군사작전에 동원되었다는 주장이 있다. "정확한 수는 기억할 수 없지만 '특수대대111'에는 한국전쟁의 포로였던 중국인이 일부 있던 게 사실이다." 중앙정보국(CIA) 요원이던 빌 영의 증언이 〈한겨레21〉에 실렸다. "세상에 거의 알려진 바 없는 이 특수부대는" 1960년대 이후에 "라오스 북부를 거점 삼아 라오스와 중국 본토에까지 투입됐다"고 한다. 빌 영의 증언에 따르면 "전쟁 포로들이 국민당에 충성심을 과시하고, 또 그들 가운데 일부를 라오스 국경에 투입했을 때 중국 공산당 쪽으로 도망치지 못하도록 몸에 문신을 새겼다"고 한다. 그들이 문신을 새긴 알려지지 않은 또 하나의 이유였다.

　증언이 사실일까. 나는 한 중국 남자를 상상한다. 이념에 관심 없던 이 사람. 그런데 새로 들어선 공산당 정부가 그를 한국전쟁에 내보낸다. 그는 미군에 잡혀 포로가 된다. 풀려날 때가 되자 그는 고향을 등진 채 대만행을 선택한다. 몸에는 반공 구호를 문신으

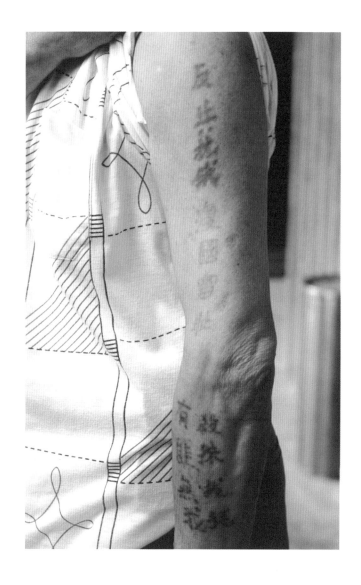

한국전쟁에 참전했다 사로잡힌 후 대만으로 향한 중국 포로들은 자신의 '반공' 이념을 증명하기 위해 몸에 반공 표어를 문신으로 새겨야 했다. 중국어 웹사이트를 찾아보면 팔과 가슴과 등에 각종 반공 선전물을 문신으로 새겨 넣은 대만 노병들의 사진을 볼 수 있다. 이 사진은 정문태 기자가 찍어 온 대만 노병의 팔 문신이다. 〈한겨레21〉 2005년 1월 4일치에는 설명이 실려 있지 않아 15년 만에 해독해보았다.

로 새겼다. 그런 그를 중앙정보국이 차출한다. 특수부대원으로 훈련을 받고 저 멀리 라오스 국경으로 떠난다. 자기가 등진 본토의 땅을 다시 밟는다. 그런 다음 그는 어떻게 되었을까. 이런 일을 몇 사람이나 겪었을까. 이제는 알 길이 없다. 어느 정부도 확인해주지 않기 때문이다.

### '턱 없는 노인'의 40년…눈물 나는 코리아, 코리아

에티오피아에는 코리안 빌리지가 있다. 이곳에 사는 "턱 없는 노인"이 세 번째 이야기의 주인공이다.

에티오피아 사람들은 무솔리니의 군대에 나라를 빼앗긴 적이 있다. 한참 지나 나라를 되찾을 때 국제사회가 도와줬다. 그때의 경험 때문일까. 에티오피아의 하일레 셀라시에 황제는 1951년에 자신의 근위대를 한국 땅으로 보냈다. 칵뉴(강뉴) 대대는 용감하기로 유명했다. 격전지에서 싸웠는데도 "단 한 명의 항복자는 물론, 단 한 명의 포로로도 잡히지 않았다"고 한다. 에티오피아에 돌아오자 황제가 이들이 살 땅을 마련해줬다. 마을의 이름은 코리안 빌리지다.

그런데 1974년에 쿠데타가 일어났다. 황제가 쫓겨났다. 쿠데타 세력은 북한한테 잘 보이고 싶어 했다. 그때만 해도 북한이 잘나갔고 아프리카에 영향력이 적지 않았기 때문이다. 황제의 근위대 출신에다 북한 군대와 죽고 죽였던 칵뉴 대대 사람들은 난처했다. 수십 년 동안 숨죽인 채 살아야 했다.

이들을 만나고 온 이야기가 〈한겨레21〉 1994년 7월 21일치에 실렸다. 〈한겨레21〉이 창간되고 몇 달 되지 않아서였다. "에티

"턱 없는 노인"으로 불리던 에
티오피아의 함테기욜기스. 한
국전쟁에서 턱을 잃고 40년을
소젖으로 연명했다. 정문태 기
자가 그의 사연을 〈한겨레21〉
1994년 7월 21일치에 소개했
다. 촬영은 정문태 기자.

오피아 한국전쟁 용사회를 찾아가자 모두들 인사 대신 '남한이냐 북한이냐'를 물었고, 남한임을 확인하고도 쉽사리 이야기를 풀어 내지 못했다." 한국전쟁 당시 대위였던 엠래루는 이렇게 말한다. "난 사관학교 졸업식을 마친 다음날, 뜻도 까닭도 모른 채 남의 전쟁터로 갔다. (나중에) 사회주의 정권이 들어서자 우린 입도 뻥긋할 수 없는 몸이 되고 말았다."

코리안 빌리지에 살던 칵뉴 대대 사람 대부분은 박해받고 뿔 뿔이 흩어졌지만 가난한 함테기욜기스 노인은 남아 있었다. "네댓 평 남짓한 판잣집 구석구석을 아무리 따져보아도 재산은 소 두 마 리와 한국전쟁에서 찍은 사진 한 장이 전부였다. 이 소란 놈도 사 실은 재산이 아니라 그의 절박한 생존 장비였다. 이 노인네는 금화 전선에서 턱을 잃은 뒤 음식을 씹을 수 없어 40년이 넘도록 소젖 으로 연명해왔다." 사람들은 그를 "턱 없는 노인"이라 불렀다.

노인의 말은 지금 읽어도 마음이 무겁다. "축구든 뭐든 한국 이 잘했다는 소식만 들리면, 속으로 코리아를 외치며 혼자 눈물짓 는다"는 말도 나는 부담스럽고, "모조리 나쁜 놈들이다. 에티오피 아 정부도, 한국 정부도, 유엔인가 하는 놈들도 모두⋯ (내 잃어버린 인생에 대해) 한국이든 에티오피아든 유엔이든 누군가는 책임을 져 야 할 게 아닌가"라는 말도 슬프다. 기사가 나간 때는 1994년이지 만 지금도 우리는 에티오피아가 낯설다.

## 시대가 만든 희생자들

네 번째 이야기는 다시 한국 땅에서. 1988년은 〈한겨레〉가 창 간된 해다. 그해 12월 10일치 '독자기자석'에는 가슴 시린 글이 실렸다. "12월 1일자 '국민보도연맹사건'에 관한 글을 읽고 떨리는 마음으로 몇 자 적어본다." 〈말〉 12월호에 실린 보도연맹 학살사건 기사를 그날 〈한겨레〉가 일간지 지면에 소개한 것이다. "나는 20여 년 이상 이 사건에 관한 이야기를 나의 어머니에게서 들어왔지만, 이 사건에 관한 글은 이번 〈한겨레〉 신문의 몇 줄이 처음이다."

"어머니가 12살 때인 1950년 여름, 경남 진양군 정촌면의 고향마을에서 동네 구장으로부터 '보도연맹에 가입하신 분들은 지서에서 회의가 있으니 꼭 오시랍니다'라는 말을 듣고, 외할아버지는 '무슨 회의지?' 하시면서 논일을 멈추고 마을을 나섰다고 한다. (일주일쯤 후에 듣기로) 지역 일대의 어른들이 포승줄에 묶인 채로 트럭에 실려 진주 쪽으로 갔는데 그 행렬이 상당히 길었다고 한다. 그때 꼭 외할아버지같이 생긴 분이 고개를 들고 들판을 바라보다가 감시원의 총 개머리판에 맞아 푹 쓰러지는 것을 친지가 보고 어머니께 들려줬다는 것인데 '바로 그 사람이 네 외할아버지가 틀림없다'며 눈물을 흘리는 어머니의 모습을 나는 어린 시절부터 수없이 많이 봤다." 글을 보낸 사람은 중학교 교사던 김맹규. "그동안 유족들은 피해 당사자면서도 진실을 밝히지 못하고 쉬쉬하며 살아왔다."

그때 이후로 30년이 넘게 흘렀지만 보도연맹 사건은 여전히 해결이 나지 않았다. 학살당한 사람의 수가 수만 명인지 수십만 명인지도 아직 모른다. 얼마 전 세상을 떠난 역사학자 이이화는 2011년 3월 15일치 〈한겨레〉에 「'연좌제 사슬'에 평생을 옭매인 유가족들」이라는 칼럼을 실었다. 김영욱과 김광호, 박봉자, 서영선, 이계성 등 전국유족협의회에서 활동한 회원들의 절절한 사연을 소개했다. 글은 이렇게 끝난다. "범국민위와 유족회에는 누구를 가릴

아우슈비츠 수용소의 참상을 다룬 수많은 이미지 가운데 내 숨을 멎게 한 사진은 산더미처럼 쌓인 희생자들의 안경과 신발 사진이었다. 보도연맹 학살은 전국 곳곳에서 일어났기 때문에 희생자의 시신은 한곳이 아니라 한반도 남쪽 구석구석에 숨겨져 있다. 2018년 10월에 세종 연기면에서 보도연맹 학살 희생자들의 시신을 발굴했다. 그때 나온 신발들이다. 신발 곁에서는 안경도 발견되었다. 지면에는 실리지 않았지만 김봉규 기자가 그때 찍은 사진이다.

것도 없이 구구절절한 사연이 가슴에 맺혀 있었다. '연좌제 사슬'에 걸려 취직도 사회활동도 제대로 하지 못한 채 반세기를 숨죽여 살다 마침내 인권운동가로 변신한 이들이었다. 그 모두가 시대가 만든 희생자들이었다."

이 모두가 시대가 만든 희생자들이었다.

# 3장 *

## 눈부신
## 성장에
## 가려진 것들

# 경제

강남
집값을
이해할 수
없다는
당신에게

강남 아파트

20

아파트값이 무섭게 오르자 〈한겨레〉에 이런 기사가 났다. "정부의 태도를 지켜보면 아직도 핵심에 파고들지 못한다는 느낌이다. 말하기 쑥스러워서인지는 몰라도 정책의 실패를 인정한 대목은 없다." 2020년의 글일까? 아니다. 1988년 8월의 기사였다. 이런 문장도 있다. "10년 전인 78년에도 똑같은 소리가 나왔었다."

정부가 정책을 펴도 집값을 잡지 못하는 일이 옛날부터 많았다. 가진 사람의 반대도 옛날부터였다. "토지공개념에 입각 '균전론'을 편 성호 이익 선생은 '찬성하는 자가 100명이고 반대하는 자가 1명이라 하더라도, 1명의 힘이 100명의 입을 막기에 족하니 어찌 시행될 수 있겠는가'라고 했다. 예나 지금이나 마찬가지라고 하겠다."

이 문제가 불거질 때마다 생각나는 지역이 있다. 서울의 강남이다. 궁금하다. 강남 아파트는 어째서 비쌀까? 강남 아파트값이 비싸다는 사실은 또 어째서 문제가 될까? 자기가 자기 집 비싸게 팔겠다는데 신경 안 쓰면 그만. 그런데도 우리는 강남 아파트를 입길에 올리니 말이다. 〈한겨레〉 아카이브에서 강남 아파트를 살펴봤다. **해설 김태권**

강남과 아파트와 〈한겨레〉, 1980년대부터 이야기해보자. 왠지 〈한겨레〉는 아파트 개발을 싫어했을 것 같다고 지레짐작하실지 모르겠다. 그렇지 않다. 1988년 〈한겨레〉 창간호의 1면 광고가 무엇일까? 우성건설의 부평단지 아파트 분양광고였다. '군사정권' 시절이었다. "안기부를 비롯해 모든 부처와 기관이 총궐기하듯 〈한겨레〉에 광고를 못 하게 노골적으로 탄압을 하던 때"였다고 2020년에 당시 광고를 집행한 조계현 우성건설 상무는 회상했다. "이른바 '빨갱이 신문'에 광고를 하는 업체엔 불이익을 주겠다"며 정부가 나서서 협박을 했단다. 조계현은 "고심 끝에 사장도 회장도 몰래 혼자 결단을" 내렸다. 〈한겨레〉 창간호에 광고를 싣기로 한 뒤 "회장에게 사직서를 내고 두 달간 도피 생활을" 했다. 회사도 조계현도 "안기부 등에 4번이나 사직서 낸 사실을 확인시키며 고초를" 겪었다고 한다.

일간지 창간호 1면에 아파트 분양광고가 실린 점 역시 눈길을 끈다. 1980년대는 아파트가 '사랑받기' 시작한 시절이다. 전 시대에는 그렇지 않았다. "1960년대 말까지 아파트에 대한 저항은 완강했다. 정부는 아파트 홍보에 열을 올렸지만, 마당이 없다거나 공동생활의 불편함이 크다는 것 등이 아파트를 꺼리게 만들었다." 그러다가 어느 날 갑자기 사람들은 아파트를 사랑하게 되었다. "한국의 아파트 가구율은 세계 최고다. 70년대부터 지속돼온 아파트값 폭등 속도도 세계 최고일 것이다." 2005년 〈한겨레21〉에 실린 언론학자 강준만의 글이다.

## '잊을 만하면 물난리 나던 동네' 아파트값이 뛴 이유

1980년대에 강남도 떴다. 전 시대에는 "한적한 농촌이었다." 부자동네가 아닌 건 물론이고 심지어 사람이 모여 살던 동네가 아니었다. "강남 개발은 1980년대 지하철 2, 3호선의 개통과 더불어 완성됐다." 2012년 〈한겨레21〉에 실린 박스 기사의 제목은 「강남의 탄생」이다. 급히 띄운 지역이라 강남에는 아직 해결 안 된 문제도 많다. 예를 들어 비가 많이 오면 강남 이곳저곳은 물에 잠긴다. 1990년에는 대치동의 아파트 상가가 물에 잠겨 상인들이 항의시위를 했고, 1998년에는 지하철 선릉역이 침수되었다. 여전히 강남역은 잊을 만하면 물난리가 난다. 오늘날 화려한 모습만 보면 상상이 안 되지만 말이다. 강남이 그토록 급하게 개발되었다는 이야기다.

짧은 기간 동안 강남 아파트값이 무섭게 올랐다. 왜일까. 사람들이 꼽는 첫 번째 이유는 자녀교육이다. 한때 강남은 공교육이 좋은 동네라고 소문이 났다. "개발 수요가 강남으로 집중되도록" 정부는 "인구 집중을 유발하는 명문 고등학교와 법원 등의 강남 이전을 추진했다. 1976년 경기고를 필두로 시작된 학교 이전의 효과는 확실했다." 2012년 〈한겨레21〉의 분석이다. 중학교를 졸업한 학생은 집 가까운 고등학교에 배정받았다. 그런데 어떤 고등학교는 다른 고등학교보다 유명대학에 합격생을 많이 냈다. 게다가 그런 고등학교들을 정부는 이른바 "8학군", 서울 강남 지역에 몰아넣었다. 서둘러 개발은 하는데 사람이 더디 모이니, 강남에 이사 가는 사람에게 일종의 특권을 준 셈이다. 곧 사람이 모이고 집값이 올랐다. 주소만 강남에 옮기는 '위장전입'의 편법도 쓰였다.

1988년 7월의 〈한겨레〉 칼럼은 이렇게 꼬집었다. "소위 일류

강남 지역의 침수와 산사태 소식을 들으면 사람들은 놀란다. 그런데 강남은 원래 물에 잠기는 동네였다. 너무 빨리 발전했기 때문에 깜빡 잊은 것이다. 강남역의 상습침수에 대해 서울환경연합 회원들이 대책 마련을 촉구하며 기자회견을 했다. 물안경이 눈에 띈다. 김태형 기자가 2013년에 찍은 사진이다.

학교에 입학할 기회를, 현 제도는 8학군에 입주할 경제적 능력이 없는 자에게 부여하지 않는다. 이와 같은 제도를 대학에 적용할 경우를 가정해보자. 서울대학이 있는 봉천동과 신림동의 주민은 부동산 값의 엄청난 상승과 함께 여러 가지 이익을 얻을 수 있을 것이다. 또 다른 예로 학군제 대신 직업을 배정하는 취업군제라는 것을 생각해보자. 이 제도에 의하면 여의도에 살아야 증권사에 취직할 수 있다. 이런 제도는 모두가 터무니없다고 일소에 부칠 것이다. 그런데 이들과 고교 학군제도가 기본적으로 다른 점이 무엇인가?" 이 칼럼의 제목은 「귀족학군과 사회병폐」였다. 강남은 이때 이미 귀족들이 사는 동네로 불린 셈이다. "교육과 부동산 관련 정책에서 이 본질적 문제를 외면하는 것은 아마도 이해당사자 사이에 묵시적 합의가 존재하기 때문이 아닌가 의심되기도 한다."

그런데 상황이 바뀌었다. 1990년대 후반을 지나며 옛날 '명문 고등학교'의 자리를 특목고와 자립고가 가로챘다. 아이러니한 일이지만, 이 역시 옛날 강남의 성공을 본뜬 정책이었다. "아파트값이 오르내릴 때마다 당국이 나서 곳곳에 특목고나 자립고를 세우겠다고 난리다. 서울시는 뉴타운을 개발하면서 특목고나 자립고를 세우겠다고 나서고, 실제로 서울시 교육청은 국제고 설립을 공포했다. 중앙정부는 한술 더 뜬다." 2005년 7월에 실린 「특목고로 장난치는 나라」라는 제목의 칼럼이다.

이제 강남의 일반고는 더 이상 '입시명문' 고등학교가 아니다. 그런데도 강남의 아파트값은 떨어지지 않는다. 게다가 사람들은 여전히 자녀교육을 이유로 그 비싼 강남 아파트에 입주한다. 어떻게 된 영문일까? '입시명문' 학원들이 강남에 모여 있기 때문이다. "강남구에서도 특히 고소득 가구가 많은 곳은 대치동으로,

2008년 2월의 한밤중에 서울 대치동 학원가에서 이종근 기자가 찍은 사진이다. 숨이 콱 막히는 것 같다. 2005년 7월의 〈한겨레〉 기사에는 이런 문장이 있다. "밤 10시, 학원 수업을 마치고 나온 최아무개양은 '이러나저러나 학생들만 죽어 난다'고 말하고는, 막 내리기 시작한 장맛비 속으로 터벅터벅 발걸음을 옮겼다."

조사 가구의 40.7%가 501만 원 이상이었다. 다음으로 압구정동 (28.8%)에 고소득 가구가 많았다. 최근 강남지역 집값 서열과도 일치하는 부분이다." 2002년 〈한겨레21〉의 기사다. '대치동 학원가'로 유명한 대치동이 '강남 8학군'을 상징하던 압구정동을 그때 이미 제쳤다.

이상한 이야기다. 한때 공교육이 좋은 동네라더니, 이제 사교육으로 유명하다고? 물론 옛날에도 사교육을 많이 하던 지역이었지만 말이다. 앞뒤가 안 맞는 이야기처럼 보인다.

설마 집값을 유지하기 위해 강남 사람이 모두 짜고 거짓말을 하는 걸까? 그렇지는 않을 것이다. 그렇다면 정말로 공교육도 사교육도 강남이 독식했다는 이야기가 된다. 강남을 이해하는 최고의 열쇳말은 '독식'이다.

## '여기가 서울 슬럼가?'…그래도 강남 아파트값은 오른다

강남 아파트가 비싼 또 하나의 이유는 자산가치다. 2003년 기사를 보면 그때도 마찬가지였다. "신한은행은 최근 고객 3114명을 대상으로 인터넷 설문조사를 실시한 결과, 강남 아파트 가격 상승 이유로 '추가상승에 대한 기대감'이 43.7%로 가장 많았고 이어 교육여건이 41.5%를 차지했다고 밝혔다." 이것은 투기수요일까, 실수요일까? 모르겠다. 투기와 투자와 실수요를 구별하는 일은 아주 아주 어렵다. 「투자상품인가, 삶의 터전인가?」라는 제목의 임원혁 당시 한국개발연구원 연구위원의 칼럼은 2005년에 이미 이 점을 지적했다. "주택은 다른 재화와 (다른) 특성을 가지고 있다. 수요 측면에서 보자면 실제 거주 목적의 수요와 가격상승을 기대하는 투

강남 개발과 떼어놓고 생각할 수 없는 인물이 이명박이다. 소양강댐도 압구정동 현대아파트도 이명박이 일하던 현대건설이 지었다. 1977년에는 압구정동 현대 아파트 특혜분양 사건이 일어났다. 이명박 일가가 이때 사원들에게 돌아가야 할 아파트 서너 채를 가로챘다는 의혹이 있다. 이명박 전 대통령이 2020년 2월 19 일 오후 서울 서초구 서울고등법원에서 열린 다스(DAS) 실소유 의혹 관련 재판 항소심 선고공판에 출석해 법정으로 향하는 모습을 김혜윤 기자가 찍었다.

자 및 투기 수요가 혼재되어 있다."

　그런데도 높은 사람들은 늘 자신만만하다. 적어도 말은 자신 있게 한다. "부동산을 투기 목적으로 산 건지 주거 목적으로 산 건지 분간하는 게 디지털 시대에 그리 어렵지 않다." 누가 한 말일까? 대통령 후보이던 이명박의 발언이다. 2007년 9월에 실린 칼럼에서 김윤상 당시 토지정의시민연대 지도위원은 이렇게 꼬집었다. "분간이 그리 어렵지 않다고 했는데, 자신과 친인척의 부동산 거래가 많은 이 후보는 말해보라. 그게 투기 목적인지 실수요 목적인지. 제3자가 투기 목적이라고 하면 이 후보나 친인척은 펄쩍 뛸 것이다. 또 설령 판단이 쉽다고 해도 실수요 부동산에서는 불로소득이 생겨도 좋다는 말인가?"

　"투기꾼이 따로 있는 게 아니다." 1989년의 기사다. 2006년 기사는 요즘 이야기 같다. "강남 집값 상승의 원인이 실수요인지 투기 수요인지 아직까지 확실하게 가려지지 않고 있다. 집값 상승 원인에 대한 명확한 규명 없이 규제가 우선이냐 공급이 우선이냐는 논란만 계속되고 있는 것이다." 그때와 달라진 면도 있다. 투기와 실수요를 구별할 놀라운 방법이 나왔을까? 그 반대다. 부동산 투자가 대중화되며 투기와 투자의 구별이 더욱 희미해졌다. "대중은 이제 '투기'라는 말을 쓰지 않는다. 부동산 투자에 대한 대중의 인식이 긍정적으로 변했다." 2018년 〈한겨레21〉의 기사다. 제목은 「3040 흙수저가 부동산 투기세력이 된 까닭」. 물론 계층이동을 꿈꾸는 젊은 '흙수저'를 투기꾼으로 매도하는 내용이 아니다. 누구는 투기꾼이고 누구는 실소유자라고 구별하기 어려운 세상이라는 의미다. 강남 아파트라고 다를까. 아무려나 쉽지 않은 일이다.

　강남 아파트값이 높은 세 번째 이유는 교통이 편해서다. 이 점을 첫째 이유로 꼽는 사람도 있다. "강남 지역을 가장 번화한 곳으로 만든 요인은 무엇일까? 양질의 일자리, 좋은 학군 등 몇 가지 이유가 있겠으나 근본적인 요인은 교통 인프라의 강남 집중에 있다." 2019년 8월 〈한겨레〉에 실린 성낙문 당시 한국교통연구원 종합교통연구본부장의 칼럼이다. "서울시에서 통행량이 가장 많은 곳은 강남구, 송파구, 서초구 차례이고, 저녁 약속이 가장 많은 20개 행정동 중 11개동이 이들 3개구에 속해 있다."

얼마 전까지도 강남 아파트는 내게 이해 못 할 대상이었다. 개발되기 전 강남의 모습을 기억하는 원주민으로서, 나는 강남 아파트를 그저 못생긴 건물로 여겼을 뿐이다. "서울의 압구정동 아파트 단지를 본 어느 독일인 교수는 '여기가 서울의 슬럼가냐'고 물어 한국인 안내자를 당혹스럽게 만들었다. 프랑스의 한 도시계획가는 서울 반포의 약도를 보고선 '한강변의 군사기지 규모는 정말 대단하군'이라고 말했다나." 2005년 12월 〈한겨레21〉에 실린 강준만의 칼럼에 공감한다. 그런데 글을 쓰다 보니 생각이 변했다. 네덜란드에서 주택 정책을 공부하고 온 최경호 선생을 모시고 서울 아파트의 역사에 대해 '과외'도 받았다. 강남 아파트가 비싼 진짜 이유가 투기꾼이나 작전세력 때문이라고만 하긴 어렵겠다. 강남에서 살면 진짜로 편하기 때문일 것이다.

## '살기 편한' 강남 때문에 우리가 잃은 것

그런데도 강남의 아파트에 왜 우리는 관심을 가지나? 살기 편한 동네가 집값도 비싸다는데, 나는 무엇이 문제라고 주장하는 걸까? 바로 그 '살기 편한' 점이 문제다. 사람의 발길이 드물던 강남

"일부 지역에선 아파트 평수에 따라 어린아이의 친구들이 구분된다는 건 상식이다. 심지어 한국 최고급 아파트인 타워팰리스에도 아픔이 있다. 평수에 따른 차별 때문이라고 한다." 〈한겨레21〉에 실린 2005년 강준만의 글이다. 김종수 기자가 2002년에 찍은 타워팰리스의 위압적인 모습.

을 살기 편한 동네로 만들기 위해 우리 사회 전체가 비용을 지불했다. 위화감이니 우월의식이니 상대적 박탈감이니 하는 논란의 여지가 있는 이야기가 아니다. 강남을 개발하는 일에 진짜로 나랏돈이 들어갔다. "정부는 지난 수십 년간 수백조 원을 투입해 강남 지역에 교통 인프라를 집중시켰다." 방금 인용한 2019년의 칼럼이다. 다른 곳에 돌아갈 기회가 강남에 대신 간 경우도 있다. 교육 인프라를 처음부터 지역마다 고르게 배분했다면 강남의 집값도 지금과 달랐을 터이다. 1988년의 칼럼에서 지적한 것처럼 "목동 주민들이 질 높은 교육 기회를 탈취당한 손해가 이 지역 아파트값이 오르지 않아 입은 잠재적 재산 손실에 비해" 클 수도 있다.

강남 지역은 수십 년 동안 큰돈을 투자받았다. 그 돈과 기회는 다른 지역이 양보해준 것이다. 그렇다면 다른 지역 역시 강남에 보상을 요구할 투자자의 권리가 있지 않을까. 사회 전체가 강남의 아파트와 그 재개발 소식에 관심을 가질 이유로 충분할 것이다.

현대·삼성·
대우·기아의
역사를 바꾼
1997년

IMF

21

"국민은 피눈물 나는 세월을 견디고 버텨 위기를 극복해냈고 국가경제는 더 크게 성장했지만, 외환위기가 바꿔놓은 사회경제구조는 국민의 삶을 무너뜨렸다." 문재인 대통령은 2017년 11월 예산안 통과를 위한 국회 시정연설에서 이렇게 말했다. 1997년 11월 국제통화기금(IMF)에 구제금융을 신청한 뒤로 2001년 8월 모든 지원금을 상환하기까지 한국 사회는 형언하기 어려운 격변을 겪었다. 특히 외환위기 속에 저물어간 한국 기업의 흔적들을 〈한겨레〉에서 찾아봤다. **해설 김진철**

1997년 11월 미국 월스트리트의 투자회사 모건 스탠리는 미국 투자자들에게 긴급 메시지를 보낸다. "모든 투자자들은 한국을 떠나라. 지금 당장!" 같은 시간 공황 상태에 빠진 한국은행 총재는 한시현(김혜수 분) 통화정책팀장을 불러들이고, 고려종합금융 직원 윤정학(유아인 분)은 경제위기 상황을 감지하고 퇴사해 수익 낼 기회를 노린다. 그러나 재정 관료들은 경제 상황을 대수롭지 않게 여기는데⋯. 2018년 개봉한 〈국가부도의 날〉은 이렇게 시작한다. 실제로 외환위기는 예기치 못한 도둑처럼 찾아들었다.

대표적인 국내 토종 속옷업체 쌍방울이 자금난에 시달리다 1997년 10월 부도가 나고 공장은 멈춰 섰다. 1954년 전북 이리 (현 익산)에서 '형제상회'로 출발한 쌍방울은 1980년대 무역, 패션, 컴퓨터 업종까지 영역을 넓혔다. 1990년에는 무주리조트를 열고 프로야구단 쌍방울 레이더스 창단까지 했다. 그러나 1993년부터 '1997 무주 동계유니버시아드' 개최 준비에 자금을 과다 차입한 것이 발목을 잡았다. 1998년 쌍방울그룹은 공중분해됐고, 이후 법정관리를 받고 여러 업체에 인수되다가 2006년 '트라이브랜즈'를 거쳐 2011년 회사 이름을 쌍방울로 환원했다. 쌍방울 레이더스는 2000년 1월 해체되어 에스케이(SK) 와이번스로 넘어갔다.

1963년 국내 최초 라면을 출시한 삼양도 외환위기에 속절없이 무너졌다. '삼양 살리기 운동'까지 벌어졌지만 1998년 자금난을 견디지 못해 부도를 냈고 채권단은 출자전환 형식으로 회사 지분 70%가량을 가져갔다. 1970~80년대 미국과 유럽 등으로 진출하며 큰 성공을 거뒀고 전자 부문으로까지 사업을 확장했었다. 부도 이후 구조조정을 거쳐 2000년대 들어 경영이 다시 자리를 잡기 시작했다. 최근 불닭볶음면으로 다시 전성기를 구가하고 있다.

여성복 브랜드로 유명한 신원은 1973년 설립되어 1990년대 중반 재계 30위권까지 올랐지만 외환위기로 부도 위기에 몰려 1998년 워크아웃(기업 재무구조 개선 절차)에 들어갔다. 2000년대 들어 워크아웃을 졸업했다.

외환위기의 시작을 알린 최초의 파산은 한보철강이었다. 1997년 1월 23일 한보그룹은 부채 5조 원을 갚지 못해 도산한다. 한보철강의 부도로 금융권의 자금 흐름이 원활하지 못한 상황에서 다른 기업들도 잇달아 부도 처리된다. 한보에 이어 삼미, 진로, 대농, 한신공영, 기아, 쌍방울, 해태, 뉴코아 등 국제통화기금의 구제금융을 받기 전까지 줄줄이 기업들이 무너졌다.

　기아자동차가 법정관리에 들어간 일은 '기아차 사태'로 불린다. 1944년 경성정공으로 설립된 이래 1960년대 오토바이와 화물차 등을 생산하고 1974년 국내 최초로 승용차 브리사를 제작한 기아자동차는 1975년 처음으로 완성차를 미국에 수출했다. 특히 1980년 출시한 소형화물차 '봉고' 때문에 김선홍 회장은 봉고맨으로 유명하다. 기아산업이던 회사 이름이 기아자동차로 바뀐 것은 1990년이었다. 재계 서열 8위로 자동차뿐 아니라 철강, 무역, 건설 등 다양한 업종을 영위하는 계열사 28개를 거느리던 기아그룹은 1997년 자금난에 휘청이다 7월 15일 부도유예 적용을 받게 되고, 기아자동차는 같은 해 9월 24일 화의 신청에 이어 10월 22일 법정관리에 들어갔다. 김선홍 회장은 1997년 10월 29일 서울 여의도 기아 본사에서 사퇴 기자회견을 열었다. 기아자동차는 1998년 4월 회사 정리 절차를 끝내고 같은 해 10월 현대그룹으로 넘어간다.

　기업 도산과 함께 금융시장은 요동치고 있었다. 증시는 급락하고 환율은 자고 나면 천정부지로 뛰고 있었다.

　사진이 물린 10월 31일치 〈한겨레〉 1면 머리기사 첫 문장은 이렇다. "정부가 환율 폭등에 따른 환투기심리를 가라앉히기 위해 외환시장에 직접 개입하는 한편, 금융시장 안정을 위한 후속조처를 발표하는 등 비상체제에 들어갔다." 환율이 얼마이기에 폭등이라는 표현을 썼을까? "외환시장은 (달러당) 원화 환율이 984.70원과 950원 사이를 오르내리며 진폭이 사상 최대인 34.70원이나 되는 널뛰기 장세를 연출했다. 6개월 전만 해도 달러 환율은 800원

1997년 10월 30일 서울 남대문에서 달러를 사고파는 광경. 〈한겨레〉 10월 31일치 1면에 실린 사진이다. 달러가 귀해지고 가격이 오르면서 달러를 구하기 어려운 이들이 남대문 암달러상에 몰리는 모습이다. 당시 사진설명을 보면 "암달러상들은 큰손들이 달러를 사재기하는 것 같다며 거래가 예상 외로 활발하지 못하다고 전했다"고 돼 있다. 유창하 기자 촬영.

대였다."

## 1997년, 'IMF 충격'과 이헌재의 구조조정

1997년은 한국이 외환위기에 빠지게 되는 비극적인 해이기도 하지만, 김영삼 대통령의 문민정부 마지막 해이기도 했다. 김영삼 대통령은 11월 21일 저녁 청와대에서 각 당 대선 후보 및 총재들과 경제회담을 열었다. 이날 밤 한국 정부는 국제통화기금에 구제금융 200억 달러를 공식 요청했다. 다음날인 11월 22일 김영삼 대통령은 '경제난 극복을 위한 특별 대국민담화'를 발표했다. 한 달여 뒤인 12월 18일 15대 대통령 선거에서는 김대중 후보가 당선됐다.

1997년 12월 3일 임창열 경제부총리와 미셸 캉드쉬 국제통화기금 총재는 온종일 협상을 벌였다. 이날 밤 임 부총리와 캉드쉬 총재는 서로 악수하며 웃는 표정의 사진이 찍혔고, 12월 4일치 〈한겨레〉 1면에는 둘이 악수하는 사진이 게재됐다. 임 부총리는 캉드쉬 총재에게 문서를 전달했는데, '대기성 차관 협약을 위한 양해각서'였다. 이날 〈한겨레〉는 「IMF 충격」이라는 큰 제목 아래 8개 면에 걸쳐 관련 소식을 전했다.

"3일 저녁 정부 세종로청사 19층 경제부총리실. 경제장관 회의실로도 쓰이는 이 방에 임창열 부총리와 이경식 한국은행 총재, 미셸 캉드쉬 국제통화기금 총재가 굳은 표정으로 앞에 놓인 한 묶음의 서류를 응시하고 있었다.

그 서류는 국제통화기금의 자금 지원을 받기 위한 '정책의향서'와 덧붙은 '경제정책 운용계획서'. … 서명식은 애초 이날 오전

9시 30분으로 예정됐다가 캉드쉬 총재 쪽이 계속 이런저런 요구를 하는 통에 10시간 넘게 지연됐다. … 캉드쉬는 임 부총리를 계속 다그치고, 임 부총리는 우리의 현실을 절절이 호소하며 캉드쉬에게 매달렸으리라. … 서명식 장면은 통상적인 협상 조인식과는 전혀 달랐다. 준비된 서류에 양쪽이 서명하는 것이 아니라, '말을 잘 듣겠으니 제발 자금을 지원해달라'고 일방적으로 약속하는 행사였다. … 우리의 '경제주권'을 외세에 넘기는 치욕적인 순간이었다."

1998년 1월 13일 〈한겨레〉 1면과 5면을 보면, 김대중 대통령 당선자는 캉드쉬 총재를 만나 "(기업이) 투명성을 높여야 한다. 결합재무제표를 도입해 일목요연하게 파악할 수 있도록 해야 한다. 문어발식은 더 이상 안 된다. 이익이 안 나는 기업은 정리해야 한다. 기업의 목표는 국제경쟁력이다"라고 말했다. 캉드쉬 총재는 "한국이 강한 의지를 갖고 개혁한다면 국제통화기금 체제를 2년 안에 벗어날 수 있으리라 확신한다. 한국 경제는 국제통화기금 사태가 오기 전에 이미 개혁을 시작해야 했다"고 말했다.

구조조정은 더욱 가열히 진행되고 서민들은 더더욱 깊은 수렁으로 빠져들었다. 실업자가 속출하고 서울역 앞에는 노숙하는 이들이 늘어났다. 통계청 집계로 1999년 8월 실업자는 모두 136만 4000명이었다. 1998~1999년 노숙자는 2000~3000명으로 추산됐다. 국민승리21의 권영길 실업대책본부장은 당시 "법정노동시간을 주 40시간으로 줄여 실업자 발생을 막고 실업급여기금 10조 원을 마련해 실업자의 기본생계를 보장해야 한다"고 주장했다.

이헌재는 1998년 김대중 대통령의 '국민의 정부' 출범 직후인 그해 4월 신설된 금융감독위원회 초대 위원장으로 발탁됐다. 국제통화기금 체제에서 신설 금융감독위원장(이하 금감위원장)으

1998년 4월 23일 낮 서울역 광장에서 '제1차 실업자대회'가 열렸다. 이 자리에는 실업자와 노숙자 및 시민 등 300여 명이 모였다고 〈한겨레〉는 1998년 4월 24일치 23면에서 전했다. 이 사진은 이날치 신문 1면에 「실업자의 깊은 시름」이라는 제목 아래 실렸다. 한 실직자가 타들어가는 담배를 손에 쥔 채 고개를 숙이고 있다. 이정우 기자 촬영.

로서 그가 맡은 가장 중요한 일은 기업 구조조정이었다. 금감위원 장을 맡은 지 두 달여 만인 1998년 6월 18일 이헌재 금감위원장 은 55개 퇴출기업 명단을 확정 발표하고 향후 구조조정 추진 방향 을 밝혔다. 주요 5대 재벌그룹인 현대 4곳, 삼성 4곳, 대우 5곳, 엘 지(LG) 4곳, 에스케이 3곳의 부실 계열사가 1차 퇴출 대상에 포함 됐다. 또한 이들 5대 재벌이 빅딜(사업교환)을 포함한 적극적인 구 조조정을 하지 않으면 은행 여신(대출)을 중단하는 등 강력한 기업 구조조정에 나서기로 했다. 특히 빅딜 추진 의지를 분명히 밝혔는 데, 대표적인 대상 업종으로 자동차를 꼽았다. 이때만 해도 현대는 물론 대우와 삼성그룹도 자동차회사를 계열사로 두고 있었다.

이헌재 위원장은 행정고시 출신으로 박정희 정부 시절 대통 령 경제비서실을 거쳐 재무부 금융정책과장 등을 지내고 1979년 율산그룹 사태에 휘말려 공직을 떠났다. 율산그룹이 자금난으로 도산하고 신선호 율산 회장이 외국환관리법 위반 및 횡령 혐의로 구속된 가운데, 율산에서 편의를 제공받은 게 문제가 되면서 이 위 원장도 물러나야 했다.

이후 미국 유학을 거쳐 대우그룹에서 임원과 대우반도체 대 표이사 등으로 활동하기도 했다. 1997년 대선을 앞두고 이회창 한 나라당 후보의 경제특보로 경제공약을 입안했지만, 선거 일주일 만에 김대중 대통령 당선자가 외환위기에 대처하기 위해 구성한 비상경제대책위원회 기획단장으로 발탁됐다. 기업과 은행 구조조 정을 진두지휘하는 중책을 맡게 된 것이다. 초대 금감위원장을 지 낸 뒤에는 2000년 1월부터 8월까지 재정경제부 장관을 역임했고, 노무현 대통령의 참여정부 때인 2004년 2월에는 경제부총리 겸 재정경제부 장관에 임명됐다.

이헌재 금융감독위원장이 서울 여의도 금감위 9층 회의실에서 기자회견을 열어 구조조정 방향을 밝히고 있다. 촬영 이정용 기자. 〈한겨레〉 1998년 6월 19일치 1면에 보도됐다.

그는 외환위기 극복에 가장 큰 공을 세운 인물 중 하나로 평가받기도 하지만, 재무부 출신 경제관료 인맥을 통칭하는 이른바 '모피아'의 대부로 국제통화기금 체제 이후 한국 사회의 양극화를 초래한 주범 중 한 명이라는 비판도 받는다. 외환위기를 초래한 책임이 가장 큰 재벌그룹보다는 일부 공기업과 대기업, 금융기관만 외국자본에 넘겨주면서 대량 정리해고 사태를 일으켰다는 것이다.

실제로, 이헌재 위원장이 발표한 55개 퇴출기업 중 5대 재벌그룹의 계열사들은 그룹 내에서 차지하는 비중이 극히 미미한 회사들이었다. 또한 이미 부도를 냈거나 사실상 퇴출을 눈앞에 둔 기업이 상당수 포함돼 있다는 지적을 받았다. 심지어 이날치 〈한겨레〉는 3면 해설기사에서 "5대 그룹은 이번 기회를 이용해 그동안 퇴출시키고 싶어도 종업원들의 반발 등 때문에 떼어내버리기 어려웠던 소규모 계열사를 명분 있게 정리한 셈이 됐다"고 보도했다.

### 현대차의 기아차 인수,
### 세계 자동차 시장의 판도를 바꾸다

1998년 기아차 채권단은 국채입찰 방식으로 기아차 매각에 나섰다. 현대자동차, 대우자동차, 삼성자동차가 기아차를 따내기 위해 다퉜다. 특히 1995년 설립돼 1998년 3월 첫 승용차 양산 모델을 출시한 삼성차는 국내시장 점유율을 끌어올리는 데 기아차가 절실히 필요했다. 실제로 삼성은 1997년 기아차가 법정관리에 들어가기 전 부도유예 상태에 있을 때 기아차 인수를 추진했었다.

기아차 입찰은 부채 탕감 등의 문제로 진통을 겪었고 3차 입찰까지 간 끝에 결국 현대가 1조 2000억 원에 차지하게 됐다. 현대차의 기아차 인수는 세계 자동차 시장의 판도를 바꾸는 큰 사건으로 평가된다. 2020년 현재 현대기아차는 국내시장 점유율이 80%를 넘고 세계 브랜드 톱5에 들고 있다.

〈한겨레21〉은 1998년 10월 29일에 입찰 결과 발표 사진과 함께 「기아, 여의주인가 시한폭탄인가」라는 제목의 기사를 보도했다. 현대가 기아차를 인수하면 생산능력이 165만 대에서 250만 대 수준으로 늘어나 규모의 경제를 실현하고 세계 10위 업체로 발돋움을 할 수 있지만, 막대한 부채 때문에 동반 부실화에 빠져들 수도 있다는 내용이다.

현재 현대산업개발을 주축으로 하는 에이치디시(HDC)그룹 회장인 정몽규는 1996년 1월부터 1998년까지 현대자동차 회장을 지냈다. 그의 아버지인 정세영 현대산업개발 명예회장이 1967년 현대자동차를 설립했다. 정주영 현대그룹 창업회장의 동생인 정세영 회장은 1974년 한국 최초의 국산 자동차 모델인 포니를 생산해 '포니 정'이라는 별칭을 얻었다. 그가 1987년부터 1996년까지 현대자동차 회장을 지낸 뒤 아들 정몽규에게 회장 자리를 물려준 것이다.

그러나 1998년 12월 현대그룹은 정주영 명예회장의 사실상 장남인 정몽구 회장을 현대차와 기아차의 총괄회장으로 임명하는 전격적인 인사를 단행했다. 이때 정세영 명예회장은 이사회 의장으로 물러나고 정몽규 회장은 부회장으로 강등됐다. 정몽규 회장의 에이치디시그룹은 최근 아시아나항공 인수합병을 시도했다 협상이 결렬돼 뒷수습 중이다.

정몽규 당시 현대자동차 회장은 1998년 10월 19일 오후 서울 계동 현대그룹 본사 대회
의실에서 기자회견을 열어 기아차 낙찰 이후의 계획을 설명했다. 당시 38살로 '동안'이었
던 정몽규 회장의 살짝 긴장한 모습이 사진에 잘 나타나 있다. 1998년 10월 20일치 〈한
겨레〉 3면. 장철규 기자 촬영.

김우중 대우그룹 회장이 구조조정 계획을 발표하고 있다. 강창광 기자 촬영.

## '세계경영' 신화의 대우, 역사 속으로 사라지다

1999년 4월 20일치 〈한겨레〉 1면 머리기사 제목은 「대우조선 해외 매각」이었다. 「대우 선단식 경영 포기」는 3면 머리기사 제목이었다. 김우중 대우그룹 회장이 1999년 4월 19일 서울 대우빌딩 본사에서 기자회견을 열어 구조조정 계획을 발표했다.

김우중 회장이 발표한 구조조정 계획의 뼈대는, 대우중공업 조선 부문과 힐튼호텔 등 11개 계열사 및 사업 부문을 추가 매각하는 내용이다. 34개 계열사를 거느린 거대 재벌에서 자동차와 무역을 핵심으로 하는 8개 계열사의 자동차 전문 그룹으로 탈바꿈하는 방안이었다. 이헌재 금감위원장은 "대우그룹이 정말 큰 결단을 내렸다"고 평가했다.

대우로서는 불가피한 측면이 컸다. 1997년 외환위기 상황에서 법정관리에 들어간 쌍용자동차를 인수하고 1998년 상반기에는 삼성그룹을 제치고 현대그룹에 이은 자산총액 기준 재계 2위에 올랐지만 자체 구조조정이 지속적으로 지연되고 무리한 차입금이 발목을 잡고 있는 형편이었다. 특히 1998년 말부터 삼성그룹과의 대우전자–삼성자동차 빅딜 협상에 들어갔고 1999년 3월 '삼성차 잠정인수를 위한 기본합의안'이 타결되면서 김우중 회장과 이건희 삼성 회장이 서명했지만 결국 더는 진전되지 못하고 무산되고 말았다.

1999년 여름에 접어들어 대우는 미국 지엠(GM)과의 대우자동차 경영권 문제를 둘러싼 협상마저 실패한다. 대우는 7월에도 고강도 구조조정 계획을 발표했지만 8월 채권단은 반려했다. 결국 1999년 8월 16일 주식회사 대우와 대우중공업, 대우자동차, 대우

전자 등 12개 계열사는 워크아웃에 들어갔고 대우증권은 계열 분리되어 채권단에 이양됐다. 1999년 11월 김우중 회장과 사장단이 퇴진함으로써 대우그룹은 사실상 해체됐고, 이듬해 4월 대규모기업집단 지정에서 제외되며 공식적으로 역사 속으로 사라졌다. 대기업집단으로서는 10년간 '세계경영'의 신화가, 1967년 창립한 대우실업으로부터 따지면 30여 년의 흥망성쇠가 마무리된 것이다. 대우그룹이 파산할 때 남긴 부채는 40조 원이 넘었다.

## 이건희의 자동차 사랑은 결국…

이건희 삼성그룹 회장은 자동차 마니아다. 2015년 국토교통부 집계를 보면, 이 회장은 자동차 124대를 갖고 있고 차량 가격은 모두 합쳐 450억 원에 이른다. 부가티, 포르셰, 롤스로이스, 람보르기니 등 수억 원에서 수십억 원에 이르는 슈퍼카들도 포함돼 있다.

삼성자동차가 1995년 출범하게 된 배경으로 이건희 회장의 자동차 사랑을 흔히 거론한다. 당시 이미 현대자동차, 기아자동차, 대우자동차, 쌍용자동차 등으로 자동차 시장은 포화상태였다. 이 때문에 삼성자동차가 몰락한 근본적 이유는 외환위기가 아니라 부적절한 시장 진입이었다고 보는 견해가 유력하다. 1998년 삼성차의 부채가 4조 원이 넘었던 것은 사필귀정이라는 평가가 많았다.

당시 정부는 외환위기를 맞아 대기업 간 빅딜을 추진했다. 삼성차와 대우전자의 빅딜 역시 정부가 그린 그림이었지만, 삼성과 대우의 이해관계가 맞아떨어지지 않았다. 결국 삼성은 1999년 6월 30일 삼성차 법정관리 신청을 발표했다.

법정관리 신청에 따라 채권단이 부채 4조 3000억 원을 떠안

르노삼성자동차 부산공장의 모습. 삼성자동차는 IMF 외환위기의
여파로 르노삼성자동차에 인수됐다. 촬영은 CEFICEFI.

을 우려에 대해선 이건희 삼성 회장이 자신이 보유한 삼성생명 주식 400만 주를 삼성차에 출연하는 방식으로 해결하겠다고 나섰다. 삼성차와 빅딜을 통해 반대급부 차원에서 긴급 자금 수혈의 기회로 삼으려던 대우그룹한텐 타격이 컸지만, 이헌재 금감위원장은 "삼성자동차 부채를 (이건희 회장이 사재로) 책임지고 처리한다는 방안을 긍정적으로 평가한다"고 밝혔다.

다만 삼성의 방안은 삼성생명 상장을 전제로 한 것이었다. 결과적으로 삼성생명 주식시장 상장은 2010년에야 이뤄진다. 유배당 보험 계약자의 경우 삼성생명 회사 자산 형성에 기여한 만큼 상장 차익을 배당금으로 분배받을 권리가 있다는 논란 때문이었다. 삼성생명 보험계약자들은 법정 소송까지 제기했지만 패소했다.

삼성자동차의 법정관리 신청 이후 2000년 7월 프랑스 르노그룹 쪽이 삼성차 자산을 인수하고 삼성카드와 합작해 르노삼성자동차가 설립됐다. 아직 삼성이라는 이름을 쓰고 있지만 삼성그룹과는 무관하다.

### 예상 밖의 조기상환, 하지만 웃지 못했다

2001년 8월 23일 한국은 국제통화기금 구제금융 체제에서 공식적으로 졸업했다. 1997년 12월 이래로 국제통화기금에서 빌린 195억 달러를 모두 갚았다. 그것도 예정보다 3년여 앞당겨 조기상환할 수 있었다.

2001년 8월 24일치 〈한겨레〉 9면 기사를 보면, 전철환 총재는 "현재 경제상황이 좋지 않아 (조기상환의) 기쁨을 제대로 표현하지 못해 답답하다"고 말했다. 박용성 대한상의 회장, 김각중 전경련 회장, 김재철 무역협회 회장 등 재계 단체들은 성명을 내어 "모두 아이엠에프 관리체제 때의 마음자세를 흩뜨리지 말고 새로운 도약을 위한 각오를 한층 다져야 할 때"라고 밝혔다.

일부 대기업의 구조조정을 거쳐 구제금융 체제를 성공적으로 졸업하긴 했지만, 한국경제의 바탕을 이루는 대기업 중심의 구조적 체질까지 개선되는 데 이르지 못하면서 여전히 많은 과제가 남아 있었다.

# 경영권
## 승계에
## 발목 잡힌
## 영광

## 삼성과
## 이건희

# 22

한국 최고의 부자. 여전히 이건희 삼성 회장이다. 그가 보유한 상장사 주식 총액만 2020년 6월 말 기준으로 15조 원이 넘는다. 그나마 최근 코로나19 영향으로 줄어든 게 이만큼이다. 연초엔 17조 원에 이르렀다. 상장사 주식 부자 2위의 보유액이 7조 2000억 원이니 범접할 수 없는 1위이다. 2위는 이 회장의 아들 이재용 삼성전자 부회장이다. 이 많은 주식이 이 회장 부자에겐 탁월한 힘이었지만, 거꾸로 이들을 합법과 불법의 경계를 넘나들게 만든 화근이기도 했다. 이 부회장에겐 현재 상황이다. 1987년 말 삼성그룹 회장을 차지하고 급성 심근경색으로 쓰러진 2014년까지 27년간의 이건희 회장의 행적을 〈한겨레〉 데이터베이스를 통해 살펴봤다. 해설 김진철

이건희 삼성 회장의 거처는 6년이 넘도록 서울 강남구 삼성서울병원 20층이었다. 2014년 5월 10일 서울 이태원동 집에서 급성 심근경색을 맞았다. 이후 응급조처로 심폐기능은 되찾았고 인공호흡기나 특수 의료장비 없이 스스로 호흡을 하고 있으나 의식은

없다는 게 6년여간 삼성 쪽 여러 관계자들의 일관된 설명이었다.

이 회장의 사망설은 이 기간 종종 제기됐다. 특히 초기 3~4년 동안 10여 차례 사망설이 스쳐 지났다. 언론사들은 때마다 그의 부고 기사를 업그레이드하며 보관했다. 이재용 부회장이 말실수를 하기도 했다. 2017년 8월, '박근혜 국정농단 사태'로 재판을 받던 때였다. "이건희 회장님이 살아 계실 때"라고 했다가 "회장님이 건재하실 때"로 정정했다고 한다.

이 회장은 쓰러지기 직전께 언론에 등장하는 일이 뜸했다. 〈한겨레〉에 이 회장이 마지막으로 등장한 것은 심근경색을 일으키기 6개월 남짓 전인 2013년 10월 삼성그룹이 개최한 만찬 행사 때였다.

만찬 행사에 나타난 그는 무척 힘겨워 보였다. 이때 모습을 담은 사진에서 특히 오른손이 주목받았다. 그는 사진에 담기지 않은 수행원의 손을 움켜쥐고 있다. 이 회장은 2010년 3월 경영 복귀 뒤 그해 말까지도 별문제가 없었지만 2011년 말께부터 혼자 걷는 데 어려움을 겪었다. 2012년 초 신년하례회 등에 등장한 이 회장은 수행원이나 가족의 손에 의지해 발걸음을 옮길 수 있었다. 건장한 수행원이 이 회장의 허리를 한 손으로 받치고서야 겨우 서 있는 장면도 기자에게 종종 목격됐다.

이 회장은 건강이 그리 좋지 않은 것으로 알려져왔다. 특히 50대 후반에 폐암 진단을 받고 미국 텍사스 휴스턴의 '엠디 앤더슨 암센터'에서 수술을 받고 건강을 찾았다. 이후로도 이 회장은 겨울에는 하와이 등지로 휴양을 떠나고 집에 완벽한 수준의 공기 청정 시스템을 갖추는 등 폐질환 재발을 예방해왔다.

## '위기 경영'으로 내부를 장악하다

삼성그룹이 2013년 10월 연 만찬은 '신경영 선언 20주년'을 기념하는 행사였다. 20년 전이었던 1993년 6월, 이 회장은 이른바 '프랑크푸르트 선언'을 했다. "마누라와 자식 빼고 다 바꿔라!" 말이 '선언'이지 사실은 임직원들을 독일 프랑크푸르트에 불러 장시간 강연을 통해 '군기'를 잡았던 셈이다.

이보다 3개월 전인 1993년 3월 22일 이 회장은 이미 '제2의 창업'을 선언했다. 삼성그룹 창립 55돌 기념식에서였다. 〈한겨레〉 3월 23일치에 실린 사진에는 이 회장이 연설을 하는 배경에 '제2창업 5주년 기념'이라고 쓰여 있다. 5년 전이라면 1988년, 이 회장이 삼성그룹 수장에 오른 직후다.

이 회장의 경영 수업은 언론사에서 시작했다. 1966년 10월 동양방송(TBC)에 입사한 뒤 1968년 중앙일보·동양방송 이사, 1978년 삼성물산 부회장을 거쳐 45살이던 1987년 12월 회장 자리에 오른다. 창업자인 이병철 회장이 지병으로 별세한 직후였다.

셋째아들 이건희 회장이 삼성을 물려받은 것은 이병철 회장의 결정이었다. 물론 장자 상속을 금과옥조로 여기는 한국 재벌의 생리상 당연한 일은 아니지만 셋째에게 물려준 이유가 있었다. 1969년 장남 이맹희는 차남 이창희와 함께 이병철 회장의 비리를 박정희 청와대에 고발하는 일로 아버지의 눈 밖에 난 것으로 알려져 있다. 이맹희-이건희 형제의 후계를 둘러싼 암투 결과 이건희 회장이 승리했다는 풀이도 있다. 창업회장 사후 두 형을 제친 이 회장은 전체 그룹을 서둘러 장악할 필요성이 컸다. 1988년 회장 취임 직후 제2의 창업을 선언하고, 1993년 프랑크푸르트 선언에

1994년 9월 9일 서울 잠실운동장에서 '삼성가족 한마음축제'
가 열렸다. 삼성그룹 임직원과 가족 등 8만여 명이 잠실운동
장을 가득 메웠다. 삼성그룹은 신경영 실천의지를 다지기 위
해 개최한 행사라고 설명했다. 사진은 강창광 기자가 찍었다.

나선 것은 이런 맥락으로도 이해된다.

프랑크푸르트 선언 이듬해인 1994년 9월 개최한 '삼성가족 한마음 축제' 역시 조직 다잡기의 일환이었다. 이 행사는 '손잡은 우리, 영원한 삼성'이라는 슬로건 아래 열렸고 이 회장은 축사를 통해 "오늘날 세계는 국가와 이념의 장벽이 갈수록 얇아지고 안과 밖의 구분이 사라지면서 적자생존의 치열한 경쟁시대로 접어들고 있다. 경쟁시대에 살아남아 우리 후손에게 자랑스러운 유산을 물려주기 위해서는 세계 초일류가 되겠다는 굳은 각오를 다지고 자기혁신의 노력을 해나가자"고 말했다. 이 회장이 지속적으로 강조해온 이른바 '위기경영'의 시작이었다. 이 회장은 때마다 '위기'를 강조하며 삼성그룹 내부에 긴장감을 불어넣곤 했다.

신경영 선언을 통해 그룹 내부 장악에 힘쓴 이건희 회장은 외부 활동도 적극적이었다. 특히 전국경제인연합회(이하 전경련) 활동이 활발했다. 전경련은 이병철 회장이 주도해 설립한 재벌 총수들의 모임이다. 1960년 4·19혁명 이후 부정축재자 처리 과정에서 이병철을 비롯한 재벌 회장들은 처벌받기 직전까지 가지만 쿠데타로 집권한 박정희 군사정권은 '산업재건에 이바지할 기회를 준다'는 명분으로 모두 풀어줬다. 재벌들은 자신들의 이익을 대변할 단체를 만들 필요성을 느꼈고 박정희 당시 국가재건최고회의 부의장은 이병철을 만나 경제단체를 만들어 정부 산업정책에 부응해달라고 요구했다. 이때 이병철이 만든 경제재건촉진회는 한국경제인협회로 이름을 바꾼 뒤 1968년 전국경제인연합회로 다시 명칭을 바꿨다. 초대 회장이 이병철이었다.

# 노태우 비자금으로 기소, 하지만 '총알'은 피했다

전경련은 재벌과 군사독재정권을 연결하는 구실을 했다. 정경유착을 통해 박정희, 전두환, 노태우 정권은 비자금을 조성했고 재벌은 이권을 챙기고 자유롭게 문어발 확장에 나섰으며 도덕적 해이를 일삼았다. 이런 정권과 재벌의 밀월관계는 1993년 김영삼 정부 출범으로 금 가기 시작했다. 문민정부는 출범 초기에 금융실명제를 도입하고 공정거래법을 강화하면서 재벌을 견제했다. 그러나 문민정부 말기에 외환위기가 발생한 것은 재벌개혁의 초심이 지속되지 못했음을 보여주는 것이기도 하다.

3당합당을 통해 집권한 문민정부가 쿠데타 세력과 거리를 두고 재벌을 견제하는 과정에서 1995년 노태우 전 대통령의 대선 당시 비자금을 전경련이 앞장서 지원한 사실이 드러났다. 김영삼 정부의 핵심 실세 중 한 명인 서석재 총무처 장관이 '오프 더 레코드'(비보도)를 조건으로 일부 기자들에게 전직 대통령 비자금설을 흘렸고 이후 박계동 의원이 국회 본회의장에서 증거를 공개하며 폭로했다. 주요 재벌 회장들이 비자금 문제로 줄줄이 검찰 수사를 받는 가운데, 이건희 회장도 1995년 11월 8일 대검에 소환된다. 이 회장은 처음에 80억 원만 바쳤다고 버티다 현대그룹과 같은 액수인 250억 원을 시인하기까지 10시간 이상 조사를 받았다고 한다.

검찰은 12월 노태우 전 대통령에게 돈을 준 혐의로 이 회장을 비롯해 김우중 대우그룹 회장, 최원석 동아그룹 회장 등 재벌 총수 7명을 불구속 기소했다. 미국 〈뉴욕타임스〉는 당시 "한국 재벌 총수들이 '총알'을 피하게 됐다"고 보도했다. 구속되지 않았다는 점을 짚은 것이지만, 훗날 무죄나 집행유예로 풀려날 것을 예언이라

1995년 12월 18일 서울 서초동 법원 앞. 점심시간이라 재판이 휴정되자 이건희 등 재벌 회장들이 법원 밖으로 나오고 있다. 이 회장 뒤로 김우중 대우그룹 회장, 최원석 동아그룹 회장 등이 보인다. 이들 재벌 회장의 표정이 무심한 듯, 여유로운 듯, 불법행위를 저질러 재판을 받는 피고인처럼 보이지 않는다. 이정우 기자 촬영.

도 한 것 같았다. 이건희 회장은 1996년 8월 이 사건과 관련해 징역 2년에 집행유예 3년을 선고받았다. 이 회장의 첫 전과다. 검찰은 9월 항소를 하지 않기로 했고, 형이 확정됐다. 그리고 이듬해인 1997년 김영삼 대통령은 개천절을 맞아 이 회장 등 재벌 총수를 비롯해 23명을 사면복권했다.

이런 결과는 예견된 측면도 크다. 1996년 1월 김영삼 대통령은 이 회장을 비롯한 재벌 회장단을 청와대 만찬에 초청하면서 온건한 태도를 취했고, 이 회장은 삼성복지재단 이사장으로서 자원봉사 전산망 공동구축에 앞장서고 중소기업전시관을 마련해 김영삼 대통령이 참석한 개관식에 얼굴을 비치는 등 검찰 수사를 받고 재판이 진행되는 과정에도 사회활동 행보에 적극적이었다.

1997년은 김영삼 정부의 마지막 해이고 동시에 외환위기가 불어닥친 시기이기도 하다. 그러나 이때 이 회장은 매우 여유로운 모습으로 〈한겨레〉 지상에 등장했다. 뜻밖에도 출판기념회다. 이건희 회장은 1997년 12월 1일 《생각 좀 하며 세상을 보자》라는 제목의 에세이 모음집을 펴내며 신라호텔에서 출판기념회를 열었다. 참석 인사들은 전·현직 국무총리를 비롯해 국회의장과 감사원장 등 면면이 화려했다. 한때 재벌 회장들의 출간이 유행이기도 했지만, 이때는 이건희 회장 취임 10년이 되는 때였다. 이를 기념하는 여러 이벤트의 일환이었던 것이다.

이 회장은 평소 자신의 숙원사업도 밀어붙이고 있었다. 그룹 회장 취임 직후인 1989년 자동차산업 규제가 풀리면서 자동차업 진출 준비에 들어갔고 신경영 선언에 나서는 1993년 그룹 안팎의 여러 반대를 물리치며 승용차 사업 진출을 공식 선언하기에 이른다. 정부가 바뀐 뒤인 1995년 3월 이 회장이 꿈에 그리던 삼성자

2009년 4월 30일 오전 이건희 회장이 경기도 용인시 포곡읍 유운리에 있는 자동차경주장에서 메르세데스벤츠의 스포츠카(SL63-AMG)를 직접 운전해 질주하는 모습.(위) 포르셰, 페라리, 람보르기니 등 10여 대의 스포츠카를 바꿔 타보던 이 회장(아래 왼쪽)은 몇 시간 뒤 조수석으로 옮겨 탄 채 직원들의 인사를 받으며 경주장을 떠났다. 류우종 기자 촬영.

동차를 설립했고 1997년 5월 삼성차 부산공장 설비가동식이 열렸다. 이미 중복 투자에 따른 우려가 컸던 데다 외환위기까지 닥치면서 이 회장의 차 사업은 처절히 실패하고 만다. 삼성차가 프랑스 자동차회사 르노에 넘어간 건 2000년 9월 1일이었다.

자동차 사업을 접을 수밖에 없었던 이 회장은 스포츠카 레이싱으로 미련을 풀었던 것 같다. 〈한겨레21〉은 2009년 5월 이 회장이 스포츠카 레이스를 즐기고 있다는 사실을 확인해 특종 보도했다. 이때는 삼성 비자금 사건으로 이 회장이 경영에서 퇴진한 이후였다. 그래서 당시 에버랜드가 운영하는 자동차경주장(스피드웨이)에서 '나홀로' 레이스를 즐기다 포착된 이는 이건희 전 회장으로 표기됐다. 당시 〈한겨레21〉 취재진은 포르셰, 페라리, 람보르기니 등 최고급 스포츠카 10여 대를 줄 세워놓고 바꿔 타는 이 회장의 모습을 확인했다.

## 비자금 특검이 연출한 '막장 드라마'

1998년 김대중 정부의 등장으로 재벌들은 긴장하지 않을 수 없었다. 외환위기의 주범으로 재벌이 지목됐고, 위기 극복을 위해 정부는 재벌에 대규모 사업 구조조정을 강력히 요구했다. 이 과정에서 대우그룹은 해체되기까지 했다.

민주화의 진전과 시민의식의 성장으로 재벌들은 사회적 비판에 직면해야 했다. 1994년 9월 '참여민주사회와 인권을 위한 시민연대'로 창립한 참여연대는 1997년 재벌개혁을 위한 소액주주 운동을 본격적으로 시작했다. 2000년에는 이재용 현 부회장의 증여세 탈루를 주장하며 국세청에 과세를 촉구하는 릴레이 시위를 100

일간 벌이기도 했다. 소액주주 운동은 참여연대에서 18년간 사무처장, 정책위원장 등으로 활동한 김기식 전 의원과 김상조 전 청와대 정책실장, 문재인 정부 초대 청와대 정책실장을 지낸 장하성 중국대사 등이 주도했다.

삼성그룹의 가장 큰 위기는 내부로부터 터져 나왔다. 검사 출신으로 삼성 구조조정본부 재무팀과 법무팀에서 일하다 2004년 퇴직한 김용철 변호사가 2007년 10월 삼성 비자금을 폭로했다. 수사를 요구하는 여론이 들끓자 2008년 1월 조준웅 삼성비자금 특별검사 팀이 출범해 수사를 벌였다. 당시 특검은 이건희 회장의 집무실과 주요 임원들의 자택까지 압수수색했고 그 결과 4조 5000억원 규모의 차명재산이 드러나 이 회장의 조세 포탈 혐의가 밝혀졌다. 2008년 4월 17일 조준웅 특검이 이런 내용을 발표하자, 이건희 회장은 4월 22일 곧바로 성명을 발표하고 회장 자리를 내려놨다.

김용철 변호사는 조준웅 특검을 별로 신뢰하지 않았던 것으로 보인다. 자신이 특수부 검사 출신이기도 한 김 변호사가 수사 기간과 투여 인력 등에 의구심을 품고 일반 수사기관에 사건을 이관하라고 요청했으나 조 특검은 받아들이지 않았다. 김 변호사는 특검 마지막 조사에서 진술을 거부했을 뿐 아니라, 공판에서 증인으로 채택되지도 않았다. 2009년 8월 대법원에서 징역 3년에 집행유예 5년을 최종 선고받은 이 회장은 넉 달여 뒤인 12월 29일 이명박 대통령으로부터 단독 특별사면을 받았고, 2010년 3월 24일 경영에 복귀한다.

조준웅 특검과 관련해 2012년 8월 〈한겨레〉 단독 보도로 조특검의 아들이 2010년 1월 삼성전자에 입사한 사실이 확인됐다. 조 특검 아들의 삼성전자 입사 진행 과정은 이건희 회장 등의 재판

이건희 회장이 2008년 4월 22일 서울 태평로 삼성 본관에서 퇴진 성명을 발표하면서 고개를 숙이고 있다. 뒤에 서 있는 이들은 삼성 계열사 사장단이다. 김진수 기자 촬영.

이 열리고 있던 2008~2009년 시작됐다.

김용철 변호사의 폭로로 시작된 삼성 비자금 특검은 결과적으로는 도리어 이 회장과 이재용 부회장 등에게 면죄부로 작용했다. 그러나 이렇게 모든 일이 그들에게 행복하게 마무리되진 않았다. 삼성 비자금의 존재가 알려지면서 2012년 이 회장의 맏형인 이맹희씨가 승계 과정에서 이 회장이 독차지한 차명 유산 중 자신의 몫을 돌려달라며 소송을 걸어왔다. 25년 전 이병철 회장이 숨지고 이건희 회장이 승계하는 과정에서 탈세를 위한 불법적 요소가 있었음이 드러나면서 형제간에 유산 싸움이 벌어졌던 것이다.

당시 이맹희-건희 형제의 말다툼은 외신들로부터 '막장 드라마'라는 지적을 받기까지 했다. 특히 이건희 회장의 발언은 평범한 시민들에게 사뭇 충격적이었다. 이건희 회장이 소를 제기한 이맹희씨에게 "수준 이하다. 한 푼도 내줄 수 없다"고 먼저 불을 지피자, 이맹희씨는 "건희가 어린애 같은 발언을 했다. 건희는 자기 욕심만 챙겨왔다"며 맞불을 놨다. 그러자 이건희 회장은 유럽 출장을 마치고 돌아오는 길에 김포공항에서 기자들과 만나 날것 그대로의 감정을 드러냈다. "감히 나보고 '건희, 건희' 할 상대가 아니다. 아버지가 '맹희는 내 자식이 아니다' 하고 내제꼈다. 우리 집에서는 퇴출된 양반이다." 이맹희씨는 81살, 이건희 회장은 70살이었던 때다.

이맹희씨는 2013년 2월 1심과 2014년 2월 2심에서도 졌다. 그리고 대법원 상고를 포기하며 "소송보다 더 중요한 것은 가족 간 관계라 생각했다. 가족 간 화해에 대한 진정성은 어떤 오해도 없길 바란다"는 말을 남겼다. 그로부터 두 달여 뒤 동생은 급성 심근경색으로 쓰러졌고, 형은 폐암 투병 끝에 1년 6개월 뒤 세상을

이건희 회장이 2012년 5월 24일 오후 유럽 출장을 마치고 서울 김포공항으로 귀국했고, 이맹희씨의 소송 건으로 기자들의 관심은 이건희 회장에게 집중됐다. 기자들의 예상과 달리 이 회장은 맹렬하게 감정을 드러내며 맏형에게 공격을 퍼부었다. 이 회장의 얼굴에 분노가 그대로 드러난다. 이정아 기자 촬영.

떠났다. 2020년 10월 25일, 7년 가까이 병상 생활을 하던 이건희는 결국 일어나지 못하고 사망했지만, 그들을 막장 싸움으로 몰아간 재산 상속과 그룹 승계는 지금까지도 삼성가 3세인 이재용 부회장의 발목을 잡고 있다.

이건희
회장은
왜 휴대전화
15만 대를
불태웠나

삼성
휴대폰

23

지난 30년 동안 개인용 컴퓨터와 인터넷, 휴대폰만큼 사람 사는 모습을 바꾼 기술이 있을까? 정보통신기술은 우리가 물건을 사고, 남들과 이야기하고, 일하는 방식을 모두 바꿨다. 그 가운데 휴대폰은 더 친근하다. 아침부터 밤까지 항상 곁에 두고 쓰는 물건이라 그렇다. 삼성전자는 이런 흐름 속에, 많은 어려움을 겪으면서도 세계 시장 2위까지 올라갔다. 이제는 애증 어린 존재가 되어버린 삼성 휴대폰의 스마트폰 이전까지의 초창기 발자취를 살펴보았다. 해설 이요훈

1993년 7월 18일, 〈한겨레〉는 "휴대용 전화기 시대가 큰 걸음으로 다가오고 있다. … 최근 몇 년 동안 해마다 100% 정도의 시장 확대 추세를 보이고 있으며… 삼성, 금성, 현대 등 국내 가전 3사와 미국 모토롤라, 유럽산 수입업체 등 모두 17개 업체들이 내놓은 20여 개 모델이… 1500억 원 규모의 시장 쟁탈에 나서고 있다"고 썼다. 1984년에 차량이동전화, 1988년에 휴대전화 개통이 시작되고, 전화기 가격 인하와 더불어 1993년에야 전국 74개 시 전역과 읍

# 휴대용 전화기 시대 성큼

## 수요 폭증 작년말 18만대 보급…카폰 대체로도 각광
## 17개업체 시장쟁탈 총력전…크기·값 줄고 기능 다양

휴대용 전화기 시대가 큰 걸음으로 다가오고 있다.

이동전화 가입자 수가 급격히 늘고 있을 뿐 아니라 전화기 가격도 크게 떨어지고 있다.

여기에 수입 절차를 크게 완화한 '무선설비 형식검정규칙 개정안'이 7월중 시행될 예정이어서 하반기 휴대용 전화기시장은 더욱 넓어질 것으로 점쳐지고 있다.

지난 1년간 카폰 보급대수를 추월한 휴대용 전화기는 92년말 현재 18만6천6백18대로, 8만5천2백38대의 카폰을 훨씬 앞지르는 등 최근 몇년 동안 해마다 100% 정도의 시장 확대 현상을 보이고 있으며 올해에도 60%의 성장률이 예상된다.

현재 휴대용 전화기 시장 참여업체는 삼성, 금성, 현대 등 국내 가전 3사와 미국 모토롤러, 유럽산 수입업체 등 모두 17개 업체로 이들이 내놓은 20여개의 모델이 수요자들을 상대로 1천5백억원 규모의 시장 쟁탈에 나서고 있다.

급격히 작고 작고 가벼워지는 추세를 보이고 있는 휴대용 전화기는 최근 들어 무게가 2백g대로 줄어들고 두께도 5㎝ 안팎으로 얇아지고 있다.

또 가격도 88년말 초기엔 무려 2백만원대의 높은 가격과 비싼 유지비용 때문에 구입을 망설이는 사람들이 많았으나 올 들어서는 1백10만~1백20만원대로 낮아져 폭발적인 수요 급증이 예상되고 있다.

다. 또 설치만만 있으면 곧바로 카폰으로도 사용할 수 있는 장점 때문에 기존 카폰의 대체 상품으로서도 각광을 받고 있다.

현재 국내 시장 점유율은 모토롤라가 50% 이상을 차지하고 있고 삼성, 금성 등 국내 제품과 유럽, 일본 제품들이 나머지를 채우고 있다.

국내 전자업계는 한국통신의 서비스망 확충, 전파관련 법규의 규제 완화, 전반적인 가격인하, 기존 카폰 사용자의 교체수요의 지속적인 증가 추세 등에 힘입어 휴대용 전화기 수요가 급속도로 늘어날 것으로 보고 각종 신제품을 개발 시판하는 등 적극적인 시장 공략에 나서고 있다.

지난 4월 2백79g의 SH-400모델을 출시한 삼성전자는 오는 8~9월께 새 모델을 또다시 선보일 계획이며, 이를 계기로 시장점유율을 20% 이상으로 끌어올린다는 전략이다. SH-400은 20개의 원터치 다이얼 기능을 갖고 있으며, 수화기를 들지 않고 내장된 마이크를 통해 통화할 수 있는 기능 등을 갖추고 있다.

영업망에 있어서도 지난해말 1백50개이던 전문판매점을 올해에는 1백90개로 늘릴 계획이며, 가전대리점에서 주로 이용하던 신용판매제도도 적극 활용할 예정이다.

금성통신은 이번달 2백60g대의 GC-600 모델을 내놓았다. 이 제품은 우리말 음성인식 기능과 통화용 녹음·재생, 간이전자수첩 기능을 추가한 점이 특징이다.

휴대용 전화기 시장에 뒤늦게 뛰어든 현대전자는 지난 6월 처음으로 자체 모델 'HHP-2200A'를 내놓았다. 무게는 2백74g으로 1백개의 대용량 메모리 및 원터치 다이얼링 기능 등을 갖추고 있다.

이밖에 국내 최대 시장점유율을 자랑하는 모토롤라의 최신 모델인 마이크로텍Ⅱ는 2백19g의 초경량으로 현재 모토롤라가 국내에 내놓고 있는 모델 가운데 가장 많이 팔리고 있다.

이밖에 한국정보통신은 스웨덴 에릭슨사의 '핫라인 1831' 제품을 수입판매하고 있는데, 이 제품은 360도 회전시킬 수 있는 플립 안테나를 채택하고 있다.

곽노필 기자

어디에서나 사용할 수 있는 이점 때문에 휴대용 전화기 수요가 급증하고 있다. 한국이동통신은 연말까지 이동전화(휴대폰·카폰) 가입자 수가 40만명에 이를 것으로 보고 있다.

〈한겨레〉 1993년 7월 18일치 6면 기사. 1988년 시작한 이동통신 서비스는 1993년부터 조금씩 쓰는 이가 많아졌다. 이때까지만 해도 휴대폰 시장이 얼마나 커질지 아무도 몰랐다. 당시 예상했던 2000년도 휴대폰 사용자는 약 500만 명. 그러나 실제 2000년도 휴대폰 가입자는 약 2500만 명이다.

등에서 서비스를 제공한 탓이다.

## 불량률 12%…최초로 '화형'당한 휴대전화

지금 생각하면 믿기 어렵지만, 휴대전화 서비스가 시작될 무렵 국산 휴대폰은 없었다. 다행히 88올림픽에 맞춰 삼성전자에서 최초의 국산 휴대전화 'SH-100'을 선보였지만, 성능이 나빠 별로 팔리지 않았다. 우리 기술력은 부족했고, 시장은 한동안 외국 기업이 장악하고 있었다. 반전은 삼성의 신경영 선언 이후, 1994년 10월에 출시된 'SH-770'부터 일어났다. 이 제품은 휴대전화 최초로 '화형'을 당했다.

당시 큰 문제였던 통화 품질 문제를 보강했던 이 기기는, 많은 사람의 기대를 한 몸에 받았다. 이건희 회장이 직접 지인들에게 선물했을 정도다. 문제는 제품 품질. 불량률이 무려 12%에 가까웠다. 1995년 3월 〈한겨레〉 기사를 보면 이에 화난 이 회장은 직원들을 모아놓고, 반품된 휴대전화 15만 대 등을 쌓은 다음 불을 지르기에 이른다. 충격 요법이 먹혔는지 이후 불량률은 2%까지 내려가게 된다.

어떻게 됐을까? 1995년 8월 18일치 〈한겨레〉에는 이런 기사가 적혀 있다. "격전을 거듭하고 있는 휴대폰 시장에서 마침내 모토롤라의 11년 아성이 무너졌다. 17일 휴대폰 업계에 따르면 지난 7월 한 달 동안 삼성전자의 휴대폰 애니콜이 시장점유율 51.5%를 차지해 모토롤라를 누르고 시장점유율 1위에 뛰어오른 것으로 나타났다."(「삼성휴대폰 '애니콜' 1위/7월 시장점유율 51.5%」)

핵심 문제에 집중하고, 품질 관리에 신경 쓴 게 적중했다. 이

1996년, 한국은 2세대 이동통신 표준으로 시디엠에이(CDMA) 방식을 쓰기로 한다. 당시 세계에서 많이 쓰이던 지에스엠(GSM) 방식과는 달랐지만, 쉬운 길을 버리고 자체 기술력을 쌓는 기회를 택했다. 거꾸로 남들이 안 쓰기에, 외국 회사가 만든 휴대폰이 한국 시장에 들어오기도 어려웠다. 기술 보호 장벽을 친 셈이다. 그저 휴대폰 사용을 보여주고 있을 뿐인데 신기한 듯 쳐다보는 행인들의 모습이 이채롭다. 1996년 이용호 기자가 촬영한 비컷이다.

후 국내 2세대 이동통신 방식이 시디엠에이(CDMA) 방식으로 결정되면서 외산 휴대전화가 들어오기 어렵게 되고, 여러 광고가 인기를 얻으면서 삼성 애니콜은 국내 시장 1위 휴대폰 브랜드로 자리 잡게 된다.

여기서 끝나면 좋겠지만, 세상은 무정한 법이라, 1997년에는 외환위기와 대규모 디(D)램 업계 구조조정이 찾아왔다. 달러가 필요해진 삼성은 미국 시장 진출을 모색했고, 미 통신업체 '스프린트'를 통해 휴대폰을 팔 수 있게 됐다. 이때부터 세계 휴대폰 시장 점유율에 삼성이 등장하지만(당시 스타티스타 시장조사 기준으로 1997년에는 기타, 1998년에는 2.7%), 이미지가 좋지 않았다. 외국 소비자는 삼성을 모방 제품을 만드는 회사 정도로 생각했다. 여기서 두 번째 반전이 등장한다. 한국과 유럽에서 망한 폰이 미국에서 큰 인기를 얻었다.

'SCH-3500'은 휴대폰 뚜껑을 위로 올리는 방식으로 만들어진 휴대폰이다. 신선하긴 했지만, 때를 잘못 만난 탓인지 한국과 유럽 시장에서 크게 실패했다. 다른 나라에선 실패했는데 미국에선 큰 인기를 끌었다. 미국 스프린트 통신사의 대표 상품으로 1999년부터 2년간 600만 대가 넘게 팔렸다. 덕분에 삼성은 모방품을 만드는 회사라는 이미지를 벗고, 새롭고 멋진 휴대폰을 만드는 회사라는 명성을 얻었다.

이때부터 삼성 휴대폰은 날아올랐다. MP3폰, 카메라폰, 가로본능폰, 손목시계폰 등 다양한 형태를 가진 제품을 선보였고, 이건희폰(SGH-T100)이나 벤츠폰(SGH-E700), 블루블랙폰(SGH-D500)처럼 1000만 대 이상 팔리는 기기도 만들어냈다. 2003년에는 영화 〈매트릭스 2〉에 들어가는 매트릭스폰도 만들었다. 잘 알려지진 않았지만, E1100처럼 1억 5000만 대 이상 팔린 휴대전화도 있다. 휴대폰 시장은 생각보다 훨씬 빠르게 커졌고, 휴대폰은 패션 아이템으로 취급받기 시작했다. 이런 세상에서, 멋진 디자인과 뛰어난 기술력을 가진 한국 휴대폰은 정말 잘 팔렸다. 2009년 8월 12일치 〈한겨레〉 기사는 조금 흥분한 목소리로 이렇게 전한다.

"휴대전화는 시장 경쟁이 가장 치열한 북미시장에서 압도적 1·2위로 올라섰다. 삼성전자는 올해 2분기에 1170만 대를 팔아 4분기 연속 점유율 1위(24.7%) 자리를 지켰다. 2위 엘지전자(22.6%)의 점유율을 합치면 47.3%에 이른다. 여기에 제조자개발생산(ODM) 방식으로 수출하는 팬택(점유율 3% 안팎)을 더하면, 북미시장에서 팔리는 휴대전화 두 대 중 한 대가 한국업체 제품인 것이다."(「전 세계 TV·휴대폰 3대 중 1대 '한국산'」)


## '모든 게 참 좋았다'고 말하고 싶지만

기본기를 다지는 시간을 거쳐, 국내에서 보호받으며 실력을 갈고닦았다. 외환위기를 맞아 세계에 진출했고, 다양하고 새로운 제품을 제시해 세계 시장 2위까지 올라갔다. 끝내 노키아는 잡을 수 없었지만, 모토롤라 같은 경쟁사는 알아서 망가졌다. 2007년 아이폰이 등장하기 전까진, 모든 게 참 좋았다. 이렇게 끝내면 좋겠지만, 그림자도 짙다.

2005년 8월 〈한겨레21〉에선 "국내 협력업체들을 쥐어짜라? 수입부품 늘면서 삼성전자 협력업체 줄고 단가 인하 압력으로 마진도 낮아"라며 협력업체 문제를 지적했다.

특허법원에서 휴대전화 관련 중소기업 기술을 빼앗았다는 판

예전에는 휴대폰 통화료가 비쌌기에, 통화는 자제하고 문자메시지 단말기로 이용하는 사람도 많았다. 세계에서 드물게, 한글 특성을 반영한 쉬운 문자 입력 방식을 만든 덕에 쓰기도 쉬웠다. 위 사진에 있는 단말기는 애니콜 SCH-X120으로 추정된다. 안팎에 액정 화면 두 개를 달고 있으며, 간단한 무선인터넷을 쓸 수 있었다. 그때는 무선인터넷 이용료가 매우 비싸서, 보름 정도 썼는데 370만 원이란 요금을 청구받은 중학생이 자살하는 일까지 있었다. 2001년 6월 강창광 기자가 촬영했다.

휴대전화 이용자가 늘어나면서 많은 문제도 함께 생겼다. 이동통신요금은 예나 지금이나 문제가 되는 사안이지만, 지금 생각하면 납득할 수 없는 해괴한 일도 많았다. 위피(WIPI)라는 모바일 인터넷 플랫폼을 강제해서, 해외 휴대전화나 스마트폰을 도입할 수 없게 만들었다. 에스케이텔레콤(SKT)에선 지상파 디엠비(DMB)가 탑재된 휴대폰 출시를 막았다. 무선인터넷 요금을 더 받고 싶어서 와이파이도 탑재하지 못하게 했고, 심지어 3.5파이 이어폰 단자도 없어서 전용 이어폰을 꼭 써야 했다. 충전기 모양도 통일되기 전까진 제각각이었고, 휴대폰에 MP3 파일 듣기 기능을 넣었다고 음반업계에서 반대 집회를 열던 시절이기도 했다. 박승화 기자 촬영.

정도 받았다.(「삼성전기, 중소기업 기술 뺏었다」, 2005년 10월 13일치) 출고가보다 높은 판촉비를 지급하며 마케팅을 하기도 했다.(「'마이너 스폰' 봇물…제조업체 피의 전쟁」, 2009년 7월 13일치)

이에 대해 2009년 11월 23일, 삼성전자 40주년을 축하하는 〈한겨레〉 칼럼(「삼성전자 40주년에 부쳐」)은 이렇게 말한다. "21세기 삼성과 삼성전자는 … 과연, 세계 일류기업 차원은 물론, 자기가 설정한 '경영이념·핵심가치·행동규범'에 일치하는지 냉정히 자문해야 할 것이다."

그때부터 10여 년이 지났다. 이제 삼성은 전 세계 스마트폰 시장 점유율 1위 기업이지만, 생산량 절반은 베트남에서 만든다. 협력사와의 직접 분쟁은 줄었지만, 하청 업체에서 여러 문제가 생기고 있다. 국회에서 중소기업 기술을 빼앗았다는 지적을 받기도 하고, 국내 스타트업과 특허침해 분쟁이 생겨 합의를 보기도 했다. 제품 품질 문제로 생긴 어려움도 여러 번 겪었으며, 최근엔 삼성 자체 앱에 광고를 넣기 시작해 많은 비판을 받았다. 1위가 되기도 힘들지만, 그걸 지키기도 쉽지 않다. 앞으로는 시장점유율과 수익성, 그 이상을 생각한 제품을 볼 수 있게 되길 바란다.

# 기아의 좌절,
# 국민기업의
# 이상은
# 사라진 것일까

## 기아차

24

기아는 '국민기업'을 자부했다. 재벌 체제의 부조리에 질린 이들은 마음으로 기아를 응원했다. 기술로 승부하는 '한 우물' 기업, 소유 분산이 잘되고 전문 경영인이 이끄는 기업, 종업원이 주인인 기업이 하나쯤 잘돼 바른 기업이 시장에서도 통한다는 것을 보여주길 기대했다. 하지만 재계 8위까지 올랐던 기아는 10조 원의 부채를 안고 쓰러져 IMF 경제위기의 도화선이 된다. 여론은 재벌에 포위돼 질식한 국민기업을 도와야 한다는 쪽과 주인 없는 방만한 경영은 시장의 심판을 받아야 한다는 의견으로 갈렸다. 〈한겨레〉 아카이브에서 1997년 하반기 '기아 사태'와 함께 뜨겁게 달아오른 국민기업 논란을 살펴봤다. **해설 이봉현**

〈한겨레〉는 1993년 2월 8일치부터 '한 우물로 승부한다' 연재기사를 내보낸다. 전자의 소니, 컴퓨터의 아이비엠같이 각 업종에서 세계에 내세울 만한 대표기업이 나와야 한다는 뜻에서 연말까지 34개 기업을 발굴한 이 기획의 첫 회는 기아자동차에 할애했다. 기사는 "조직·자금이 모두 자동차에만 집중돼 있고 주인이 따

기아산업(현 기아자동차)의 첫 승용차 브리사는 정부의 자동차 국산화 정책에 맞춰 개발됐다. 사진은 Chu.

1997년 4월 서울 삼성동 코엑스에서 열린 제2회 서울모터쇼 기아홍보관 앞에서 여성 모델들이 춤을 추고 있다. 당시엔 이런 홍보를 했다. 당시 지면에 소개되지 않았던 비컷이다. 이종찬 기자가 찍었다.

로 없어 전문 경영인 체제가 갖춰져 있다"고 평가한다.

기아는 한국 기업사에서 독특한 스토리를 가진 회사였다. 창업자 김철호 회장(1973년 타계)이 한국전쟁 통에 드럼통을 쪼개 첫 국산 삼천리호 자전거를 만든 이래 탈것 하나에 매달렸다. 1960년대 오토바이와 3륜 자동차, 1970년대 트럭과 소형 승용차(브리사) 등 기술에 대한 집념으로 바퀴 수를 늘려왔다. 1973년 기업공개와 함께 종업원 지주제를 도입한다. 창업주의 아들 김상문씨는 1981년 명예회장으로 물러나고, 전문 경영인 체제가 들어선다.

기술자로 입사해 사장을 거쳐 1990년 회장에 오른 김선홍씨는 기아의 산 역사였다. 1980년대 초 직원을 단합시켜 이른바 '봉고 신화'를 일궈, 500억 원대 누적적자에 휘청대던 기아를 3년 누계 500여억 원의 흑자 회사로 돌려세워 '한국의 아이어코카'란 별명을 얻는다. 세일즈맨으로 입사해 포드사의 황금시대를 이끌고 사장까지 승진한 전설적인 기업인 리 아이어코카에 비견된 것이다. 회장보다 '대표사원'이라 불리길 좋아한 그의 기아 주식 보유량은 0.06%에 지나지 않았다. 간부 자녀는 받아들이지 않는다는 원칙에 따라 공학을 전공한 아들의 입사를 뿌리친 일화도 있다. 1997년 8월 14일치 〈한겨레21〉은 "김영삼 대통령은 '가장 존경하는 경영인'으로 주저 없이 김 회장을 거론하기도 했다"는 내용을 소개하고 있다.

# '기아살리기' 안팎이 따로 없다

## 60개단체모여 범국민운동…직원차량 '일시불 전환' 1천억대 현금 유입예상

정부와 채권은행들이 기아그룹에 대한 긴급지원에 나서고, 시민·사회단체가 중심이 된 '기아 살리기 범국민운동연합'(기범련·대표 김지길 목사)이 구성되는 등 기아 안팎에서 기아 살리기 운동이 본격화하고 있다.

공동체의식개혁국민운동협의회 등 60개 시민사회단체가 모여 구성한 '기범련'은 21일 기자회견을 열고 정부, 금융권, 기아그룹 노사에 기아그룹을 살리기 위한 적극적인 노력을 촉구하는 한편 기아차 구매운동 등을 벌일 계획이다. 민주노총도 20일 정부는 더욱 구체적이고 효과적인 기아 정상화 대책을 세우라고 촉구했다. 일반 국민들의 응원도 계속 이어지고 있다. 부도유예조치 이후 기아에는 의견과 격려를 담은 팩스가 하루 평균 1백여

통씩 들어오고 있다. 인천대 박보용 교수는 "이번 어려움은 제2도약의 기회이므로 경쟁력을 갖춘 명실상부한 국민기업으로 도약하기 바란다"는 내용의 팩스를 보내왔다.

직원들의 회사살리기운동도 구체화하고 있다. 기아차 사원협의회는 이날 △1인당 2백만원의 구사자금 모금 △무이자할부로 샀던 사원용 자동차값의 일시불 납부 등을 결의했다. 노조도 △조합비 20억원 회사지원 △임금 총액 10%공제 등을 결의해 이에 따른 현금 유입만 남짓 1천억원대에 이를 것으로 예상된다.

더욱이 부도유예조치 이후 자동차 판매가 오히려 호조를 보여 기아 임직원들의 사기를 북돋워주고 있다. 유영걸 기아자판 사장은 "15일 이후 차량

판매대수가 하루 1천2백대로 평소보다 오히려 1백대를 늘었다"고 밝혔다. 유사장은 "15일 하루 계약대수가 1천2백59대로 기아 역사상 최대를 기록했고 토요일인 19일에도 1천1백66대를 기록했다"며 "당분간 휴일을 반납하고 할인판매까지 하게되면 30% 이상 판매대수가 늘어날 것"이라고 내다봤다.

기아 계열사가 있는 지역에서도 기아 살리기가 본격화하고 있다. 광주지역 총생산의 30%를 차지하고 있는 아시아자동차가 있는 광주시는 지역 금융권과 자동차산업 관계자들로 구성된 '광주권 자동차산업 정책협의회'를 구성해 지원대책 마련에 들어간다. 협의회는 우선 신용보증기금·기술신용보증기금의 특례보증제도, 특별자금 1천억원 긴급지원 등을 정부에 요청했다. 전남도도 대책회의를 열고 중소기업경영안정자금과 남도사랑통장 저축액을 아시아자동차 협력업체 지원에 즉각 쏟아붓기로 했다.

한편 기아그룹 사장단은 회사의 정상화에 전력을 다한다는 각오에 따라 19일 일괄 사표를 제출했다.

이봉현, 광주/임석규 기자

---

<한겨레>는 1997년 7월 21일자 기사로 기아차살리기 운동에 대해 보도했다. 임석규 현 〈한겨레〉 편집국장이 당시 취재를 함께했다.

# 1997년의 부도 위기, 국민기업론과
# 부실기업론이 부딪히다

그런 기아가 1997년 7월 주저앉자 비판의 목소리가 금융계와 경제부처에서 고개를 들었다. '노조가 주인행세하고, 전문 경영인이 재벌놀이하다 위기에 봉착했다'는 탄핵이었다. 이상하게도 여론은 기아에 우호적이었다. 격려 전화와 팩스가 밀려들었다. 시민단체들은 '기아살리기 범국민운동연합'을 결성해 목소리를 높였다. 다른 기업의 부도에서는 경험해보지 못한 현상이었다. 당시 여권의 대선주자 이회창 신한국당 대표가 소하리 공장을 격려 방문하는 등 정치권도 여론에 편승해 기아를 두둔했다.

이런 분위기는 '기아가 재벌 체제에 희생됐다'는 동정에서 비롯됐다. 실제 '국민기업'은 진공 속에 있지 않았다. 〈한겨레〉 1997년 6월 25일치는 "역설적이게도 기아의 특수한 소유·경영 형태가 한국적 상황에서 약점으로 작용해 경영악화로 이어졌다"는 분석을 소개한다. 즉 "경쟁사들(현대차, 대우차 등)은 문어발식으로 벌여놓은 계열사를 통해 금융조달을 수월하게 하고 인력, 판매 등에서 계열사끼리 직간접적인 도움을 주고받지만 … 자동차 관련 업종으로 수직 계열화된 기아는 이런 '특혜'를 누리지 못했다"는 것이다.

특히 삼성의 집요한 자동차 진출 욕망은 기아에 목의 가시였다. 삼성이 기아의 신경을 긁는 일이 잇따라 벌어진다. 1993년 삼성계열 금융회사가 기아차 주식을 매집한 것, 자동차 산업의 구조조정 필요성을 정부에 주문한 삼성발 보고서가 폭로된 것이 예이다. 기아인들은 삼성의 기아인수 '음모론'을 굳게 믿었다. 기아가 연산 100만 대 규모의 투자를 밀어붙여 자금 사정이 악화한 것도, 후발주자 삼성에 곁을 내주지 않겠다는 조바심이 작용한 것이었다.

기아 처리방안은 국민기업론을 만나 표류했다. 채권단은 부실에 책임이 있는 경영진의 사표 제출을 요구했으나 김 회장은 버텼다. 자력 회생에 배수진을 친 노조도 김 회장 없는 회생은 불가능하다고 어깨동무를 했다. 김 회장 퇴진 요구는 "기아를 삼성에 넘기려는 채권단의 시나리오"라며 버티기의 명분으로 삼았다. 현대와 대우는 삼성 견제를 위해 기아 편을 들어, 재벌들 간의 합종연횡 상황이 벌어졌다. 그러는 사이 운명의 겨울을 향해 시간은 흘러가고 있었다.

기아 사태 장기화로 경제위기가 깊어짐에 따라 여론의 갈등은 첨예화했다. 당시 〈한겨레〉의 보도 역시 이런 여론의 단층을 보여준다. 특징적인 것은 당시 이봉수 경제부장(현 세명대 저널리즘스쿨 대학원 교수)과 정운영 경제담당 논설위원의 시각이 달랐다는 점이다. 이 부장은 1997년 10월 29일치 「도요타와 기아 사이」라는 칼럼에서 "문제점도 많았지만 기아는 국민기업의 싹을 키워가던 중이었다. 기아가 무너져 그 기업이 추구하던 가치마저 뿌리내릴 곳을 잃는 사태는 막아야 한다"고 밝힌다. 반면 정 위원은 같은 해 8월 5일치 「기아 현상」이란 칼럼에서 "기아는 (경영진이 범한 실수의 결과) 10조 원의 빚을 지고 부도에 직면한 기업이며, 이 움직일 수 없는 사실은 기아 사태를 대하는 기본 관점이 되어야 한다. … 이 실패의 부담을 '운동'을 빌려 정부에 지우려는 행위는 감상이지 논리의 산물이 아니다"라고 쓴다.

기아그룹이 부도 위기에 몰리자 1997년 7월 21일 시민단체들이 모여 '기아살리기 범국민운동연합'을 결성한다. 여의도 한강 둔치에서 1997년 여름에 열린 기아살리기 시민대회에 많은 시민들이 참석한 모습. 이종찬 기자가 찍었다.

331

"기아를 정상화할 때까지는 물러날 수 없다"던 김선홍 회장이 더는 버티지 못하고 1997년 10월 29일 사퇴 기자회견을 하고 있다. 김 회장은 "도로를 나서면 많은 기아의 벗들이 보여 반갑다. 저기 엔터프라이즈(당시 기아의 최고급 세단)도 가고…" 하면서 불운하게 자동차 인생을 마감해야 하는 회한을 토로하기도 했다. 유창하 기자가 찍었다.

## 시장의 냉혹함이 쓸어간 논란

시장의 냉혹함은 해일처럼 이 모든 논란을 쓸어 갔다. 1997년 말 한국 경제는 IMF 체제에 들어선다. 버티던 기아는 10월 22일 법정관리에 넘겨지고 김 회장도 결국 물러난다. 기아는 부채의 상당량을 덜어내고 국제입찰에 부쳐 이듬해 10월 현대그룹에 인수된다. 기아를 자극하던 삼성도 부산 공장을 르노에 넘기고 손을 뗐다. 대우그룹이 해체되면서 대우차도 지엠에 넘어간다.

기아는 국민기업이었나, 국민기업의 이미지를 세일하는 기업이었나? 기아의 좌절과 함께 국민기업이라는 이상은 사라진 것일까? 위기 2년 전 기아를 진단한 〈한겨레〉 기자 칼럼은 무언가를 암시한 듯하다.

"시장의 승부는 냉혹하고 시장에서 패배하면 국민기업도 의미가 없다. 외려 국민기업이 족벌기업보다 더 어렵다는 나쁜 선례만 남길 뿐이다. … 전문경영인이 경영하는 전문화 기업이 확실히 경쟁우위를 가진다는 모범을 보여줘야 한다. … 소유가 분산되고 업종이 전문화되면 경쟁력이 있다고 경제정책 교과서에 나와 있는지 모르지만, 이는 뼈를 깎는 노력 없이 결코 이뤄질 수 없다."

(「기아차는 지금 몇 시인가」, 1995년 7월 11일치)

정몽구,
갤로퍼의
성공으로
현대차를
품에 안다

현대차와
정몽구

25

2000년 3월, 정몽구 현대그룹 공동회장은 자동차 계열사들을 이끌고 현대그룹으로부터 계열분리를 해 현대차그룹을 만들었다. 당시 현대그룹에서 분리될 계열사는 10개, 자산은 약 31조 700억 원으로 자산 규모가 재계 5위였다. 이후 정몽구 회장은 세계 자동차 산업에서 전례가 없는 최단기간에 글로벌 생산판매 네트워크를 구축했다. 홀로서기 20년 만에 현대차그룹은 계열사 54개, 자산 234조 원(2019년 기준)으로 국내 재계 2위에 올랐다. 현대·기아차는 글로벌 완성차 판매량 5위다. 〈한겨레〉 아카이브를 통해 정몽구 회장의 삶을 들여다봤다. 해설 김선관

1988년 5월 27일치 7면, '정몽구'라는 이름 석 자가 〈한겨레〉에 처음 등장했다. 기사는 한국청소년연맹에서 대기업 사장 등을 이사로 위촉하는 방법으로 120억 원의 각종 기부금을 받아왔다는 내용이다. 당시 정몽구의 직책은 현대정공 회장이었다. 현대정공은 정몽구에게 아주 중요한 의미를 갖는다. 그가 현대정공에서 거둔 성공을 바탕으로 지금의 현대자동차그룹을 만들었다고 해도

과언이 아니기 때문이다.

정몽구는 1970년 현대자동차 서울사업소 부품과 과장으로 현대그룹에 입사해 현대건설 자재부 부장, 현대차 서울사업소 이사 등을 거치다가 1977년 컨테이너와 H빔을 제조하는 현대정공의 초대 사장을 맡았다. 그의 아버지인 정주영 현대그룹 명예회장에게 경영 능력을 보여줄 수 있는 절호의 기회였고, 정몽구는 그 기회를 놓치지 않았다. 세계 컨테이너 시장의 주도권을 일본에서 빼앗아 오는 데 성공하고, 1985년에는 현대차량을 흡수·합병해 철도차량 부문으로 사업 영역을 확장하기도 했다.

정주영 명예회장은 정몽구의 능력을 알아보고 현대차를 그에게 넘겨줄 생각을 했다고 전해진다. 하지만 세간에 현대차는 정세영 회장이 키운 이미지가 너무나 짙었기 때문에 동생이 키운 기업을 빼앗는다는 부정적인 여론을 무시할 수 없을 것이다. 자동차공업 통합 조치가 해제된 1980년대 후반 현대차를 꽉 잡고 있던 정세영 회장을 견제하기 위해 정주영 명예회장은 현대정공에 완성차 사업 분야를 위한 신규 투자를 지원했다. 이때 정몽구는 아버지의 지원에 힘입어 사륜구동 스포츠실용차(SUV) 개발에 착수했다. 1988년 서울올림픽 이후 사람들의 삶이 향상되면서 레저활동 붐이 일어나는 시대적인 흐름이 주된 이유였지만, 당시 현대차는 사륜구동 스포츠실용차 제작 계획이 전혀 없어 형제 기업끼리 다툼의 여지가 없다는 점도 꽤 큰 구실을 했다.

정몽구는 미쓰비시 자동차 파제로(1세대)의 기술을 받아 1991년 갤로퍼 생산에 성공한다. 갤로퍼는 출시한 지 3개월 만에 3000대가 팔렸고, 이듬해엔 국내 사륜구동 스포츠실용차 시장의 50% 이상을 차지했다. 정몽구는 정주영 회장에게 역량을 인정받아

갤로퍼는 현대정공에 있던 정몽구 회장을 현대차로 이끌어준 매우 중요한 차다. 출시 3개월 만에 3000대를 넘게 판매하며 사륜구동 자동차 시장에 파란을 일으켰다. 1992년에는 2만 4000대를 판매하며 국내 사륜구동 자동차 시장의 50%를 넘게 차지했다. 사진은 Qwerty242.

1997년 정몽구 공동그룹회장과 정몽헌 공동그룹회장이 현대 창사 50주년 기념식장에 함께 앉아 있는 모습이다. 당시 사람들은 정몽헌 회장이 후계자 싸움에서 승리했다고 생각했다. 하지만 현대그룹의 모기업인 현대건설이 2000년 10월 1차 부도를 맞고 휘청거리다 2001년 8월 채권단에 넘어갔다. 박승화 기자가 촬영했다.

1995년 현대그룹 회장에 오른다. 갤로퍼의 성공은 현대차의 경영권이 정세영에서 정몽구로 넘어가는 명분이 됐다.

결국 1999년 정세영도 모르게 이·취임식이 거행됐고, 정세영은 현대차 명예회장이, 정몽구는 회장이 됐다. 현대정공부터 현대차 회장에 오르기까지 정몽구는 정주영 명예회장의 엄청난 총애를 받은 것으로 알려진다. 「현대는 이제 정몽구 시대」. 1996년 1월 18일치 〈한겨레21〉 기사 제목이다. 당시 기사만 봐도 정주영 명예회장의 뒤를 이을 사람으로 정몽구가 유력시됐다. 게다가 현대그룹은 철저한 장자 상속 법칙을 고수했다. 정몽구는 차남이지만 장남의 사망 후 실질적인 장남 위치에 있었다.

### 왕자의 난으로 실각…현대차그룹에서 재기하다

하지만 정몽헌(5남)이라는 변수가 나타났다. 정주영 명예회장이 현대건설과 현대전자에서 경영 능력이 두드러졌던 정몽헌을 그룹 공동회장으로 올린 것이다. 당시 거의 모든 미디어는 현대그룹의 후계구도 향방에 초점을 맞췄다. 〈한겨레〉와 〈한겨레21〉에도 누가 현대그룹 후계자가 될 것인지를 다룬 기사가 꽤나 많이 실렸다.

그리고 2000년 3월, 현대그룹의 경영권을 놓고 왕자의 난이 일어났다. 정몽구는 현대차, 기아차, 현대정공, 인천제철, 현대강관, 현대우주항공을, 정몽헌은 현대건설, 현대전자, 현대종합상사, 현대상선, 금강기획 등 계열사와 대북사업을 맡고 있었다. 자동차만으로 후계자 경쟁에서 밀릴 것으로 생각한 정몽구는 현대증권을 노리고 정몽헌이 해외 출장 간 사이 그의 측근인 이익치 현대증권 회장을 고려산업개발로 전속·보직시켰다. 출장에서 돌아온 정몽헌은 이익치 회장의 인사 발령을 무효화하고 정몽구를 그룹 공동회장에서 쫓아냈다. 정몽구는 정주영 명예회장에게서 회장직 복귀 명령을 받아내지만 몇 시간 뒤 정몽헌이 명예회장을 만나 그 명령을 무효로 만들었다. 당시 정주영 명예회장은 고령으로 판단력이 흐렸던 것으로 알려져 있다.

결국 정주영 명예회장이 현대경영자협의회에서 정몽헌 단독 회장 체제를 공식 승인하며 왕자의 난은 정몽헌의 승리로 마무리됐다. 정몽구는 2000년 9월 자동차 계열사들을 이끌고 현대그룹으로부터 계열분리를 해 현대자동차그룹을 만들었다. 12월엔 서울 서초구 양재동으로 사옥을 옮기며 현대차의 새로운 시대가 도래했음을 알렸다. 2000년 12월 28일치 〈한겨레〉 18면에 이러한 내용이 자세히 실렸다. 정몽구 회장은 인사말을 통해 "사옥 이전을 계기로 미국·유럽 등 선진국과 일본·중국·러시아 등 미개척 시장을 적극 공략해 수출 확대로 국민경제 재도약에 앞장서겠다"고 말했다.

정몽구 회장의 경영 전략은 '빠른 추격자'였다. 독일이나 미국의 선진 자동차 제조사들을 벤치마킹(혹은 제휴)해 그들과의 기술 격차를 줄였다. 그리고 2002년 중국, 2004년 미국, 2010년 러시아, 2012년 브라질 등에 공장을 세우며 생산 물량을 빠르게 늘려나갔다. 현대차그룹은 현재 세계 8개 나라에서 총 13곳의 완성차 생산 공장을 운영하고 있다. 미국 시장에서의 '10년, 10만 마일 보증 실시'는 현대·기아차가 글로벌 기업으로 성장하는 데 토대가 되기도 했다. 20년 만에 현대차그룹 수준의 글로벌 생산판매 네트워크를 구축한 것은 세계 자동차 산업에서도 전례가 없는 속도다. 어느

과거 현대차는(지금도 어느 정도는 이어지지만) 같은 값이면 더 큰 차, 같은 크기면 더 다양한 기능들로 사람들의 시선을 사로잡았다. 반면 제네시스는 기본 성능(움직임, 승차감, 안전성, 핸들링, 내구성 등)과 디자인에 집중했다. 결실을 맺기까지 오래 걸리진 않았다. 2019년 미국 〈모터트렌드〉는 '올해의 차'로 G70을 선정했고, 2019년 미국 시장에서 제네시스가 71만 대 넘게 팔리며 역대 최고 판매량을 경신했다. 2009년 서울모터쇼에서 이정아 기자가 촬영했다.

외국 매체에서는 이 같은 정몽구 회장의 추진력을 "현대 스피드" 라고 표현하기도 했다.

양적 성장에만 집중한 건 아니었다. 경기도 화성시 남양읍에 세계적 규모의 연구개발(R&D) 센터를 설립하고 독자 엔진과 수소 연료전지 파워트레인에 집중했다. 그리고 2013년 정몽구 회장은 또 하나의 계획을 실행에 옮겼다. 현대차그룹의 고급차 브랜드를 론칭하는 것이다. 이는 대중차만 만들던 현대차가 글로벌 고급차 시장에 진출할 수 있다는 가능성을 보여주는 정몽구 회장의 마지막 숙원 사업이었다. 일단 제네시스라는 자동차를 내놓은 다음 독립적인 고급차 브랜드로 키운다는 장기적인 계획이었다. 2013년 11월 25일치 〈한겨레〉 19면 기사처럼 제철소를 직접 방문해 강판 생산라인까지 챙길 만큼 애정을 쏟은 것으로 알려져 있다.

## 그의 삶이 현대차그룹이 걸어온 길

빠른 성장엔 그늘도 있었다. 2006년 4월 26일치 〈한겨레〉 기사를 보자. 정몽구 회장이 2002년부터 현대차그룹 6개 계열사를 통해 조성한 수백억 원대의 비자금 중 20억여 원을 개인적으로 사용한 것이다. 그리고 2008년 6월 3일 법원은 환송심에서 정몽구 회장에게 징역 3년에 집행유예 5년을 선고하고 300시간의 사회봉사를 명령했다. 비자금 조성에 대해서 개인적 이익 추구가 아닌 사회적 여건과 관행에서 기업 생존을 위해 사용한 것이라고 재판부는 판단했지만, 당시 사람들의 여론과 시민단체들은 '전형적인 재벌 봐주기 식'이라며 목소리를 높였다. 정 회장은 환송심에서 사회공헌기금 8400억 원을 매년 1200억 원씩 사재로 7년간 헌납하겠

'비자금 조성'은 대기업 총수들이 법정에 서는 단골 죄목이다. 정몽구 회장 역시 6개 계열사를 통해 수백억 원대의 비자금을 조성했다. 이 일로 징역 3년에 집행유예 5년, 사회봉사명령 300시간을 선고받으며 실형을 피할 수 있었다. 재미있는 사실은 2008년 삼성 이건희, 2003년 에스케이 최태원 등 다른 재벌 회장들도 모두 '징역 3년, 집행유예 5년'을 받아 실형을 면했다는 것이다. 2008년 김진수 기자가 촬영했다.

다고 약속했다. 그는 현금과 계열사 주식을 합쳐 약속한 금액의 일부를 출연했으나 여전히 미흡하다는 시각이 있다. 이외에도 2015년엔 현대차의 모든 사내하청에서 노동자 불법파견이 확인되면서 사회적 비판을 피할 수 없었다.

지난 2021년 2월 24일 정몽구 회장은 현대모비스 주주총회에서 등기이사직을 사임하고 그룹 경영에서 완전히 손을 뗐다. 정몽구 회장의 삶이 현대차그룹이 걸어온 길이었다. 몇몇 과오와 논란 등에도 불구하고, 시대를 앞선 그의 통찰력과 전략적인 결단은 자동차업계에서 마땅한 평가를 받을 것이다.

우리, 한글
워드프로세서
하나
개발해볼까?

한컴과
이찬진

26

1988년 겨울. 서울대 기계공학과 85학번 이찬진, 전자공학과 86학번 김형집, 제어계측공학과 87학번 우원식은 "정말 쓸 만한 한글 워드프로세서 하나 개발해보자"고 결의한다. 이른바 서울대생들의 '하숙방 결의'다. 이후 셋은 집·하숙방·학교를 오가며 토론과 개발에 몰두한 끝에 1989년 4월 어느 날 이찬진의 컴퓨터 화면에 '한글' 글자가 떠오르게 하는 데 성공한다. '보석글'과 '하나워드' 등을 제치고, 나아가 미국 공룡 소프트웨어 회사 마이크로소프트(MS)의 '엠에스 워드'와 경쟁해 살아남은 세계 유일 토종 소프트웨어 '아래아한글'이 모습을 드러낸 것이다. 해설 김재섭

컴퓨터·소프트웨어 분야를 취재하는 신문사·잡지사 기자들의 모임 '한국컴퓨터기자클럽'은 1989년 '올해의 인물'로 한글 워드프로세서 프로그램 '아래아한글'(한글) 공동 개발자 이찬진(24) 등 4명을 선정했다. 〈한겨레〉 1989년 12월 24일치 8면에 실린 기사다.

"1989년 4월 24일 '한글 1.0'을 내놓은 이후 5년 동안 53만

1992년 7월 25일치 〈한겨레〉에 실린 이찬진 전 대표의 사진. 〈한겨레〉에 보도된 첫 얼굴 사진이다. 안종주 기자가 취재하고 촬영했다.

9000개가 팔렸다. 지난해(1993년) 한글 매출은 103억 원이고, 올해 매출 목표는 130억 원이다." 이찬진 한글과컴퓨터 사장이 1994년 〈한겨레〉와 인터뷰(5월 2일치)를 하면서 밝힌 한글 매출 규모다. 한글이 문서편집 소프트웨어(당시는 '워드프로세서'라고 불렸다) 시장을 사실상 독점하고 있다는 것을 보여주는 수치들이다.

인천 제물포고 출신인 이찬진은 대입학력고사를 치른 뒤 아버지한테서 개인용컴퓨터(애플 8비트)를 선물받았다. 이를 계기로 컴퓨터·소프트웨어에 관심을 갖게 된 이찬진은 서울대에 입학해 '컴퓨터연구회' 동아리에 들어가 김형집과 우원식을 만난다. 셋은 '편리한 한글 워드프로세서를 개발하자'는 데 의기투합해 한글을 탄생시킨다.

## 시장 1위 '한컴'에 닥친 위기

당시 개인용컴퓨터 운영체제(OS)는 '도스'(DOS)였다. 한글 문서편집 소프트웨어의 경우, 삼보컴퓨터가 외국 것을 한글화해 '보석글'이란 이름으로 보급하고 있었는데, 한글의 특성을 제대로 살리지 못했다. 이를 보완한 한글은 시험판부터 선풍적인 인기를 끌었고, 위탁판매를 자청하는 기업이 줄을 섰다.

1990년 10월, 하숙방 결의 3인방은 한글 위탁판매 수익금 5000만 원으로 '한글과컴퓨터'(대표 이찬진·이하 한컴)를 설립한다. 세벌식 한글 타자기를 고안한 공병우 박사가 빌려준 4평짜리 사무실에서 직원 4명으로 출발했다. 이찬진 사장은 〈한겨레〉 인터뷰에서 회사 설립 이유에 대해 "밤잠 설치고 개발한 소프트웨어가 대기업 컴퓨터의 고객서비스 보조품 정도로 취급받는 것에 분노를 느꼈다"고 말했다.

한컴의 비전은 "컴퓨터를 최대한 유용하게 활용할 수 있는 소프트웨어를 만들어 컴퓨터를 쓰는 사람들이 지금보다 훨씬 큰 만족이나 행복을 느낄 수 있도록 하는 것"(1995년 〈한겨레21〉 인터뷰)이라고 밝혔다. "소프트웨어 분야에서는 한국이 유리할 수 있다"는 '컴퓨터 세계의 신토불이론'도 폈다. 실제로 한컴은 1994년 260여 명의 임직원이 151억 원의 매출을 올려 30억 원의 순이익을 내며 한글 워드프로세서 시장 점유율 1위 업체로 성장했다.

시장 환경은 급변했다. 엠에스가 윈도 운영체제를 내놨다. 컴퓨터 사용법이 송두리째 바뀌었다. 동시에 '우루과이라운드' 영향이 본격화했다. 엠에스 등 미국 글로벌 소프트웨어 회사들이 국내 시장으로 몰려왔다. 국내 대기업 삼성전자는 '훈민정음'으로 윈도

1995년 3월 23일치 〈한겨레21〉에 실린 한글과컴퓨터의 첫 윈도용 워
드프로세서 '한글 3.0' 광고. 전국을 순회하며 '노래를 찾는 사람들'의
공연을 곁들인 발표 행사를 열고 기존 사용자들에게 무료 교환 및 특
별 할인 쿠폰을 제공하는 등 당시로서는 꽤 파격적인 마케팅 내용을
담고 있다.

용 한글 워드프로세서 시장에 뛰어들었다. 게다가 소프트웨어 불법복제 사용이 기승을 부렸다.

변화를 따라잡거나 앞장서면 살아남고, 그러지 못하면 도태됐다. 기술·자금력에서 글로벌 업체에 밀리는 국내 소프트웨어 업계가 바람 앞의 등불 처지로 몰렸다. 도스용 워드프로세서 시장에 집중하던 한컴도 마찬가지였다. 한결같이 살아남기 위해 몸부림쳤다. 글로벌 업체와 손을 잡기도 했다. 외국 업체를 끌어들인다는 비판은 들리지 않았다.

이찬진 사장은 1994년 5월 〈한겨레〉 인터뷰에서 "오는 6월 열리는 컴퓨터·소프트웨어 전시회에서 윈도용 한글(3.0)을 발표할 예정"이라고 밝혔다. 그리고 이듬해 3월 18일 한컴은 윈도용 한글을 내놓는다. "'엠에스 워드'와 달리 조합형 한글 표기 방식을 채택해 옛글자를 포함해 모든 한글을 표시할 수 있다"고 강조했다.

"한컴이 공중분해되고, 한국의 빌 게이츠로 일컬어지던 이찬진 신화도 깨질 가능성이 높다." 1997년 11월 4일치 〈한겨레〉 기사다. 〈한겨레〉는 한컴이 이런 처지로 몰린 이유로 "벤처 정신이 희석된 점"을 꼽았다. "시장을 정확하게 예측해 그에 맞는 제품을 발 빠르게 내놓는 것으로 승부를 걸기보다, '이찬진'과 '아래아한글'의 유명세에 의존하는 안이한 자세를 지녀 이런 결과를 불렀다. … 업계에선 한컴의 위기를 자금 위기가 아니라 벤처 정신의 위기로 풀이하는 견해가 많다."

이찬진의 '외도'를 비판한 것이다. 당시 그는 한나라당 전국구 의원 후보 명단에 이름을 올린 상태였다. 이회창 한나라당 명예총재의 대선 출마를 위한 의원직 사퇴에 따라 1997년 12월 20일 한나라당 국회의원이 되지만, 5개월도 안 돼 "어려워진 회사 경영에

소프트웨어 불법복제는 이찬진 전 대표에게도 고민거리였다. 소프트
웨어 유통질서 확립 궐기대회 모습. 1996년 4월 3일 〈한겨레21〉 이
혜정 기자가 촬영했다. 당시 공개되지 않았던 비컷이다.

1998년 6월 15일, 이찬진 한글과컴퓨터 사장(왼쪽)과 김재만 한국마이크로소프트 사장이 서울 소공동 롯데호텔에서 공동 기자회견을 하기에 앞서 인사를 나누고 있다. 이날 둘은 '마이크로소프트가 한컴에 최대 240억 원가량을 투자하는 대신 한컴은 아래아한글의 개발과 판매를 중단하기로 합의했다'고 밝혔다. 이정우 기자가 촬영했다.

전념하겠다"는 이유를 들어 의원직을 사직한다.

## '소프트웨어판 금 모으기', 위기의 '한글'을 살리다

"한글 개발을 전면 중지하고, 1년 안에 판매도 중단한다."
1998년 6월 15일, 한컴은 한국마이크로소프트와 공동으로 기자회
견을 열어 "엠에스가 한컴에 1천만~2천만 달러(약 140억~280억 원)
를 투자하고, 한컴은 워드프로세서 개발을 중단하는 대신 인터넷
사업 개발에 집중하기로 합의했다"고 밝혔다. 이찬진 사장은 "불
법복제가 횡행하는 상황에서 더 이상 워드프로세서 시장에서 마이
크로소프트사에 맞서 승부를 걸기에는 역부족이었다"고 말했다.
　충격적인 소식이었다. 언론도 이 소식을 앞다퉈 보도했다. '한
글' 살리기 운동도 일었다. 한글을 '국민 공개소프트웨어'로 만들
자는 주장도 나왔다. "사람들은 한컴의 몰락 원인으로 불법복제
관행을 지적하며 반성하기도 하고, 경영진의 무분별한 사업 확장
을 성토하기도 하지만 '어쨌든 아래아한글만은 살려야 한다'고 입
을 모은다. 정품 사주기에서 국민주 모금까지 아래아한글 살리기
방법에 대한 제안도 풍성하다."(〈한겨레21〉 1998년 7월 2일치)
　'아래아한글'이 엠에스 워드와 다른 강점도 다시 조명받았다.
"아래아한글 프로그램은 한글 1만 1172자를 모두 표현할 수 있고,
옛글자도 키보드에서 곧바로 입력할 수 있는 사실상 유일한 프로
그램이라는 점 때문이다. 한글이 퇴장할 경우 워드프로세서 시장
을 장악할 가능성이 큰 엠에스 워드가 표현할 수 있는 한글 글자수
는 2850자에 불과하다."(「한글 1만 1천여 자 불구로 만들 건가」, 〈한겨레
21〉 1998년 7월 2일치)

1998년 9월 3일치 〈한겨레21〉에 실린 한글지키기운동본부와 한글과컴퓨터 공동 광고. 한글과컴퓨터가 미국 공룡 소프트웨어 회사 마이크로소프트의 '포로'가 될 뻔했다가 한글지키기운동본부 덕에 살아난 뒤 내놓은 '한글 8·15 특별판'을 애정어린 눈으로 봐달라고 간절히 호소하고 있다.

〈한겨레〉의 목울음 섞인 기사와 칼럼은 독자와 한글 사용자들을 움직이기에 충분했다. 그리고 한글을 되살려냈다. 한컴은 7월 20일 기자회견을 열어 "'아래아한글지키기운동본부'가 한컴 인수를 공개 제의해왔다"며 엠에스와 한 합의를 번복한다고 밝혔다. 광복절(8월 15일)에 맞춰 '한글 8·15판'을 내놔 '소프트웨어판 금모으기' 상황을 연출했다.

1999년 5월, 하숙방 결의 멤버 가운데 유일하게 회사에 남아 있던 이찬진이 마지막으로 한컴을 떠났다. 그는 회사를 떠나며 "소프트웨어 불법복제 단속과 아래아한글 8·15판에 대한 국민들의 호응에 힘입어 회사 경영이 좋아지고 있다. 회사를 방만하게 경영해 어려움에 빠지게 했던 것에 대한 책임에서 벗어나고, 새 경영진에게 힘을 실어주기 위해 떠나기로 결심했다"고 말했다.

이후 한컴은 팔리고 팔리기를 반복하다가 지금은 '한컴그룹'으로 불리고 있다. 그러나 한글과컴퓨터가 보여주었던 도전의 역사는 지금도 기억될 만하다.

이수만이
없었다면
방탄소년단도
없었다

에스엠과
이수만

27

이제 아무도 케이팝의 세계적인 영향력을 의심하지 않는다. 하지만 '케이팝의 아버지'라 할 수 있는 이수만 대표 프로듀서(이하 이수만)의 경영자로서의 삶은 수많은 의심, 그리고 편견과 싸운 투쟁의 역사였다. 케이팝 산업의 초석을 다진 에스엠(SM)엔터테인먼트(이하 에스엠)의 이수만은 어떤 전략으로 음악을 제작했고, 또 그에 대한 언론의 반응은 어땠는지 〈한겨레〉 아카이브를 통해 살펴봤다. **해설 권석정**

〈한겨레21〉 2004년 10월 21일치 기사는 이수만에 대해 "이씨에 대한 평가도 '한류의 개척자' '음악산업 황폐화의 주범'으로 엇갈린다"고 말한다. 그만큼 논란에 시달려온 제작자가 또 있을까? 케이팝 역시 마찬가지였다. 과거에는 케이팝이란 단어 자체가 대중의 반감을 샀다. 수많은 이들이 케이팝이 한국 가요계를 획일화시켰다고 손가락질했다.

에스엠의 아티스트들은 그 인기만큼이나 비난에 시달렸다. 언론은 인정하기보다 의심했고, 기성세대는 그에 동조했다. 〈한겨

인터뷰 중인 이수만. 2004년에 찍은 사진으로 그의 나이 50대 초반 시절이다.
그는 《이수만 평전》에서 매우 적극적인 인터뷰이로 묘사된다. 하지만 어느 때부
터인가 언론과의 인터뷰를 찾아보기 힘들다. 김진수 기자가 찍었다.

레〉1999년 9월 17일치 기사에서는 정규 4집 〈아이야!〉(I yah!)로 컴백한 에이치오티(H.O.T.)에 대해 "에쵸티는 늘 의도적이건, 아니면 우연이건 음반을 낼 때마다 표절 논란 등 격렬한 논쟁을 불러일으켰다. 일단, 이들이 이번에 불러일으킬 논쟁거리는 한눈에 알아볼 수 있을 만큼 명확해 보인다. 바로 일본 '비주얼 록'의 모방논쟁"이라고 언급했다. 당시 에이치오티의 콘셉트가 일본 비주얼 록과 닮았다고? 고개를 갸우뚱하게 하는 대목이다. 하지만 그때 그랬다. 에이치오티는 당시 발매하는 앨범마다 콘셉트 표절 논란, 립싱크 논란, 가창력 논란 등에 시달렸고 언론은 이를 늘 강조했다. 마치 언론의 표적이 서태지와 아이들에서 에이치오티로 넘어간 것 같았다. 납득할 만한 비판도 있었지만 소모적인 논란거리도 많았다.

## 획일화의 '원흉', 케이팝을 완성하다

언론의 집중포화 대상이었던 에이치오티가 서태지와 아이들과 달랐던 점 중 하나는 '기획상품' 논란에 시달렸다는 것이다. 〈한겨레〉 2000년 10월 11일치 기사에서는 "댄스그룹 에이치오티는 새 음반을 발표할 때마다 화제와 논란의 대상이었다. 분명 지금의 우리 가요계에서 높은 음반판매고를 기록하며 커다란 인기를 얻고 있지만 그동안 이들의 행보는 표절 논란과 철저한 기획상품이라는 비판으로 얼룩지곤 했다. 이것은 사실 여부를 떠나 에이치오티의 정체성에 의문부호를 던지게 만드는 요인"이라고 지적한다. 이 기획상품이라는 단어는 기획사가 연습생을 발굴해 트레이닝시키고 프로듀싱, 매니지먼트까지 총괄하는 시스템을 가리키는 것이다. 이것을 이수만은 '시티'(CT, Culture Technology)라고 설명한다. 지금은 이것이 케이팝을 완성해낸 스타 시스템이라고 칭송을 받지만 당시에는 분위기가 달랐다. 그때는 이 시스템이 가요계, 그리고 더 나아가 청소년 문화를 획일화한다고 비판을 받았다.

이수만은 에스엠을 둘러싼 여러 논란을 뒤로하고 1990년대 후반부터 중국 시장을 노렸다. 케이팝 한류의 초석이었다. 이수만은 2001년 10월 2일 〈한겨레〉의 경제주간지 〈이코노미21〉에 기고한 글에서 "2000년 2월에 처음으로 H.O.T가 중국 베이징의 공인 체육관에서 단독 콘서트를 열었을 때, 이미 필자는 한류 열풍이 결코 거품만은 아님을 체감할 수 있었다. 당시 H.O.T의 베이징 콘서트를 보러 온 중국의 청소년들은 하나같이 한국어로 H.O.T 노래를 따라 불렀다. 그리고 그들은 가방에 태극기와 H.O.T 사진을 함께 달고 다녔다. 놀라운 사실"이라고 설명했다.

놀랍게도 이수만은 십수 년 뒤 케이팝의 영향력이 지금처럼 아시아를 거쳐 세계로 확장될 것이라는 사실을 예상했다. 그는 2004년 10월 21일 〈한겨레21〉과의 인터뷰에서 "90년대 중반 '뉴키즈 온 더 블록'의 내한 공연에 열광하는 청소년들을 보면서 우리 가수가 외국에 가서 인기를 얻을 수는 없을까 하는 생각을 했다. 미국은 시장이 크지만, 정서가 너무 다르고 인종적인 한계가 있다. 그래서 아시아, 특히 동북아시아로 눈을 돌리게 됐다. 한·중·일을 합치면 15억이 넘는 시장 규모다. 미래는 역시 중국 시장이 아닐까 생각했다. 동북아 시장만 합쳐도 15억 인구가 있다. 아시아에서 1등이 세계에서 1등이 될 날이 올 것"이라고 장담했다. 당시 대부분의 사람들은 이수만이 그린 케이팝의 장밋빛 미래에 동의하지 않았다. 하지만 지금 현실은 어떤가? 지금 우리가 목격하고 있듯이

2018년 에이치오티의 17년 만의 재결성 콘서트 현장. 당시 8만 장의 티켓이 단숨에 매진되고 220만 원 넘는 암표가 등장하는 등 기록적인 인기를 보여줬다. 누가 아이돌그룹은 수명이 짧다고 했는가? 김미나 기자가 찍었다.

언론도 1990년대 들어 음악기획 시스템의 강점을 조명하기 시작했다. 〈한겨레〉 1999년 11월 3일
치 지면에 실린 음악기획사 특집기사이다. 작고한 구본준 기자가 취재하고 썼다.

케이팝 아티스트가 월드투어를 돌고 빌보드차트에 오르는 세상이
됐다.

이수만과 에스엠의 성공 비결은 무엇이었을까? 이수만은 그
경쟁력의 요체가 시티라고 정의했다. 시티는 캐스팅, 트레이닝, 프
로듀싱, 마케팅 등을 하나의 기획사가 총괄하는 에스엠의 시스템
으로 이수만은 에이치오티를 제작할 때부터 시티를 적용한 것으
로 알려졌다. 사실 시티와 같은 스타 시스템이 기존에 아예 없었던
것은 아니다. 일찍이 1960년대에 미국 디트로이트의 '모타운레코
드'는 포드주의(근대적 분업 기반 연속공정 방식)의 영향을 받아 기획
사 자체 프로덕션팀, 세션팀, 뮤지션 관리체계를 수립하고 '모타운
사운드'라 불리는 음악들을 제작해 차트를 휩쓸었다. 지금 아이돌
그룹의 원조로 여겨지는 슈프림스, 잭슨 파이브 등이 모타운을 통
해 데뷔했다. 한국에서도 김완선이 매니저 한백희에 의해 어렸을
때부터 훈육을 받고 화려한 퍼포먼스로 데뷔해 가요계 패러다임
을 바꿔놓은 전례가 있다.


## 이수만, 케이팝 산업의 정점에 서다


이수만과 에스엠이 대단한 것은 그 스타 시스템을 체계화해
1996년부터 현재까지 사반세기 동안 가요계를 지배하고 있다는
사실이다. 한국에서 하나의 기획사가 이렇게 오랫동안 엔터테인
먼트를 좌지우지한 적은 없었다. 〈한겨레21〉 2000년 9월 7일치
기사에서는 "70년대 지구레코드, 80년대 동아기획, 90년대 SM 이
런 회사들이 나름대로 가수 발굴하고, 관리까지 하는 데는 잘한 케
이스인데 SM의 문제는 잘한 게 문제가 된다는 점"이라고 언급했

엑소 멤버들이 2018년 강원도 평창 메인프레스센터에서 열린 폐막식 관련 기자
회견에서 포즈를 취하고 있다. 엑소의 멤버 카이는 평창 올림픽 폐막식에서 독
무를 펼쳐 주목받기도 했다. 박종식 기자가 찍었다.

다. 에스엠은 자사의 스타 시스템을 통해 에이치오티, 에스이에스를 시작으로 신화, 보아, 동방신기, 슈퍼주니어, 소녀시대, 샤이니, 에프엑스, 엑소, 레드벨벳, 엔시티(NCT)에 이르기까지 매머드급 아이돌 그룹을 꾸준히 배출해 가요 시장을 독점하고 해외로 나가 성공을 거뒀다. 마치 '월트디즈니컴퍼니'가 자신들만의 아이피(IP, 지식재산권)를 창조해 거대한 왕국을 건설한 것처럼 말이다.

이수만. 그는 현재 전 세계 대중음악계에서 강력한 팬덤을 거느리고 있는 케이팝 산업의 정점에 서 있는 경영자이자 케이팝 제작 시스템의 기틀을 세운 프로듀서다. 현재 케이팝 아티스트들은 아시아를 넘어 전 세계 시장에서 성공을 거두고 있다. 그중 최선두에 위치한 방탄소년단(BTS, 비티에스)은 최근 세계 대중음악의 정상을 상징하는 빌보드차트 1위를 거머쥐는 기염을 토했다. 이를 바라보는 이수만은 어떤 심정이었을까? 과거 에스엠 오디션에서 떨어진 박진영을 통해 가요계로 입성한 방시혁이 키운 아이들이 자신의 꿈이었던 세계 시장 정상에 오른 것을 보고 이수만은 대견스러웠을까? 아니면 선수를 빼앗긴 기분이었을까? 한 가지 단언할 수 있는 것은, 이수만이 없었다면 지금 우리가 목격하고 있는 비티에스의 성공도 없었을 것이라는 사실이다.

# 카페베네는
# 스타벅스를
# 이긴 적이
# 없었다

## 카페베네와
## 강훈 대표

28

1997년 10월 4일치 〈한겨레〉에 토막기사가 하나 실렸다. '전 세계에 1300개의 점포망을 거느린 미국 최대의 커피체인점 스타벅스가 내년 상반기에 국내에 상륙한다'는 기사였다. 약 100자에 불과한 이 기사는 이후 20년간 벌어질 커피 프랜차이즈 전쟁의 시작이자 우리나라의 커피문화를 완벽하게 뒤바꿀 변화를 알리는 신호탄이었다. 이제 〈한겨레〉 아카이브를 통해 그 전쟁의 뒷모습과 함께 그 중심에 있었던 스타벅스와 '커피왕' 강훈 대표, 그리고 카페베네를 살펴본다. 해설 김영준

1990년대까지만 하더라도 우리나라에서 커피란 곧 인스턴트커피를 의미했다. 2000년대 중반까지도 인스턴트커피가 전체 시장의 95%를 차지하고 있었던 것을 생각하면 당연한 일이었다. 대부분의 사람들에게 믹스커피 외의 커피란 존재하지 않았다.

이런 불모의 시장에 변화가 예고된다. 신세계가 1997년에 미국 스타벅스와 계약을 맺고 국내 도입을 추진한 것이다. 하지만 이 야심찬 계획은 IMF 외환위기가 터지며 무기한 연기되고 만다. 외

## 소기업 담보대출때 채권 면제

### 내년부터…운수업 차량 나이제한 완화

기업이 부동산 담보대출을 받을 때 적용되는 국민주택채권 의무매입제도가 내년부터 소기업에 대해서는 폐지된다.

또 자동차운수사업자가 개업하거나 증차할 때 구입하는 차의 사용연한 제한이 완화되고, 컴퓨터 오락실 이용요금이 자율화된다.

공정거래위원회 경제규제개혁위원회는 3일 통상산업부 건설교통부 등 관련 부처와 협의를 거쳐 이런 민생관련 규제개혁 방안을 확정짓고, 단계적으로 시행하기로 했다.

이 방안에 따르면 현행 주택건설촉진법은 기업이 은행에서 담보대출을 받을 때 근저당설정 금액의 1% 만큼 국민주택채권을 사도록 의무화하고 있으나, 내년 7월부터 중소기업법상 소기업에 대해 이를 면제해주기로 했다. 2000년부터는 면제 대상이 전체 중소기업으로 확대된다.

또 자동차운수사업자가 새로 면허를 얻거나 차를 늘릴 때는 출고된 지 6개월~2년 이하의 차만 쓰도록 하고 있으나 올해안에 승용차와 화물차는 제한을 없애고, 승합자동차는 기간을 현행 2년에서 4년으로 늘리기로 했다.

신기섭 기자

## 대우증권 추천종목 상승률 최고

증권사들이 분석자료집 등을 통해 매수를 권유하는 추천종목 가운데 대우증권이 추천한 종목들의 주가상승률이 가장 높은 것으로 나타났다.

3일 증권거래소와 증권업계에 따르면 국내 10大 대형증권사들이 지난 9월1일 선정했던 5개 추천종목들을 대상으로 9월1일 종가와 9월3일 종가를 비교한 결과, 대우증권이 추천한 5개 종목의 주가상승률이 평균 9.11%로 가장 높았다. 같은 기간 동안 종합주가지수는 5.14% 하락했다.

대우증권은 추천종목 중 부산산업이 1일 종가가 3만4500원에서 4만450원으로 28.99%가 올라 10大 증권사의 50개 추천종목 중 가장 높은 상승률을 기록했고, 주가가 하락한 종목은 덕양산업 1개에 불과했다.

다음으로 삼성증권의 추천종목이 평균 4.25%가 올라 뒤를 이었고 현대증권과 동서증권도 각각 2.51%, 2.5%의 상승도를 보였다.

김병수 기자

## 미 커피체인점 '스타벅스' 내년 상반기 한국에 진출

전세계에 1300여개의 점포망을 거느린 미국 최대의 커피체인점 스타벅스가 국내 상륙한다.

신세계백화점은 자회사인 에스코코리아(대표 김영화)를 통해 지난달 26일 미국 시애틀에 본사를 둔 스타벅스사와 프랜차이즈 계약을 맺고 내년 상반기 안에 1호점을 개점하기로 했다고 3일 발표했다.

김경애 기자

## 증권업계도 4대재벌 장악할듯

### 대우·현대·엘지 약정순위 앞머리…삼성도 10위권

현대증권과 삼성증권이 빠른 외형 성장세를 보이고 있어, 머지않아 증권업계에서도 4대 재벌시대가 열릴 것으로 보인다.

3일 증권거래소에 따르면 현대증권은 지난 94년(이하 사업연도 기준)에 20조1120억원의 약정을 올려 증권업계 7위였으나, 96년 5위로 오른데 이어 올들어서는 국민투신증권을 인수하면서 법인과 국제영업 부문에서 눈에 띄는 신장세를 보여 업계 2위로 올라섰다.

올 상반기(4~9월) 증권사별 약정 규모에서는 대우가 16조1960억원을 올려 계속 1위 자리를 지켰으며, 현대는 12조5470억원으로 2위로 오르며 엘지를 3위로 밀어냈다.

삼성증권(옛 국제증권)은 92년까지는 25~26위의 소형 증권사였으나, 93년 삼성으로 인수된 뒤 급성장해 94년 13위, 95년 12위, 96년 11위에 이어 올 상반기에는 8위로 10위권에 진입했다.

이런 추세라면 머지않아 증권업계도 현대 삼성 대우 엘지 등 4대 재벌이 장악할 것으로 예상된다.

한편 현대와 삼성의 약진으로 엘지가 3위로 밀려난 것을 비롯해 동서, 대신, 쌍용, 동원 등 10위권 내 대형 증권사들이 각각 한 단계씩 순위가 떨어졌다.

증권업계 관계자는 "재벌계열사의 경우 계열사 여유자금을 받을 수 있지만 그렇지 못한 증권사보다 영업신장 속도가 빠를 수밖에 없고, 상대적으로 재벌그룹 자금을 빼기는 비 재벌 증권사는 어려움이 갈수록 커지고 있다"고 말했다.

김병수 기자

〈한겨레〉 1997년 10월 4일치 9면에 실린 스타벅스 한국 진출 관련 기사. 이때는 누구도 이 기사의 의미를 이해하지 못했다.

제품, 수입품 불매 운동이 벌어진 탓이다. 당시의 분위기는 1998년 2월 16일치 〈한겨레〉의 「"커피만 수입품이냐" 업계 볼멘소리」라는 기사에서 확인할 수 있다. 국산차로 알고 있는 둥굴레나 율무도 90% 이상이 수입인데 커피만 불매운동의 대상품이 된 것에 대한 업계의 반발이었다.

## 3년 만에 2개→451개, 카페베네의 놀라운 성장

당시 스타벅스 론칭 태스크포스(TF) 멤버였던 강훈 대표는 론칭을 위해 스타벅스 미국 본사에서 일하면서 커피 산업의 밝은 전망을 본 상태였다. 그렇기에 그는 신세계를 나와 이후에 탐앤탐스를 설립하게 될 김도균 대표와 함께 그가 스타벅스 본사에서 보고 배운 방식대로 강남에 대한민국 첫 커피프랜차이즈가 될 할리스 1호점을 차린다.

시작은 할리스였지만 변화는 스타벅스가 등장하면서부터다. 외환위기로 인해 개점이 무기한 연기됐던 스타벅스가 1999년 7월에 이대 앞에 1호점을 연 것이다. 스타벅스는 당시 미국에서 가장 인기 있던 브랜드라는 점과 미국 문화를 국내에서 간접적으로 체험할 수 있다는 점 때문에 개장 직후 열광적인 인기를 얻었다. 할리스가 성장을 한 시점도 이때부터다. 스타벅스는 직영점으로만 운영하기에 그와 비슷한 사업모델을 가진 할리스로 가맹점주들이 몰리기 시작하자 할리스는 성공적으로 시장에 안착할 수 있었다. 그리고 2003년 CJ 플래너스에 할리스를 매각하면서 강훈 대표는 성공적인 커피프랜차이즈 경영자로 이름을 알리게 된다.

스타벅스와 할리스가 커피 프랜차이즈 사업이 돈이 된다

는 것을 증명하자 후발주자들이 등장하기 시작했다. 그중에서도 2008년에 등장한 카페베네는 후발주자의 후발주자였다. 감자탕 프랜차이즈를 운영하던 김선권 대표가 설립한 카페베네는 설립 초기에 업계에서 명성이 높은 강훈 대표를 영입했고 강훈 대표는 할리스를 운영한 경험을 카페베네에 녹여내기 시작한다.

카페베네는 브랜드 마케팅에 중점을 뒀다. 후발주자가 제대로 경쟁하기 위해선 브랜드 마케팅에 초점을 둬야 한다는 계산이었다. 그래서 론칭 초기부터 연예기획사와 손을 잡고 연예인들을 광고에 출연시켰고 여러 텔레비전 프로그램에 협찬과 스폰서 광고 등을 진행했으며 한예슬을 모델로 삼아 스타 마케팅을 진행하면서 시장에 큰 충격을 주었다.

그뿐 아니라 〈한겨레〉의 2010년 11월 15일치 기사 「자동차·IT회사가 카페로 간 까닭은?」을 살펴보면 당시 카페베네의 매장을 활용해 기아차와 공동 마케팅을 펼친 것을 확인할 수 있다. 카페베네가 브랜드 마케팅에 얼마나 심혈을 기울였는지를 잘 보여주는 사례다. 그리고 이것은 고스란히 폭발적인 성장으로 이어졌다.

강훈 대표가 부임 전 2개뿐이었던 매장은 부임 후 설립 3년차인 2010년에 451개에 이른다. 스타벅스가 11년 동안 327개의 점포를 연 것과 대비되는 폭발적인 성장이었다. 이러한 폭발적인 성장은 커피 업계뿐 아니라 언론과 경영계의 주목과 찬사를 받았다. 그리고 모두의 주목을 받던 2011년, 강훈 대표는 카페베네를 나와 망고식스를 차리며 포화된 커피시장에서 벗어나 새로운 길을 모색한다.

물론 강훈 대표가 나간 이후로도 카페베네는 계속 놀라운 성장을 기록했다. 2011년엔 전년 대비 점포수 200여 개 이상, 매출은

카페베네의 엄청난 성장세는 대단한 뉴스거리이자 자랑거리임에 분명했고 언론과 경영인들 사이에서 화제가 되었다. 강훈 대표가 2011년에 낸 이 책은 그 자신감과 성취의 상징이었다. 하지만 정말로 이겼다고 할 수 있을까? 다산북스 제공.

60% 증가를 기록했고 2012년에는 국내 800호점 돌파와 함께 뉴욕과 중국에 지점을 설립했으며 2013년 8월에는 국내 커피프랜차이즈 최초로 1000호점을 넘어섰다.

　카페베네는 언제나 성장을 외쳤다. 2012년 4월 29일치 〈한겨레〉 기사 「"스타벅스 비켜"…카페베네 중국 진출」에는 "중국에서 3년 안에 1500개의 매장을 열"겠다는 김선권 대표의 선언이 실려 있다. 1000호점을 넘어서면 전 세계에 1만 개 점포를 열겠다고 밝힌 것과도 일맥상통한다. 하지만 빠른 성장이 무조건 좋은 것인지는 의문이다. 여기엔 문제점 또한 분명하기 때문이다.

## 눈부신 양적 성장, 그 뒤의 그늘

2012년까지는 매출이 급격하게 증가했지만 정작 그 매출의 절반 가까이가 신규 매장을 열면서 인테리어와 장비 공급을 통해 얻은 프랜차이즈 매출이었다. 이는 커피 판매보다 확장에 초점이 맞춰져 있다는 것이며 확장세가 꺾일 경우 매출도 곤두박질친다는 의미다. 실제로 성장세가 둔화하기 시작한 2013년부터는 매출이 급격하게 줄어들기 시작했다. 왜 이런 일이 일어난 것일까? 그저 양적 성장에만 목표를 두고 다른 것을 도외시했기 때문이었다.

프랜차이즈는 균질한 상품의 대량 공급을 위해 탄생한 시스템이기에 상품의 균질성이 존재가치를 결정한다. 단적인 예로 스타벅스는 브랜드가 가진 힘 자체도 매우 크지만 결정적으로 어느 지점을 가든 같은 품질의 커피를 맛볼 수 있기에 브랜드 파워를 유지할 수 있었다. 만약 지점별로 품질이 제멋대로라면 그건 간판만 스타벅스인 믿을 수 없는 가게가 된다.

카페베네는 성장에만 신경을 썼지 관리와 운영에 소홀한 결과, 수많은 점포들은 간판만 카페베네인 믿을 수 없는 가게가 됐다. 성장 자체에만 목표를 둔 나머지 프랜차이즈가 무엇을 위한 것인지를 잊은 것이었다. 그 결과 카페베네는 몰락하기 시작한다. 국내외의 수많은 점포들은 관리와 운영의 미숙으로 무너져 내렸으며 2016년에는 336억 원의 적자를 기록하고 자본잠식에 빠지고 만다.

반대로 스타벅스는 프랜차이즈가 해야 할 정석을 잘 보여줬다. 점진적으로 성장을 이어가면서 서비스의 질을 유지하는 데 최선을 다했고 여전히 스타벅스는 어딜 가든 동일한 커피를 맛볼 수 있는 커피전문점으로 신뢰받고 있다.

냉정하게 얘기해보자. 카페베네는 스타벅스를 이겼다고 주장했으나 과연 이긴 적이 있을까? 현재 이디야의 점포는 스타벅스보다 1000여 개가 더 많지만 그 누구도 이디야를 커피업계 1위라고 하거나 이디야가 스타벅스를 이겼다고 주장하지 않는다.

자세히 살펴보면 그 어떤 브랜드도 스타벅스를 이기지 못했다는 것을 확인할 수 있다. 〈한겨레〉의 2016년 9월 19일 기사 「커피 가맹점, 하루 4곳 생기고 1곳 문 닫는다」를 살펴보면, 2015년 기준 카페베네의 점포당 평균 연매출은 3억 800만 원이고 가장 높은 투썸플레이스도 4억 8200만 원이다. 그런데 이것은 스타벅스를 뺀 조사 결과이고, 스타벅스의 경우 점포당 매출이 가장 낮았던 2007년이 5억 7900만 원이었다. 할리스의 개점 일화에서 알 수 있듯이 시장을 늘 주도해온 것은 스타벅스였고, 스타벅스는 그 누구에게도 추월을 허용한 적이 없다.

강훈 대표가 계속 카페베네에 있었다면 달랐을까? 강훈 대표는 커피 맛이 좋아봤자 브랜드를 모르면 아무도 알아주지 않는다며 초기에 브랜드를 알리기 위해선 양적 성장에 우선할 수밖에 없다는 인터뷰를 남긴 적이 있다. 하지만 그는 언제나 브랜드의 양적 성장에만 집중했을 뿐, 질적인 부분에 초점을 맞춘 적은 없었다.

망고식스를 차린 이후의 행보 또한 카페베네 때와 거의 동일했다. 망고식스는 할리스와 카페베네가 그랬던 것처럼 강남에 1호점을 차렸으며 드라마 제작 지원과 스타마케팅을 했고 이를 바탕으로 오픈 2년 만인 2013년에 국내 가맹점 100호점을 돌파하고 중국과 미국에 매장을 열었다. 역시나 양적 성장 일변도였다.

하지만 양적 성장 일변도는 조금만 상황이 달라져도 매우 취

스타벅스는 한국의 커피전문점 시장을 개척했고 현재
그 시장의 승자로 군림하고 있다. 백소아 기자가 촬영했다.

약해진다. 강훈 대표의 부고 소식을 다룬 〈한겨레〉의 2017년 7월 25일치 기사 「'커피왕'의 비극…프랜차이즈 어두운 민낯」에서도 나오듯이 강훈 대표는 포화된 국내 시장에서 경쟁하지 않겠다는 의사를 밝혀왔는데, 그 말대로 해외 매장 수를 70개까지 불렸지만 이 무리한 확장이 고스란히 타격이 되어 2015년부터 영업손실을 기록하기 시작했다. 질적 관리 없이 확장과 마케팅에 주력하는 것으로는 한계가 있기 마련이다.

  스타벅스의 국내 진출로 시작된 약 20년에 걸친 커피프랜차이즈 전쟁의 승자는 현재로선 스타벅스로 굳어진 상황이다. 스타벅스가 승자가 될 수 있었던 것은 가장 강력한 브랜드를 보유한 상태에서 프랜차이즈로서의 기본에 매우 충실했기 때문이다. 반대로 한때나마 스타벅스의 아성을 위협했던 카페베네는 기본을 도외시했기에 외형적 성장을 감당할 수가 없었다. 이 전쟁의 결과가 우리에게 주는 교훈이다.

# 이재웅-
# 김범수-
# 이해진의
# 숙명적 삼각관계

## 인터넷 I세대 3인방

29

네이버·카카오톡·다음·쏘카·라인·밴드…. 2020년 대한민국과 사람들의 삶을 소개할 때 절대 빠뜨릴 수 없는 것들이다. 벤처기업 창업자로 치환하면 이해진·김범수·이재웅 셋이 소환된다. 각각 네이버, 카카오, 다음 창업자다. 〈한겨레〉는 2014년 5월 27일치 기사에서 카카오와 다음이 합병하기로 한 사실을 전하며 이들 셋의 남다른 인연을 덧붙여 소개했다. 「얽히고설킨 '삼각인연'」이란 제목을 단 이 기사는 "다음커뮤니케이션과 카카오의 합병 발표에 따라 이 세 사람의 얽히고설킨 인연이 새삼 주목받고 있다"로 시작해 "세 사람 사이 인연의 얽히고설킴은 여전히 진행 중인 셈이다"로 끝난다. **해설 김재섭**

〈한겨레〉 아카이브를 보면, 네이버 창업자로 지금은 글로벌 투자책임자(GIO)를 맡고 있는 이해진과 카카오 창업자로 지금은 이사회 의장을 맡고 있는 김범수의 인연이 드라마틱하다. 뒤집어 보면, 둘 사이에 이런 인연이 없었다면 '네이버'와 '카카오톡'이 탄생하고 각각 '국민 포털'과 '국민 메신저'로 자리잡을 수 있었을까 싶다. 언젠가 작가의 손이 닿으면, 이병철 삼성 창업자와 정주영 현대 창업자를 능가하는 스토리가 나올지도 모르겠다.

특히 이해진과 김범수의 인연이 스펙터클하다. 둘은 서울대에서 만났다. 김범수가 1966년생으로 한 살 위지만, 재수를 했다. 1986년 이해진은 컴퓨터공학과, 김범수는 산업공학과에 나란히 입학해 1990년 함께 졸업했다.

이후 김범수는 서울대 대학원, 이해진은 카이스트 석사과정으로 진학하고, 헤어졌던 두 사람은 1992년 삼성에스디에스(SDS)에서 다시 만난다. 둘 다 대학원 졸업 뒤 이 회사로 입사했다. 그리고 둘 다 창업의 길을 가면서 다시 흩어졌다. 1998년 김범수가 먼저 게임포털 '한게임'을 창업하며 떠났다. 이해진도 이듬해 검색업체 '네이버컴'을 창업해 새 길을 간다.

## '신의 한 수'가 된 네이버·한게임 합병, 그러나 이해진의 비전에 게임은 없었다

이해진은 네이버를 구글처럼 '검색' 한 우물을 파는 업체로 키우고자 했다. 문제는 수익모델이었다. 설상가상으로 1999년부터 빠르게 확산되는 '닷컴 버블' 논쟁으로 투자를 받는 것도 쉽지 않게 됐다. 버블의 중심에 서 있는 코스닥 업체들이 주가 폭락을 막는 인수합병 이벤트 대상으로 네이버를 집적댔다. 새롬기술이 네이버컴과 합병 계획을 발표했다가 하루 만에 번복한 게 대표적이다. 2000년 4월 13일치 〈한겨레〉 「네이버 합병 불발, 거품 논쟁 번지는 불길」 기사에는 이해진 사장이 사흘 전 밤 10시 미국에 머물고 있는 오상수 새롬기술 사장과 1시간가량 통화한 내용이 담겨 있다. "지분에나 참여하시지요. 인수합병이 무슨 의미가 있겠습니까? 아무런 시너지가 없어요." 제발 네이버를 놔달라고 설득하고 하소연하는 모습이 역력하다.

때마침 김범수의 한게임은 온라인 고스톱·포커·바둑 게임 등으로 잘나가고 있었다. 당시 집은 물론이고 사무실이나 기자실에서도 온라인 고스톱 바람이 불었다. 하지만 김범수의 고민도 컸다. 고스톱 게임에 대한 사회적 인식이 좋지 않고, 이용자가 급증하면서 서버 운영비용이 눈덩이처럼 불어났다. 유료화하는 방법이 있었지만, 이용자들이 저항할 게 뻔했다. 실제로 프리챌이 커뮤니티 서비스를 유료화하겠다고 밝혔다가 누리꾼들의 뭇매를 맞은 바 있다.

이해진과 김범수가 서로에게서 기회를 봤고, 바로 질렀다. 네이버가 한게임을 인수합병하기로 했다. 회사 이름을 한게임의 영문 첫 글자 에이치(H)가 들어간 '엔에이치엔'(NHN)으로 바꾸고, 이해진과 김범수가 공동대표를 맡았다. 〈한겨레〉는 2000년 4월 26일치 기사에서 이해진 사장이 "네이버는 이번 합병을 발판으로 인터넷 미디어와 솔루션, 전자상거래, 오프라인 업체와 제휴를 강화할 계획"이라고 말했다고 전했다. 20년이 지난 지금의 네이버 사업 내용과 상당 부분 일치한다.

네이버의 한게임 합병은 이해진과 김범수 모두에게 '신의 한수'이자 '날개'가 됐다. 합병 이듬해인 2001년 2월 한게임은 '프리미엄 서비스'란 이름으로 게임을 유료화했다. 덕분에 그해 2분기 엔에이치엔은 영업이익 흑자를 기록했다. 이해진 공동대표는 〈한겨레〉 2001년 8월 17일치 'CEO에게 듣는다' 인터뷰에서 "회사 설립 2년 만에 모처럼 웃게 됐어요. 서비스 성격을 정확히 이용한

김범수 카카오 이사회 의장의 모습. 촬영은 ACROFAN.

유료서비스 덕분입니다. 지난해 합병한 게임포털 한게임의 프리미엄 서비스 유료화가 비교적 무난히 정착된 게 큰 힘이 됐죠"라고 밝혔다.

이듬해(2002년) 8월 포털 네이버와 게임사이트 한게임을 운영하는 엔에이치엔은 '삼수' 끝에 코스닥 등록 심사를 통과한다. 오상수 새롬기술 사장에게 네이버컴 합병 대신 지분 투자를 하게 하는 과정에서 조건을 건 게 두 번에 걸친 코스닥 상장 좌절의 원인으로 분석됐다. 어쨌건 게임 유료화에 이은 코스닥 상장을 통해, 이해진은 검색 서비스 한 우물을 팔 수 있게 됐고, 김범수는 게임 사업을 마음껏 확장할 수 있게 됐다. 이때를 즈음해 네이버가 포털 1위 사업자 다음을 바짝 쫓기 시작했다.

새롬기술이 네이버 인수합병을 번복하지 않았다면, 네이버와 한게임이 합병하지 못했으면 어땠을까. 하여튼 이해진은 새롬기술에 발목이 잡혀 늪에 빠졌다가 살아났고, 한게임 합병으로 날개를 달아 네이버를 지금 모습으로 키울 수 있는 기반을 마련했다. 네이버를 상징하는 캐릭터 모자에 날개가 붙어 있는데, 그 날개를 한게임이라고 해도 되지 않을지.

하지만 네이버와 한게임은 닷컴 버블 붕괴기에 서로 필요로 해서 만났을 뿐, 이질적인 사업의 특성상 끝까지 함께할 수는 없었다. 상장을 통해 네이버가 한게임을 필요로 했던 요인이 해소됐고, 이해진과 김범수의 사업 방식과 비전이 크게 달랐다. 무엇보다 이해진의 사업 비전에 게임은 포함되지 않았다. 네이버 쪽이 한게임 쪽을 부담스러워한다는 얘기가 들리는가 싶더니, 김범수가 2007년 엔에이치엔 공동대표에서 물러나 미국법인 대표 명함을 들고 벤처기업의 산실인 미국 캘리포니아주 새너제이로 갔다. 그리고

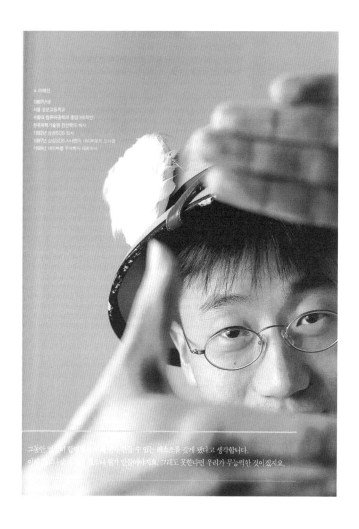

* 이해진
1967년생
서울 상문고등학교
서울대 컴퓨터공학과 졸업 (86학번)
한국과학기술원 전산학과 석사
1992년 삼성SDS 입사
1997년 삼성SDS 사내벤처 (네이버포트 소사장)
1999년 (주)네이버 주식회사 대표이사

그동안 열심히 함께 싸울 수 있는 리소스를 갖게 됐다고 생각합니다.
모니 빨리 만들어야죠. 그래도 못한다면 우리가 무능력한 것이겠지요.

〈한겨레〉 경제주간지 〈닷21〉 2000년 6월 20일치에 실린 이해진 네이버 대표. '신의 한 수'이자 '네이버가 날개를 달았다'는 평가를 받고 있는 한게임 인수합병 직후다. 네이버를 상징하는 모자의 날개가 한게임을 나타내는 게 아닐지. 이주노 기자가 찍었다. 디지털화되지 않은 과거 지면 사진을 다시 찾아 소개한다.

얼마 뒤 이해진은 게임사업을 '엔에이치엔엔터테인먼트'로 떼어
내고 다시 네이버 깃발을 들었다.

　김범수는 절치부심하며 새 길을 찾았다. 컴덱스(세계 최대 컴퓨
터 전시회) 등 미국 라스베이거스에서 열리는 주요 전시회 때마다
찾았는데, 이게 뒷날 '김범수 도박설'의 빌미가 된다. 2010년 김범
수는 귀국해 카카오를 창업하고, 모바일 메신저 '카카오톡'을 선
보인다. 카카오톡은 곧 '국민 메신저'로 불릴 정도로 사람들의 삶
속으로 빠르게 파고들었다. 또한 카카오가 카카오톡 성공을 기반
으로 사업영역을 빠르게 확대하면서 네이버와 시장에서 충돌하기
시작했다. 이해진과 김범수 사이에 이번에는 '숙명의 라이벌'전이
펼쳐진다.

## 절대지존 이재웅의 다음, 네이버에 추월당하다

　2000년대 초반까지만 해도, 우리나라 대표 포털은 다음커뮤
니케이션이고, 국내 인터넷업계를 대표하는 벤처기업가는 이재웅
다음커뮤니케이션 창업자 겸 대표였다. 다음은 야후와 라이코스
같은 미국계 포털들을 누르고 국내 대표 포털로 우뚝 서 있었다.
다음의 한메일은 '국민 이메일'로 꼽히기까지 했다. 당시 〈한겨레〉
기사를 보면, 당시 벤처기업 3인방은 다음·새롬기술·골드뱅크였
고, 인터넷업계 벤처기업가로 2001년 다보스포럼, 방북단, 대통령
방미 사절단에 초청받는 것은 늘 이재웅이었다. 이해진과 김범수
의 이름은 없었다.

　이재웅은 이런 명성과 평판 속에서 2001년 7월 2일 KBS 9시
뉴스 앵커를 맡고 있던 황현정 아나운서와 결혼했다. 모두가 부러

위했다. 그해 8월에는 기아자동차 옵티마 광고에 출연했다. "다음은 16일을 '다음의 날'로 정하고 다음 회원들을 위한 오프라인 축제를 경기도 과천 서울랜드에서 연다고 13일 밝혔다. … 12일 현재까지 참여를 신청한 회원이 30만 명을 넘어섰고, 당일까지는 40만~50만 명이 참가를 신청할 것으로 다음은 예상했다." 이태희 기자가 〈한겨레〉 2001년 8월 13일치에 쓴 기사로, 포털업체 다음의 위상과 업계 지위가 어느 정도였는지를 보여준다.

하지만 '화무십일홍'이라고 했던가. 네이버가 한게임을 합병해 날개를 달면서 다음이 밀리기 시작했다. 2003년 1월 21일치 〈한겨레〉 「인터넷은 지금 '공습경보' – 포털 사이트 대전쟁」 기사는 "다음은 2001년 이후 야후코리아를 밀어낸 뒤 2천만 명에 육박한다는 한메일 회원과 '카페' 서비스로 선두 자리를 고수하고 있다. 그러나 달도 차면 기운다고, 지난해 하반기 이후 다음은 무섭게 치고 올라오는 엔에이치엔의 기세에 움찔하기 시작했다. 외형에서는 아직 엔에이치엔이 뒤지는 측면이 있긴 하지만, 실속 면에서는 오히려 다음을 앞서가고 있다"고 당시 상황을 전했다.

미니홈피와 도토리로 기억되는 '싸이월드'의 등장은 다음을 더욱 코너로 몰았다. 시사주간지 〈한겨레21〉은 2004년 7월 14일치 「싸이월드, 인터넷 역사를 다시 쓰다」 기사에서 "그동안 인터넷 업계에서 다음커뮤니케이션의 아성을 무너뜨리기는 거의 불가능해 보였다. 다음이 결심하면 포털 사이트의 새로운 흐름이 결정되기도 했다. 어느 순간 다음의 왕좌에 상처가 나기 시작하더니 급기야 다음은 모종의 결단을 내려야만 하는 상황에 몰리고 있다. 엔에이치엔의 네이버가 '있을 때 잘하지 그랬어'라는 자극적인 카페 광고로 치고 나올 때만 해도 견딜 만했다. 문제는 뜻밖의 복병이 있

21세기 한국 디지털산업을 이끌 경영인

| | | | |
|---|---|---|---|
| 전하진 1 한글과컴퓨터 | | 정문술 2 미래산업 | |
| 안철수 3 안철수바이러스연구소 | | 이용태 4 삼보컴퓨터 명예회장 | |
| 이재웅 5 다음커뮤니케이션 | | 이찬진 6 드림위즈 | |
| 이민화 7 메디슨 | | 김홍기 8 삼성SDS | |
| 김진호 9 골드뱅크 | | 김종길 10 두루넷 | |
| 오상수 11 새롬기술 | | 염진섭 12 야후코리아 | |
| 이상철 13 한국통신프리텔 | | 김익래 14 다우기술 | |
| 조정남 15 SK텔레콤 | | 곽치영 16 데이콤 고문 | |
| 남궁석 17 정통부 장관 | | 강병제 18 한국오라클 | |
| 박홍호 19 나모인터렉티브 | | 김범수 20 LG-EDS 전 사장 | |

기술과 제품을 배경으로 속속 등장하고 있다. 이번 평가 결과 전자상거래·보안소프트웨어 부문에서는 국내 대표적 전자상거래솔루션체인 이네트와 컴퓨터바이러스 퇴치에서 독보적 위치를 차지하고 있는 안철수바이러스연구소가 공동 1위로 선정됐다. 또 인터넷 기반 및 네트워크 소프트웨어

2000년 초 〈한겨레21〉이 기업인 설문조사를 통해 선정한 '21세기 한국 디지털산업을 이끌 경영인' 소개 기사. 전하진 한글과컴퓨터 사장이 1위, 안철수 안철수바이러스연구소 대표가 3위, 이재웅 다음커뮤니케이션 대표가 5위에 오른 게 눈에 띈다. 이해진 네이버 대표와 김범수 한게임 대표는 순위에 들지 못했다.

었다는 것이다. 에스케이커뮤니케이션의 포털 사이트 네이트닷컴이 업계 판도를 바꾸고 있는 것이다"라고 썼다.

이재웅은 '모종의 결단'을 이어가며 전세 역전을 시도했다. 2004년 "모험"(《한겨레》 8월 3일치)이라는 지적을 무릅쓰며 미국계 포털업체 라이코스를 인수했고, 본사를 서울에서 제주도로 이전하기로 전격 결정했다. 당시만 해도 지역에 있다가도 성공하면 본사를 서울로 옮겼지, 서울에 있던 업체가 본사를 지역으로 옮기는 것은 이례적이었다. 석종훈 〈조선일보〉 기자를 영입해 경영을 맡기고, 이후 2010년대엔 '마이피플' 앱 등 참신한 서비스들도 잇따라 내놨다. 특히 2004년 내놓은 온라인 토론장 '아고라'는 대한민국의 인터넷 역사의 한 장면으로 기록되기에 충분하다(아고라는 2019년 종료됐다).

하지만 전세 역전은 쉽지 않았다. 한메일과 함께 인터넷 시장을 호령하던 다음은 기어이 그 자리를 후발주자 네이버한테 내어주고 말았고, 1등이 독식하는 인터넷 시장의 특성대로 네이버와 다음의 격차는 갈수록 더 벌어졌다. 구글 등 외국 사업자들의 공세도 거세졌다. 결국 이재웅은 더 늦기 전에 다음에 새 날개를 달아줘야 한다고 생각했고, 모바일 인터넷 시대 국민 메신저를 넘어 국민 플랫폼으로 자리잡은 카카오톡을 가장 적합한 상대로 꼽았다. 그리고 1995년 창업해 '한메일'로 한때 대한민국 대표 포털 자리에 우뚝 섰던 다음을 7살짜리 벤처기업에 내주는 결단을 했다. 카카오와 합병으로 다음 지분 13.7%를 가졌던 이재웅의 합병회사 지분은 4.1%로 줄었다. 이재웅은 5대 주주로 밀려났다.

네이버의 한게임 합병이 김범수가 이해진에게 날개를 달아준 것이라면, 카카오의 다음 합병은 김범수가 이재웅에게 '만년 2인

2000년 6월 5일 이용호 기자가 찍은 이재웅 다음커뮤니케이션 대표 모습. 당시까지만 해도 이재웅은 인터넷업계를 대표하는 벤처 창업자였다. 미래를 알아버린 탓일까, 표정에서 시름이 읽힌다.

자' 처지를 벗어날 수 있는 기회를 준 셈이다. 물론 김범수도 모바일에 치중된 카카오 사업구조를 웹으로 확장하는 효과를 봤다. 이재웅이 몇 년 뒤 차량 공유 서비스(쏘카)와 모빌리티 서비스(타다) 등을 들고 다시 시장으로 돌아온 것을 보면, 김범수가 이재웅에게 새로운 도전으로 옛 영광을 되찾을 기회를 줬다고 볼 수도 있다.

네이버는 한게임을 떼어내고, 카카오는 다음을 품은 뒤 각각 승승장구해 대기업집단(재벌)으로 지정됐다. 덩달아 이해진과 김범수는 '재벌 총수'(동일인)로 지정됐다. 둘이 보유한 회사 지분의 가치는 각각 1조 원을 넘었다.

## 이해진·김범수·이재웅의 인연은 현재진행형이다

하지만 당사자들은 이 상황을 거부했다. 네이버와 카카오는 재벌이라고, 이해진·김범수는 재벌 총수로 불리는 걸 극도로 싫어한다. 〈한겨레〉는 2017년 8월 15일치 「네이버 창업자 이해진, 공정위에서 '나는 총수 아니다'」 기사에서 "네이버 창업자인 이 전 의장이 공정거래위원회를 직접 방문해 네이버를 '총수 없는 대기업'으로 지정해달라고 요청했다"고 썼다. 앞서 이해진은 2017년 정기주총에서 이사회 의장직을 버리고 글로벌투자책임자로 물러났다. 시간외 매매로 19만 5000주를 매각해 회사 지분율도 4.31%에서 3.72%로 낮췄다. 이어 2018년 주총에서는 등기이사도 버렸다. 〈한겨레〉는 2018년 2월 28일치 「이해진 네이버 창업자, 이사회 사퇴 이어 주식 매각 왜?」 기사에서 "총수 재지정과 관련 있는 것 같다"고 분석했다.

이해진·김범수·이재웅은 각각 차별화된 화두를 던지고 실천

다음 인수합병으로 딸려온 의무? 2015년 6월 26일 제주시 중앙로에서 박근혜 대통령이 참석한 가운데 제주창조경제혁신센터 출범식 겸 상징물 제막식이 열렸는데, 김범수(오른쪽 둘째) 카카오 이사회 의장이 참석해 박수를 치고 있다. 김 의장이 지금 이 사진을 보면 어떤 느낌이 들까. 청와대사진기자단 사진.

하고 있다. 그리고 아직까지는, 기존 재벌기업 창업주들과 다른 평판을 얻으려 애쓰고 있다. 이를 위해 서로 손을 잡기도, 힘을 합치기도 한다. 김상조 전 청와대 정책실장이 공정거래위원장 재직 당시 이해진을 스티브 잡스에 빗대며 폄하하는 듯한 발언을 하자, 이재웅이 발끈하며 공격에 나선 게 대표적이다.

이해진은 2019년 6월 18일 서울 종로구 포시즌스호텔에서 한국사회학회와 한국경영학회 주관으로 열린 '디지털 G2 시대, 우리의 선택과 미래경쟁력' 심포지엄에서 "네이버의 소유-경영 분리 원칙을 계속 지켜나가겠다"고 밝혔다. 또한 "우리나라 데이터를 잘 지켜내서 500년, 1천 년 지나 후손들이 '그때 네이버가 있어서 다행이었다'고 말할 수 있었으면 좋겠다"고 했다. 앞서 33살 때는

"20년 뒤 네이버 사업에서 멀어지는 대신 그동안 가장 하고 싶었던 일에 매진할 것"(〈한겨레21〉 2000년 1월 6일치)이라고 했다. 딱 지금 모습이다.

김범수는 최근 코로나19 극복 기금을 내놓으면서 사재 20억 원을 보태 화제를 모았다. 〈한겨레〉 2020년 3월 4일치 보도를 보면, 김범수는 본인 소유 회사 주식 1만 1000주를 코로나19 극복에 써달라고 내놨다. 〈한겨레〉는 "삼성 등 주요 그룹이 잇따라 코로나19 기부 행렬에 참여하고 있지만 오너가 사재를 내놓은 것은 이번이 처음이다"라고 썼다. 이해진과 김범수는 회사 경영권을 자녀들에게 넘겨주지 않겠다고 공개선언한 상태다.

다음을 카카오에 넘기고 "그동안 회사 지분을 팔아 벤처기업 인큐베이팅과 엔젤투자 등을 해왔는데, 이제부터는 그쪽 일에 전념할 예정"이라고 밝히며 떠났던 이재웅은 돌아오면서 '혁신'을 강조하고 있다. 2018년 8월 문재인 정부 기획재정부 혁신성장본부의 민간공동본부장으로 위촉되기도 했다. 지금은 논란 끝에 타다가 중단되면서 재기의 한쪽 날개가 접힌 상태지만, 그의 손에서 카카오톡과 네이버 못지않은 대박 작품이 나오지 말란 법도 없다. 이해진·김범수·이재웅의 얽히고설키는 인연은 지금도 진행 중이다.

# 4장 *

시간은
진격하는
자의 편이다

# 사회

# 그리고…
성희롱
예방교육이
시작됐다

신 교수
사건

# 30

성희롱. 상대방이 원하지 않는 성적인 말이나 행동으로 상대방에 게 성적 굴욕감이나 수치심을 느끼게 하는 행위. 국내에서도 이제 성희롱을 명백한 성범죄의 하나로 여긴다. 1999년까지만 해도 직 장 내 성희롱에 대한 처벌 규정이 없었다. 저절로 이뤄진 건 없다. 우리가 기억해야 할 싸움이 있다. 한 성희롱 피해자와 그의 연대 자들이 함께 28년 전 처음으로 세상에 질문을 던졌다. 6년에 이르 는 싸움에서 그들이 물러서지 않았기에 얻은 성취를 우리는 지금 누리고 있다. 〈한겨레〉는 어떤 언론보다 여성의 관점에서 세상을 전하려 노력해왔다. 〈한겨레〉 아카이브에서 그 사건을 돌아본다.

해설 이정연

변화의 파문은 1993년 8월 24일 시작됐다. 〈한겨레〉는 1993 년 10월 7일치에 이와 관련한 첫 기사를 실었다. 「교수·여자 조교 성희롱 법정비화」라는 제목으로 단 220자의 짧은 기사가 19면 구 석에 실렸다. "최근 서울대를 들끓게 하고 있는 교수와 여자 조교 사이의 성희롱 공방이 법정으로까지 번졌다. 지난 8월 24일 서울대 자연대 조교 ○아무개(25·여)씨가 담당교수에게 성희롱을 당했다는 내용의 대자보를 공개하면서 일어난 이 공방은 신아무개 교수가 지난달 16일 ○씨를 명예훼손 혐의로 고소함에 따라 국내 최초로 성희롱에 대한 법정싸움으로 비화됐다."

이 기사는 '이삭'이라는 코너 아래 실렸다. 바닥에 떨어진 이삭을 줍듯 흘려버릴 수 없는 사건을 짧게 소개하는 코너였다. '성희롱'은 당시 낯선 개념이었다. 처음엔 지면에 짧게 다뤄진 이 사건은 여성 인권과 노동권의 신장에 획을 그었다.

이 사건을 기억하는 40살 이상의 독자들도 있을 것이다. '서울대 ○조교 성희롱 사건'이라고 기억에 남아 있을 가능성이 크다. 피해자의 성씨와 직위로 사건을 호명했다. '서울대 여조교 성희롱 사건'이라고 부르기도 했다. 1993년 10월 피해자와 연대자들의 모임인 '서울대 조교 성희롱 사건 공동대책위원회'가 성희롱을 한 교수 등에게 손해배상을 하라며 고소한 뒤 언론은 이 사건에 더욱 주목한다. 대책위의 이름에도 피해 당사자의 직위를 부각했을 뿐이었다. 언론도 이런 호명에 문제의식이 크지 않았다. 〈한겨레〉를 비롯한 언론은 이 사건을 대부분 '서울대 ○조교 사건'으로 칭했다.

과거의 기사를 오늘날의 성인지 감수성에 비춰 재단하기 어렵다. 그러나 이런 호명 방식이 오늘날 완전히 개선되지 않았기에 힘주어 비판하지 않을 수 없다. 남성 가해자들의 이름은 지운 채 불법 촬영 피해를 당한 여성 연예인의 이름을 앞세우고, 성폭력 피해를 본 여성 운동인의 이름을 내세워 사건을 부르는 일은 28년이 지난 지금에도 바뀌지 않았다. 그 잘못된 호명 뒤에 성범죄 가해자들은 숨고, 잊힌다. 한국기자협회가 여성가족부와 함께 만든 '성폭력·성희롱 사건보도 실천요강'에는 "피해자를 중심으로 사건을

〈한겨레〉가 서울대 신아무개 교수 성희롱 사건을 다룬 첫 기사. 두 문장으로 된 짧은 기사였다. 1993년 10월 7일 치 19면을 보면 오른쪽 아래 좁은 지면을 차지하고 있다. 당시 〈한겨레〉는 기사를 쓴 기자의 이름을 표시한 '바이라인'을 적지 않아, 이 기사를 누가 썼는지는 확인할 수 없었다. 〈한겨레〉 아카이브의 기사를 검색해보니 1993년 부터 2001년까지 서울대 신 교수 성희롱 사건 관련 기사는 70여 편이 있다.

부르는 것은 피해자를 주목하게 만들어 결과적으로 2차 피해를 줄 소지가 있으므로 피해자를 전면에 내세워 사건에 이름을 붙이는 등 피해자 중심으로 사건을 보도하지 말아야 한다"고 적혀 있다. 이제 서울대 ○조교 성희롱 사건이 아니라 '서울대 신 교수 성희롱 사건'으로 불리고, 기억되어야 한다.

### 엇갈린 1심과 2심⋯재판 중에 2차 가해 발언도 쏟아져

피해자가 대자보로 피해 사실을 공론화한 뒤 지난한 법정 공방이 시작됐다. 피해자가 1993년 10월 서울민사지법에 신아무개 교수와 서울대 총장 등을 상대로 5000만 원을 배상하라며 손해배상 청구소송을 냈다. 최은순(현 법률사무소 디케 대표변호사), 이종걸(정치인), 박원순(전 서울시장) 변호사가 피해자 편에서 공동 변론에 나섰다. 긴 싸움의 시작이었다.

반면, 신 교수는 일상을 이어갔다. 1994년 봄학기에 4개 강좌를 하게 됐다. 1994년 3월 3일치 〈한겨레〉는 서울대 성희롱대책위 소속 학생 50여 명이 1994학년도 입학식에서 이에 항의해 침묵시위를 했다고 전했다. 같은 달 22일 피해자는 재판정에서 직접 성희롱 피해 사실을 증언했다. 한 달 뒤인 4월 18일 1심 판결이 내려졌다. 승리였다. 서울민사지법 합의18부(재판장 박장우 부장판사)는 "신 교수는 우씨에게 3000만 원을 지급하라"며 원고 일부 승소 판결을 내렸다. "직장 내 근로자의 지휘·명령·인사권을 갖고 있거나 근로조건의 결정에 영향을 끼치는 상사가 성과 관련한 언동으로 성적 불쾌감과 굴욕감을 느끼게 하거나 직무수행에 부당하게 간섭하기 위해 이런 행위를 했을 때는 법적 책임을 묻지 않을 수 없

직장내 성희롱, 어떻게 볼 것인기
－서울대 성희롱사건을 계기로

일시 : 1994. 11. 9 (수) 오전 10 시　장소 : 한국프레스센터　주최 : 남녀고용평등을 위한 교수모임

서울대 신 교수 성희롱 사건이 공론화하면서 각계의 논의가 촉발됐다. 사진은 유창하 기자가 찍은 '직장 내 성희롱 어떻게 볼 것인가—서울대 성희롱 사건을 계기로'라는 토론회의 전경. '남녀고용평등을 위한 교수모임'이 주최한 이 토론회의 참석자 중 '이정옥'(왼쪽 셋째)이라는 이름이 눈에 띈다. 이정옥 전 여성가족부 장관이다. 발표를 하는 사람은 심영희 한양대 연구석좌교수다. 심 교수는 항소심에서 피해자가 패소하자, 1995년 7월 28일치 〈한겨레〉에 「성희롱, 피해자 쪽 입장서 판단해야」라는 제목의 칼럼을 썼다.

다." 성희롱에 관한 국내 첫 사법적 판단이었다.

승리의 기쁨은 짧았다. 신 교수는 곧장 항소를 제기했다. 1994년 7월 항소심 첫 공판이 열렸고, 재판부는 1994년 10월 1일 현장 검증을 진행했다.

항소심 재판 중엔 2차 가해 발언이 쏟아졌다. 김종태 기자는 1995년 5월 24일치 항소심 결심공판 기사에 "신 교수 쪽에서 '당시 아무개씨는 남성들로부터 성적 충동을 일으킬 수 없는 청바지 차림을 즐겨했다'고 주장하자 방청석에서 웃음이 터져 나오기도 했다"고 전했다. 방청객은 어이가 없어 웃었겠지만, 그 자리에 함께 있던 피해자는 어떤 심정이었을까. 기사엔 "본인 진술에서 아무개씨는 내내 울먹이면서 '성희롱 당시 내색은 하지 않았지만 어떤 때는 교수님 뺨을 때리고 싶었던 적도 있었다'고 말했다"고 적혀 있다.

1995년 7월 25일 서울고법 민사9부(재판장 박용상 부장판사)는 원심을 깨고 원고 패소 판결을 내렸다. 항소심 판결문 전체를 구해 읽었다. 판결문은 성희롱(재판부는 성희롱을 성적 괴롭힘으로 정해 판시했다) 개념 도입에 따른 부작용을 언급하고 있다. 그 내용은 다음과 같다. "남녀관계를 적대적인 경계의 관계로만 인식하여 그 사이에서 일어난 무의식적인 또는 경미한 실수를 모두 법적 제재의 대상으로 삼으려는 주장에는 경계하여야 한다. 그렇게 되면 남녀 간의 모든 접촉의 시도는 위축되고 모든 남녀관계가 얼어붙게 되어 활기차고 정열적인 남녀관계의 자유로움과 아름다움이 사라지게 될 우려가 있다. 그것은 남성에게뿐 아니라 여성에게도 불행스러운 일이 될 것이다."

1994년 10월 1일 항소심 중 현장검증이 진행되던 날 연대자들이 모여 집회를 하고 있다. 당시 공개되지 않은 사진 중 하나다. 이들이 든 피켓에 적힌 내용은 27년이 지났지만 여전히 유효한 구호들이다. '언론은 공정한 보도를, 재판부는 공정한 판결을' '직장 내 성희롱은 여성의 노동권을 침해하는 범죄행위' '직장 내 성희롱! 일할 권리 침해하는 폭력입니다' '성폭력을 추방하여 평생노동권 확보하자!' '대학의 선진화는 성희롱 교수 추방부터'. 김종수 기자 촬영.

서울고법 민사9부(재판장 박용상 부장판사)는 1994년 10월 1일 현장검증을 진행했다. 10월 2일 〈한겨레〉엔 현장검증 사진이 한 장 실렸다. 신 교수가 성희롱하는 걸재연한 장면이었다. 피해자가 직접 나서 신 교수가 어떻게 성희롱을 했는지 보여야했다. 사진에서 책상에 앉은 여성을 뒤에서 안는 듯한 자세를 취하고 있는 여성이피해자다. 항소심에서 신 교수가 성희롱했다고 볼 수 없다며 원고 패소 판결을 내렸던 박용상 부장판사도 이 사진에 찍혔다. 오른쪽 위 종이를 들고 있는 사람이 박용상 부장판사다. 이날 사진들은 모두 고인이 된 김종수 기자가 찍었다.

## '고통을 입증할 필요 없다'…긴 법정싸움의 결론

다시 2년 반이 흐르고 1998년 2월 10일 대법원의 상고심 판결이 내려졌다. 대법원 민사1부(주심 최종영 대법관)는 피해자가 신 교수를 상대로 낸 손해배상 청구소송 상고심에서 원고 패소 판결을 내린 원심을 깨고 사건을 서울고법으로 돌려보냈다. 신체 접촉이나 성적 농담에 대해 손해배상을 인정한 첫 대법원 판단이 드디어 나왔다. 재판부는 판결문에서 "지휘, 감독관계에 있는 신 교수의 이런 행동은 분명한 성적 동기와 의도를 가지고 계속적으로 이루어진 까닭에 일상생활에서 허용되는 단순한 농담, 또는 호의적이고 권유적인 언동으로 볼 수 없고, 오히려 아무개씨로 하여금 성적 굴욕감이나 혐오감을 느끼게 해 인격권을 침해했다"고 밝혔다. 재판부는 불법적인 성희롱의 범위를 넓게 보았고, 피해자가 입은 정신적 고통을 입증할 필요가 없다는 점을 명확하게 밝혔다.

1999년 6월 25일 서울고법 민사18부(재판장 홍일표 부장판사)는 25일 이 사건의 파기환송심에서 "피고는 원고에게 500만 원을 지급하라"며 원고 일부 승소 판결을 내렸다. 마침내 법정싸움의 종지부를 찍었다.

## 누군지 모를 당신에게…'싸워주셔서 고맙습니다'

1999년 2월 남녀고용평등법이 개정됐다. 사업주에게 '직장 내 성희롱 예방 교육'을 의무화하고, 가해자에 대한 징계규정을 두도록 했다. 사업주가 이런 의무를 위반했을 때 300만 원 이하의 과태료를 부과하고, 피해자에게 고용상 불이익을 줬을 경우 500만

원 이하의 벌금을 물릴 수 있도록 했다.

그로부터 22년이 지났다. 성차별과 가부장적 사고방식, 이에 바탕을 둔 성희롱과 성추행 등 성범죄는 여전히 만연한다. 28년 전 성희롱 공론화 뒤 "여사원에게 함부로 말하지도, 보지도, 만지지도 말라"는 전혀 웃지 못할 농담이 넘실댔다. 성범죄의 피해자와 연대자들이 미투 운동, ○○계 성폭력 운동을 이어가는데, 자신은 가해자일 리 없다고 여기는 방관자들은 28년째 같은 농담을 한다. 2020년 4월 23일 오거돈 전 부산시장이 집무실에서 여성 직원을 성추행한 사실이 알려져, 얼마 전 1심에서 징역 3년을 선고받았다. 직장 내 성범죄와의 싸움에 끝은 없다.

〈한겨레〉 기사에서 찾을 수 있는 '서울대 신 교수 성희롱 사건' 피해자의 마지막 흔적은 2001년 5월 29일치에서다. 박민희 기자는 한국성폭력상담소가 제정한 제1회 성폭력추방운동상 수상자로 그가 선정됐다는 소식과 함께 수상 소감을 전했다. "힘겹게 법정 투쟁을 해왔지만 아직도 피해자인 저는 사회적 약자이고, 가해자는 강자입니다. 여성이 성적인 문제에 맞서 싸우는 것이 개인적으론 너무나 힘든 사회입니다. 그러나 다시 그때로 돌아간다고 해도 똑같이 문제를 제기했을 것입니다."

그를 찾으려고 노력하지 않았다. 하지 않아야 한다. 부디 평온한 일상을 이어가길 바란다. 그리고 일하는 여성인 나는 뒤늦은 이 말을 꼭 전하고 싶다. "싸워주셔서 정말 고맙습니다."

전혀
자랑스럽지 못한,
12년 전통의
'깽판'

고대
이대축제
난입

31

1996년 5월, 고려대 학생들이 이화여대 운동장에 들이닥쳤다. 일순간 "민족고대"를 부르짖는 함성이 광장을 메웠다. 인파는 금세 500여 명으로 불어났다. 이들은 서로에게 딱 붙어 스크럼을 짰다. 축구 응원가인 "오레오레"를 "고대고대"로 바꾸어 부르며 단결력을 과시했다. '기차놀이'를 하고 〈막걸리 찬가〉를 불렀다. 고려대를 상징하는 빨간 모자를 쓰고 있는 이들은 흡사 고장 난 게임 캐릭터 같았다. 이 집단폭력은 12년 전부터 계속되어왔다. 함성과 발 구르는 소리, 모래바람. 이화여대 여성위원장은 원의 한가운데로 들어가 캠코더를 들었다. 폭력의 현장이 담긴 비디오는 후에 방송사와 고려대 총학생회 본부에 전해졌고 고대생의 죄명은 '난동'이 아닌 '성폭력'으로 정정되었다. 〈한겨레〉 아카이브에서 이 사건을 돌아봤다. 해설 서한나

이화여자대학교(이하 이대)의 축제 대동제에는 초대받은 사람만 입장할 수 있었다. 1985년 이전 대동제에 초청받은 고려대학교 학생(이하 고대생)들은 많지 않았다. 초대받지 못한 이들은 담을 넘

고 들어가기도 했다. 1996년 5월, 고대생이 대거 난입해 축제를 방해하는 과정에서 이들을 저지하던 이대생이 다쳤다. 환경공학과 4학년 학생의 오른팔이 부러졌다. 고대생은 저항하는 이들에게 "사람을 이따위로 대접하냐"며 욕설을 퍼부었다.

〈한겨레21〉은 1996년 6월 20일 이 사건을 심도 있게 다루었다. 기사를 보면 당시 고대생의 시각을 알 수 있다. 다음은 86학번 고려대 출신으로 대학 시절 그 학교 축제에 갔었다는 회사원의 말이다. "프티부르주아 분위기가 강한 신촌에 민족고대 문화를 심자는 이야기를 많이 했다." 고대생은 연세대와 이대가 위치한 신촌에서 중산층 의식을 느끼고 상대적으로 노동자 의식이 있는 자신들이 그 분위기를 고쳐주어야겠다고 생각했다.

그러나 시대의 고민이 그들에게만 주어진 것도 아니거니와, 당시 대학에 진학할 수 있는 사람들은 매우 제한적이었다. 고대생은 중산층을 교육하겠다며 남성의 머리채를 잡는 일은 하지 않았다. 이대생을 가르치겠다며 분연히 떨쳐 일어나는 것이야말로 '허위의식'이다.

### 고대생은 이대생이라는 '타자'가 필요했다

1980년대 운동권 사회의 남성중심주의를 심도 있게 해부하는 책인《오빠는 필요 없다》의 저자 전희경은 다음과 같이 설명한다. "남성들이 자원과 여성을 지배하는 가부장제 체제는 '타자'의 범주를 창조하지 않는 한 존재할 수 없다."(223쪽) 고대 이대축제 난입 사건 당시의 고대생은 남성의 지위를 공고히 하기 위해 이대생이라는 타자가 필요했다.

이화여대 학생들이 이화광장에서 '고대생들의 집단난동 근절을 위한 항의 집회'
를 열고 있다. '해방이화'라는 문구가 눈에 띈다. 변재성 기자가 촬영했다.

"어쨌든 찍어야 되겠는 거예요." 이대 여성위원장이 한가운데서 캠코더를 들었다 훈육을 자처한 고대생들은 축제 때마다 찾아왔다. 햇수로 12년째였다. 1996년 5월, 축제 마지막날 여성위원장 조혜련씨는 현장을 기록하기 위해 캠코더를 준비했다. 그는 이성을 잃은 무리 안으로 들어갔다. 그리고 캠코더를 꺼냈다. 2019년 10월, 밀레니얼 젠더 미디어 '슬랩'(slap)과의 인터뷰를 통해 그의 소회를 들을 수 있었다.

"원 안에 들어갔는데, 무섭더라고요. 오금이 저린다고 하죠. 그 영상을 찍고 나서 방송사에도 전달했고 그 증거를 기반으로 7명의 (주동) 학생을 찾아냈어요." 이대 총학생회는 가해 현장을 담은 비디오와 함께 요구사항이 적힌 공문을 전달했다. 축제 한 달 뒤인 6월 5일, 이대생 200여 명이 고려대 교정에 모여 규탄집회를 열었다.

1996년 6월 20일치 〈한겨레21〉은 집회를 취재하러 온 고대 출신의 언론사 기자와 여성학 강사의 발언 내용을 기사에 담았다. "성폭행이란 생식기가 다르다는 이유만으로 다른 편의 자주성을 억압하는 행위다"(김성아, 32, 〈내일신문〉 부설 성교육센터사무국장)라는 발언이 이어졌다. 이대 학생들이 사건을 '성폭력'으로 명명하자 고대생들은 반발했지만 12년간의 폭력의 핵심에는 '성별 권력'이 있다는 것으로 결론 났다.

가해행위가 '난동'으로 축소되지 않고 '성폭력'으로 정정되자 고대생은 "전체가 그런 것은 아니지 않냐"고 불평했다. 매일같이 쏟아지는 여성 대상 폭력에 "모든 남성이 그런 것은 아니지 않냐"고 말하는 사람들이 여전히 존재한다. 그 말은 현실의 어떤 것도 바꿔내지 못한다.

사건 발생 20일 뒤, 컴퓨터통신에는 갑론을박이 이어졌다. "덮어주는 아량도 필요한 것 아니냐. 마지막까지 가면 당하는 사람은 다른 보복을 생각할지도 모른다" "이제 그만 좀 해라. 잘못했다고 했잖느냐" 등의 볼멘소리가 이어졌다. 1996년 6월 〈한겨레21〉 기사는 그늘이 과거에서 멀어지지 못했음을 보여준다. 사건 해결까지 가는 동안에 지켜보는 이들은 피해자를 비난하기도 한다.

1996년 7월 3일치 〈한겨레〉를 보면, 고려대 총학생회는 "이대 쪽이 성폭력 사건으로 규정하는 만큼 관련 학생들을 여성단체에서 자원봉사를 시켜 속죄하도록 하는 게 어떻냐"며 학사징계 대신 자원봉사를 요구했다. 가해자 쪽에서 입맛대로 처벌을 요청하는 모습은 마치 성범죄를 저지른 가수가 "음악으로 보답하겠다"며 분별없이 구는 장면을 연상케 한다. 그러나 당시 총학생회장이었던 윤민화씨는 6월 20일치 〈한겨레21〉 인터뷰에서 "학칙에 의거한 처벌을 원한다"고 밝힌 바 있다.

고대생이 이대생에게 가한 12년간의 폭력은 여성을 주체로 보지 않고 쟁취의 대상으로 보던 당시 대학의 남성문화를 상징적으로 보여준다. 부르주아 의식을 교육하겠다는 생각을 기반으로 여자대학에 난입해 여학생들에게 폭력을 휘둘렀다는 것은 여성이 언어를 가지고 지식을 쌓는 것에 대한 남성의 두려움을 반증한다.

### 이대에서 벌어진 남성 간의 파워게임

혹자는 가해자 중에 여성도 있었음을 들어 이 사안이 성별 이슈가 아니라고 항변한다. '우르르 몰려온 고대생 중에 여학생도 있었는데 이게 어째서 성별권력에 기반한 성폭력이란 말이야?' 조금

강남규 기자

이화여대 대동제에서 집단난동을 벌인 학생들을 고려대 당국이 징계하는 동시에 학생들도 이대를 방문해 선처를 호소하고 나서 양쪽의 앙금이 풀릴지 관심을 끈다.

고려대는 지난 5월 이대 운동

한편 고대 총학생회는 학교 당국의 중징계 방침이 전해지자 호소문을 내 "잘못은 인정하지만 고대인의 이름으로 벌어진 일에 대해 소수 학생에게만 책임을 물을 수 없다"며 해당 징계 대상 학생들에 대한 구명운동에 나섰다. 총학생회는 또 "이대쪽이 성폭력 사건으로 규정하는 만큼 관

# 다시 고개숙인 고대생

## 이대 난동 사과방문…"징계대신 자원봉사"

장에 몰려가 소란을 벌이다가 이대쪽의 비디오카메라에 찍힌 ㅈ아무개(20·법학)씨 등 학생 7명에게 2달간의 유기정학 처분을 2일 내렸다.

이와 함께 징계대상에 오른 고대생 4명도 지난 1일 이대 총학생회를 방문해 사과와 함께 더이상 문제삼지 말아줄 것을 호소한 것으로 알려졌다.

련 학생들을 여성단체에서 자원봉사를 시켜 속죄하도록 하는 게 어떠냐"며 학사징계 대신 '강제노역형'을 제시하며 이대쪽의 '이해'를 구했다.

고려대생 1천여명은 지난 5월 이화여대 대동제 마지막날 폐막식장에 몰려가 이대생 틈새를 떼지어 헤집고 다니는 바람에 일부 이대생들이 부상을 당했다.

고려대 총학생회 쪽에서 가해자를 징계하는 대신 자원봉사하게 해달라며 '이해'를 권하고 있다. 1996년 7월 3일. 〈한겨레〉는 이후 징계에 대한 논의까지 성실하게 추적했다.

결국 고대생은 이화여대에 사과문을 남겼다. "저는 지난 이화여자대학교의 대동
제에서 이화광장에서 고무장갑을 끼고 난동을 부렸던 96학번 학생입니다"라고
적혀 있다. 이화여대 학생이 이를 읽고 있다. 가해자는 고려대의 이름에 먹칠했
다는 점을 후회하고 있다. 이 사진은 1996년 6월 〈한겨레21〉에 실렸다. 박승화
기자가 촬영했다.

더 들어가보자. 여성도 가부장제와 공모한다. 여성이기 때문에 가부장제와 공모하게 된다. 이들은 여성이면서도 여성이 아니었다. '민족고대'로 대표되는 남성문화를 내면화한 상태였다. 약자는 때로 현실의 모순을 직면하는 데 실패해 강자와 공모하게 된다. 약자와의 연대를 통해 구조적인 문제를 해결하려고 마음먹는 일은 시간이 한참 흐른 뒤에 일어나기도 한다. 그러니 가해자 중에 여학생이 섞여 있었다는 사실은 여성이 남성의 시선을 내면화해 결국 자신에게 내상을 입힐 정도로 가부장제가 복잡하고 강력하다는 것을 말해준다.

당시 여성위원장이었던 조혜련씨는 고대 여학생들로부터 편지를 받았다. 이 일화를 통해 우리는 진짜 주체를 발견하게 된다. "고대 여학생들로부터 온 편지가 매우 인상적이었어요. 그동안 자신들이 눈감고 있던 문화에 대해 말해줘서 고맙다는 편지를 받았어요. 고대와 이대의 싸움이라기보다 고대와 이대 여학생들이 남성문화에 대해 저항했던 사례가 아니었나 합니다."('슬랩' 인터뷰 중에서)

실제로 대학의 주체는 남성으로 대표되었다. 당시 고대생은 연대생과의 학벌주의에 기반한 경쟁의식 속에서 이대생이 저들을 차별하는 것 같은 피해의식에 휩싸여 있었다. 고대와 연대로 대표되는 남성 간의 파워게임이 이대를 배경으로 벌어졌던 것이다. 고대생은 응원가인 〈막걸리 찬가〉 가사를 다음과 같이 개사해 부르기도 했다. "이대생은 우리 것 숙대생도 양보 못 한다."

여성학 연구자 정희진이 2017년 10월 16일치 〈한겨레21〉 페미니즘 특강에서 설명한 내용은 이 사건을 더 깊게 들여다볼 수 있도록 도와준다. "남성과 남성의 갈등은 남성의 몸이 아니라 여성의 몸에서 일어난다. 약자의 몸은 늘 강자에게 전쟁터로 제공된다. 청일전쟁이 한반도에서 일어난 것처럼. 미국 남성이 한국 여성을 강간하면, 한국 남성은 미국 남성과 싸우는 게 아니라 미국 여성을 강간하는 판타지를 꿈꾼다."

그들이 폭력의 대상으로 이대생을 삼은 데에는 이러한 생각이 깔려 있었다. (나만큼) 똑똑하고 (나만큼) 배운 (사람) 여자를 견딜 수 없다. 이대라는 여성들의 배움터를 자신들의 싸움터로 상상하고 연세대로 대표되는 다른 남성과의 경쟁을 통해 자신의 존재감을 확인하고 싶었다. 그런 식으로 실감하는 존재감이란 얼마나 작고 무른가.

2017년에는 연세대학교의 응원가사가 논란이 됐다. 다음은 〈Woo〉 가사의 일부다. 고대의 〈막걸리 찬가〉와 닮았다. "고대 못생겼어 일단 못생겼어/ 계속 못생겼어 고대 쉐이낏/ 이대한테 차이고 숙대한테 차이고/ 여기저기 차이고 차이고 또 차이고" 연대에 따르면 고대생이 못생겼기 때문에 이대와 숙대 학생들에게 거절당한다는 것인데, 남대생을 주체로 삼았다는 것이 같다. 해당 가사는 여성혐오 논란 이후 개사되었다.

2016년 이후 온라인에서 "왜 안 만나줘"는 상징적인 문장이 되었다. 여성이 데이트해주지 않는 것을 억울해하는 남성들의 대표적인 행태가 유머로 소비되기 시작한 것이다. 연애와 결혼에서 좌절이 예상되는 시기에 남성의 분노는 강렬해진다. 여성에 대한 후려치기와 여성 간의 구분을 병행하며 '내 여자'가 될 '개념녀'를 찾아다니고 내 여자가 되어주지 않을 여자에게 분노를 쏟아낸다. 그들이 페미니스트를 향해 "남자의 사랑을 받지 못한 여자들"이라고 말하는 것이 욕인 이유는 그것이 투사이기 때문이다.

## 이대와 고대는 완전히 다른 방식으로 이름을 남겼다

20년이라는 시간이 흘러도 두 학교의 남대생들은 이성의 인정을 통해서 세워지는 자존감을 공유한다. 그동안 고려대와 연세대의 여학생들은 어떤 생각을 했을까? 어떤 누구도 누군가의 애인이 되기 위해 입학하지 않는다. 이성에게 선택받는 것 외의 방식으로 삶의 이유를 찾을 수는 없을까.

그들은 신남성이 되었을까. 1996년 7월 3일치 〈한겨레〉를 보던 중, 500여 명의 가해자 사이에 법학과에 재학 중인 스무살 학생이 있었다는 것을 발견했다. 이 사실은 유독 성범죄에만 솜방망이 처벌을 내리는 한국의 판결들과 연결되었다. '소라넷'과 '엔(N)번방' 사건에 대한 미온적인 대처, 세계 최대 아동성착취물 사이트 운영자 손정우에게 내린 1년 6개월의 징역, 아동 대상 성폭력 범죄자인 조두순을 격리하는 것이 아니라 피해자에게 알림을 주어 가해자를 피하도록 하는 결정까지. 최근 디지털성범죄 관련 양형기준이 조정되기는 했지만 우리나라는 성폭력에 관대하다. "모든 남자가 그런 것은 아니다"라는 말은 사건을 축소하고 "좋아해서 그랬다"는 말은 범죄를 장난으로 왜곡한다. 남성이 중심이 되어온 역사 안에서 범죄와 처벌이 한데 엉켜 이어지는 것이다. 사회가 남성의 침범권을 옹호하는 동안 여성은 살아갈 자유를 잃었다.

최근 트위터상에서 "24시간 동안 세상에서 남자가 없어지면 무엇을 하고 싶냐"고 묻는 말에 사람들은 다음과 같이 답했다. 밤에 산책, 혼자 산책, 하이킹, 밤에 잘 때 창문 열어놓기, 택배 걱정안 하기, 택시 안심하고 타기. 혼자 여행하기…. 성별 권력의 존재는 남자에게 침범할 권리를, 여자에게는 피할 의무를 주고 있다.

남자는 원한다면 여자들의 공간에 접근할 수 있고 접근을 거절당하면 화도 낼 수 있다. 이대 대동제 사건부터 2020년 현재 여성커뮤니티에 대한 공격에 이르기까지 침범의 양상은 다양하다. 〈한겨레〉 박다해 기자가 진행한 페미니스트 인터뷰 시리즈 '판을 바꾸는 언니들' 중에서 유독 비혼과 비출산을 이야기하는 회차에 악성댓글이 많다는 사실이 그것을 증명한다. 어떤 이들은 남자를 필요로 하지 않는 여자를 참지 못한다.

그러나 문제가 많다고 해결이 불가한 것은 아니다. 고대생 집단폭력 사건 이후로 20년이 지난 지금까지 이 사건이 회자될 거라는 사실을 당시의 가해자들이 알았을까. 사건을 타고 넘어 등장한 여성들은 그간 '난동'이라는 이름으로 사건의 함의를 축소해오던 것을 '폭력'으로 정정하는 데 성공했다.

고대생 폭력 사건을 해결하기 위해 이대생을 중심으로 생겨난 '들꽃모임'은 후에 '영페미니스트'로 불리게 된다. 2016년 강남역 여성혐오 살인사건이 일어난 뒤 영영페미니스트들이 등장한 것이 연상된다. 영페미니스트와 영영페미니스트, 이들은 악조건 속에서도 미래를 기획한다는 점이 닮았다. 건강과 자기계발, 자산축적에 대한 야망은 원동력이 되었고 여성 간의 연대를 지지대 삼아 하루하루를 바꾸어낸다. 미성년자 성착취 불법영상물을 공유한 텔레그램 '엔번방'의 실체를 최초로 추적하고 알린 이들은 언론도 검찰도 아니었다. 2명의 여자 대학생으로 구성된 '추적단 불꽃'이었다. 이들은 취재와 동시에 경찰에 신고를 하고 수사를 도왔다. 디지털성범죄가 멈출 때까지 취재를 이어가고 싶다는 '추적단 불꽃'은 2020년 여성가족부로부터 표창을 받았다.

2016년, 이대는 훗날 대통령 탄핵을 불러올 사건을 만든다.

1996년 6월 27일치 〈한겨레21〉에 실린 사진. 사과문의 제목에서 볼 수 있듯 '민족고대'를 여전히 강조하는 모습이다. 이대 학생이 사과문을 읽고 있다. 박승화 기자가 촬영했다.

이대 학생과 교수는 '비선 실세' 최순실씨의 딸인 정유라씨와 관련된 학사 비리를 해결하라는 뜻을 담아 집회를 열었고 학내 의사결정구조 민주화를 촉구했다.

고대가 '민족'을 부르며 여성에게 폭력을 휘두를 때, 이대는 폭력의 장면을 기록하고 세상에 알렸다. 해방을 위한 노력은 계속되고 있다. 이 모든 흐름은 20년 뒤 시간의 극장에서 다시 만날 수 있을 것이다. 이대와 고대는 모두 이름을 남겼다. 완전히 다른 방식으로.

그 화장품 쓰면
공주병 걸린
사람으로
보여?

아모레와
화장품 광고

32

"까꿍! 안녕하세요, 공주님!" 2005년, 에뛰드하우스에 이런 인사가 처음 울려 퍼졌다. 직원들은 분홍색 치마 차림에 반짝이는 왕관 머리띠를 썼다. '모든 여자는 공주다'라는 슬로건에 충실한 마케팅이었다. 공주 마케팅이 폐기된 건 그로부터 10년 뒤였다. 여성들은 더 이상 '공주'를 원치 않았다. 여성들은 'GIRLS Do Not Need A PRINCE'(걸스 두 낫 니드 어 프린스·여자는 왕자를 필요로 하지 않는다)라고 쓰인 티셔츠를 입었고, 성별 고정관념이 강한 마케팅은 도태되었다. 화장품은 당대의 인식이 첨예하게 반영되는 산업이다. 〈한겨레〉 아카이브에서 아모레퍼시픽과 에뛰드를 중심으로 화장품 마케팅의 역사를 살펴봤다. **해설 강나연**

송혜교가 휴대전화를 손에 쥐고 말한다. "오빠? 나 집인데, 화장을 다 지워서 못 나가." 거짓말이다. 송혜교는 집이 아닌 차 안에 있고, 립스틱을 바르는 중이다. 전화가 끊기자마자 등장한 다른 남성이 누구랑 통화했는지 묻는다. 송혜교는 또다시 천연덕스럽게 뻥친다. "응, 엄마야!" 뒤이어 깔리는 광고 카피. "네 입술, 비밀이

# "공주병 중증 김자옥을 모셔와라"

## 인기폭발 각 방송사 초대쇄도 … MBC선 "저작권 침해" 불만

코미디 주인공의 캐릭터에 대한 저작권은 없는가? 있다면 누구 소유인가? 요즘 방송가에서 '10년 만에 터진 웃음 폭탄'으로까지 불리는 '김자옥의 공주병 신드롬'을 둘러싸고 방송3사 사이에 미묘한 논란이 벌어지고 있다.

논란의 발단은 중견탤런트 김자옥이 문화방송의 코미디 프로그램 〈오늘은 좋은 날〉 가운데 '세상의 모든 딸들아'에서 '공주병 환자'로 등장해 큰 인기를 누리자 경쟁 방송사의 유사 프로그램에서 너도나도 그를 데려가 공주병 연기를 요구하면서 비롯됐다.

'공주병신드롬'은 줄곧 진지한 연기만 보여온 중견탤런트 김자옥이 지난 7월14일 〈오늘은…〉에서 능청스런 개그연기를 선보이면서 번지기 시작했다. 흰색 교복에 갈래머리의 깜찍한 여고생으로 분장한 그가 "너 나한테 홀딱 반했지" '애들아 난 왜 이렇게 예쁘게 태어났을까?' 등의 대사를 구사할 때면 근 혜련 서춘하 등 진짜 개그우먼들이 웃음을 참지 못해 고개를 돌릴 정도이다.

이를 계기로 김자옥은 문화방송의 새 시트콤 (남자 셋, 여자 셋), 2텔레비전 〈서세원의 화요스페셜〉과 〈슈퍼 선데이〉의 '금촌댁네 사람들' 등 코미디 프로에 고정 배역을 맡는 등 '연기생활 25년 만에 처음'이란 비명이 나올 정도로 제2의 전성기를 구가하고 있다. 많을

문화방송 〈오늘은 좋은날〉의 '세상의 모든 딸들아'에서 '공주병 여고생'으로 인기를 끌고 있는 김자옥.

때는 하루에 호출기가 1백번씩이나 울릴 정도로 출연 섭외가 쇄도해 〈오늘은 좋은 날〉 제작진들도 매니저인 태진아씨와 비상연락망을 따로 설치하고 있다는 얘기다.

'왕자병' '왕비병' 등과 함께 세간에 유행하는 개그에서 힌트를 얻어 '여고생 공주병 환자' 캐릭터를 고안해낸 문화방송 제작진들조차도 '이렇게 엄청난 인기를 끌 줄은 미처 몰랐다'고 말하고 있다. "진짜 공주처럼 예쁜 배우보다는 옛 청춘스타로 비련의 주인공같은 이미지를 갖고 있는 인물을 변신시켜야 웃음을 유발할 수 있다"는 제작진의 계

산이 100%이상 적중한 것이다.

그러나 문화방송쪽은 다른 방송사의 경쟁 프로에서 '연기자 김자옥'이 아닌 '공주병 환자 김자옥'의 캐릭터를 그대로 따가는 것은 '저작권 침해이자 상도의를 저버린 행위'라며 내심 불쾌한 반응이다.

지난 12일 1텔레비전의 〈빅쇼-서세원의 오늘은 괜찮어〉편에서 '코미디 사이 인곡' 코너에 초대손님으로 등장한 김자옥은 공주병 연기를 보여주었다. 이어 지난 15일부터 신설된 2텔레비전 〈서세원의 화요스페셜〉에서는 서세원과 김자옥이 각각 왕자병과 공주병에 걸린 중년부부로 나왔다.

〈서세원…〉쪽은 경쟁사에서 고안해낸 캐릭터를 그대로 따온 것은 모양새가 좋지 않다는 여론이 일자 29일부터 강원도 사투리를 쓰는 시골아낙네로 김자옥의 캐릭터를 바꿨다.

서울방송의 코미디 프로그램 〈폭소하이스쿨〉에서도 몇차례 김자옥을 초대해 교복 차림의 공주병 연기를 주문했다.

방송가에서는 이처럼 특정 프로의 인기 캐릭터를 경쟁사에서 똑같은 연기자를 끌어다 그대로 이용하는 것은 전례가 없는 '불공정 사례'란 점에서 시청률 경쟁의 정도가 그만큼 심각하다는 반증으로 해석하고 있다.      김경애 기자

---

1996년 MBC 코미디 프로그램 〈오늘은 좋은 날〉에서 공주병 환자로 출연하고, 노래 〈공주는 외로워〉를 발표하며 '공주 신드롬'을 일으킨 고 김자옥씨. 공주패션을 비롯한 공주 콘셉트를 유행시켰다. '모든 여자는 공주'라는 슬로건을 내세운 에뛰드가 폭발적으로 성장하는 토대가 되었다. 1997년 11월 4일치 〈한겨레〉 지면.

너무 많아!" 2003년, '혜교의 여우짓'이라는 콘셉트로 제작된 에 뛰드 광고다.

여성을 메이크업하지 않으면 외출도 못 하는 존재로 그린 성 차별적 시각, 바람피우고 거짓말을 해도 '예쁘기만 하면 모든 게 용서'되고 '여우짓'일 뿐이니 기를 쓰고 아름다워지라는 여성혐오, '젊고 예쁜' 여성을 이른바 '어장관리녀'로 납작하게 일반화한 성 별 고정관념. 2021년에 나왔다면 소셜미디어 조리돌림을 피하지 못했을 이 광고는 18년 전만 해도 선풍적인 인기를 끌었다.

### 공주 마케팅으로 흥한 에뛰드,
### 공주 마케팅으로 휘청거리다

에뛰드는 그때부터 잘나갔다. 전지현, 송혜교 등을 모델로 삼 아 인지도를 높였고, 2005년 공주 마케팅을 도입한 뒤로는 폭발 적인 성장세를 보였다. 2004년 287억 원, 2013년 3185억 원. 매출 만 9년 새 11배를 웃돌았다. 한국 사회가 당시 '공주 콘셉트'에 호 의적이어서 가능했던 일이다. 1996년 김자옥 '공주 신드롬' 이후 2000년 후반까지 공주패션이나 분홍빛 색조화장은 줄곧 인기였 다. 〈한겨레〉〈씨네21〉에도 「우아한 공주패션 바람」「공주영화 신 드롬」「분홍빛 입술 봄 누빈다」 같은 기사가 꾸준히 실렸다.

에뛰드가 위기에 빠진 건 2014년부터다. 2014년 2분기 12억 원 적자를 내며 2년 연속 매출이 감소했다. 중국의 '사드' 보복, 한 한령과는 무관했다. 〈한겨레〉 2017년 11월 기사에 따르면 아모레 퍼시픽 매출이 급감한 건 중국 내 혐한 정서가 정점을 찍은 2017 년 4월 이후다. 이상한 일이었다. 하필 에뛰드가 휘청거릴 때 아모

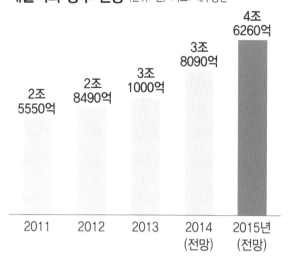

**아모레퍼시픽 2011~2013년 매출액과 향후 전망** (단위: 원) 자료: 대우증권

2조 5550억 2011
2조 8490억 2012
3조 1000억 2013
3조 8090억 2014년 (전망)
4조 6260억 2015년 (전망)

2011~2013년 아모레퍼시픽그룹의 전체 매출액과 향후 전망. 2014년 10월 3일치 〈한겨레〉에 실렸다. 중국의 '사드' 보복으로 타격을 받은 2017년 전까지 아모레퍼시픽은 최고 실적을 해마다 경신했다. 에뛰드만 2013년 최고 매출을 찍고, 2년 연속 역성장했다.

레퍼시픽 전체 매출은 신기록을 갈아치우고 있었다. '이니스프리' '설화수' '라네즈' 같은 브랜드가 흑자를 내는 동안 유독 에뛰드만 뒷걸음했다는 뜻인데, 어쩌다 이런 일이 벌어졌을까?

표면적인 이유는 단순했다. 대중이 공주 마케팅에 피로감을 느꼈다. 레이스 커튼과 분홍색 소파가 있는 매장부터 분홍 리본과 하트가 달린 화장품 케이스, '피치 못할 핑크' '프린세스 주얼리 글로스' 같은 제품명까지. 과거에 대중에게 소구한 모든 매력이 어느새 독이 되었다. 〈한국경제〉는 2016년 "소비자 사이에서는 '에뛰드 제품은 가지고 다니기 창피하다'는 말까지 나왔다. 공주병에 걸린 사람처럼 보일 것 같다는 이유였다"고 보도하기도 했다.

정치적인 이유라면 단순하지 않았다. 대중이 공주 마케팅을 꺼리기까지 그것을 추동한 배경에는 페미니즘 세대교체가 있었다. 에뛰드가 승승장구하던 시절만 해도 한국 여성운동 주류는 리버럴 페미니즘이었다. 개인의 권리와 선택할 자유를 중시한 리버럴 페미니스트들은 공주패션과 꽃무늬, 분홍색 등을 긍정적으로 받아들였다. 20세기 이후 수십 년간 여성의 근대화를 이끌어온 '걸스 윌 비 보이스'(Girls will be boys)에 대한 반작용이었다. '걸스 윌 비 보이스'는 남성이 누리는 정치적·경제적·법적 권리를 똑같이 쟁취하자는 것을 최우선 목표로 삼으면서 나온 모토다. "사회적으로 인정받는 여성이 입는 정장은 남성처럼 어깨가 강조되고 여성적인 선을 극도로 절제한 디자인인 이른바 밀리터리 룩이 지난 수십 년간 지배적"(《한겨레》 2004년 4월 27일치)이었던 것도 이 모토와 관련 있다.

그러나 리버럴 페미니스트들은 여성이 마치 '남성처럼 되고자 하는 모습'이 '여성성'을 '남성성'의 하위개념으로 보기 때문이라고 비판했다. 밀리터리 룩이건 꽃무늬 원피스건 여성이 선택할 수 있어야 한다는 것도 이들의 주장이었다. 그들이 던진 의문은 이것이었다. '여성성이란 무엇인가'. 2004년 4월 27일치 〈한겨레〉 기사도 당시 패션 및 화장품 업계에 유행한 꽃무늬와 분홍색을 두고 이런 표현을 썼다. '되찾은 여성성'. "'청바지에 티셔츠, 무채색 바지정장'이라는 70~80년대 페미니스트들의 '제복'이 세대가 바뀌면서 남성성에 대한 강박관념으로부터 벗어나 자유분방한 '사복' 체제로 변하고 있다" "세대가 바뀌고 여성에 대한 사회적 인식이 높아지면서, 여성주의가 '남성보다 힘센 여성'이라는 남성성의 하위개념에서 벗어나 금기처럼 여기던 스스로의 모습을 찾아가려는 자연스러운 움직임으로 '여성성'의 유행을 진단한다."

역사는 정반합이라 했던가. 래디컬 페미니즘은 그 직후 급부상했다. 정말 공교롭게도 에뛰드 쇠락 전후로 말이다. 2015년 '#나는 페미니스트입니다' 해시태그 선언 및 메갈리아 미러링 운동에서 촉발한 래디컬 페미니즘은 4B(비혼, 비출산, 비연애, 비섹스)와 '탈코르셋'(탈코)을 실천 강령으로 삼는다. '꾸밈노동'과 '과장된 여성성'에서 벗어나자는 '탈코'는 얼핏 '걸스 윌 비 보이스'와 비슷해보이지만 결정적인 차이가 있다. 그건 바로 탈코가 '남성처럼' 되자는 게 아니라 '젠더리스'를 추구한다는 점이다.

탈코를 주도한 래디컬 페미니스트들은 리버럴 페미니스트들이 중시한 '선택할 자유'를 '행위주체성의 환상'이라며 비판했다. 성형 및 다이어트 같은 미용관습과 꾸밈노동이 강요되고 생존수단화된 사회에서 여성들에게 '선택할 자유'란 애초부터 존재하지않으며, 그럼에도 여성들이 '내게 선택권이 있고, 내가 선택한 것'이라며 '주체적 섹시'처럼 양립불가능한 표현으로 꾸밈노동을 합리화하는 행위가 여성억압을 강화한다는 비판이었다. 동시대 유행과 정치운동이 레고블록처럼 맞아떨어진다거나 탈코에 동참한여성이 압도적 다수인 건 아니나, 이런 흐름이 여성들의 인식 변화, 공주 마케팅이 도태된 배경과 어찌 무관하다고 말할 수 있을까. 시대 흐름을 읽지 못한 에뛰드의 추락은 예견된 것이었다.

## 마케팅의 본질은 설득력…누구를 선택할 것인가

아모레퍼시픽그룹 차원에서도 징후는 있었다. 광고를 집행하다 보면 숏도 넣고 똥볼도 차기 마련이지만, 2012년 소녀시대 유리를 모델로 내세운 마몽드 광고는 심각한 자책골을 넣어 최종결정권자의 성인지 감수성을 의심케 했다. 피부 고민을 한방에 해결한다는 메시지를 전한답시고 "명품백이 갖고 싶을 때 (투잡이나 저축 아닌) 남자친구를"이라는 카피를 쓴 이 광고는 여성을 비싼 명품백이나 사달라고 조르는 존재, 경제적 자립을 못 한 채 남성에게 의존하는 존재로 그려 여성혐오 논란에 휩싸였다.

이때 1990년대 마몽드 광고가 비교 대상이 된 점은 흥미롭다. 이영애가 출연한 '산소 같은 여자' 시리즈는 '결혼이 생의 목표일 수는 없다' '스스로 선택으로 주체가 되는 여자' '나의 삶은 나의 것' '성취는 남자만의 것이 아니다' 같은 카피로 2012년 마몽드보다 오히려 진보적인 광고로 회자됐다.

왕자를 필요로 하는 공주는 여성이 아닌 남성의 판타지일 뿐이었을까. 2015년, 에뛰드가 대표이사를 남성에서 여성으로 바꾸고 난 뒤에야 공주 콘셉트를 벗어던진 건 아이러니한 일이다. 슬로건도, 매장도, 제품도 '공주풍'을 버리자 에뛰드의 실적은 크게 향상되었다. 2016년에는 '마블리'로 불리는 배우 마동석과 가모장 캐릭터로 유명한 김숙이 출연한 광고를 만들어 차별화에도 성공했다.

성공이란 참 묘하다. 물 들어온다고 노 젓다가 오히려 팔이 빠지니 말이다. 2017년, 에뛰드는 내친김에(?) 방송인 전현무를 모델로 썼다가 광고를 내리고 사과문을 게시하는 곤욕을 치렀다. 과거 예능 프로그램에서 '여성혐오'(여혐) 발언을 한 전현무의 전력 탓이다. 2016년, 역시나 여혐 발언 전력이 있는 개그맨 유상무가 미국 화장품 브랜드 '맥'과 모델 계약을 맺었다가 불매운동을 당한 일을 교훈으로 삼지 못한 것이다. 2017년 4월 13일치 〈한겨레〉 기

# '분홍'이 올봄을 물들인다

백화점 의류 50~80% 차지
휴대폰·TV·화장품도 큰 인기

봄을 맞아 핑크 바람이 거세다. 여성들에게만 국한된 게 아니다. 남성들의 옷에서 쉽게 찾아볼 수 있고, 전자제품, 화장품에서도 바람을 일으키고 있다.

12일 롯데백화점 관계자들의 말을 종합하면, 지난 3월까지만 해도 의류상품의 70%가 백색 등 단색 계통이었다. 그러나 본격적인 봄이 시작된 4월부터 화사한 색깔이 등장하면서 핑크가 봄을 일으키고 있다.

여성의류 중 젊은층이 많이 찾는 브랜드의 경우 70~80% 제품이 핑크톤이다. 남성 의류에서도 50~60%를 차지할 정도로 인기다. 신발, 넥타이 등 액세서리 제품에까지 전이되고 있다.

쌍춘년(입춘이 두번 들어 있는 해)을 맞아 기업들이 핑크빛 마케팅을 강화하고 있다. 위에서부터 엘지전자의 핫핑크 초콜릿폰, 전지현을 모델로 내세운 태평양의 핫핑크 립스틱, 레노마의 핑크색 남성셔츠.
사진 각사 제공

신세계백화점 역시 '예쁜 남자' 유행을 타고 중장년층 남성까지도 과감하게 핑크를 선택하고 있다. 신세계백화점 관계자는 "남성복에 '메트로섹슈얼' 바람이 불면서 사용하는 색깔이 과감해지고 있다"며 "니트, 카디건, 넥타이 등의 의류나 액세서리 부문에서 핑크가 크게 유행하고 있다"고 설명했다.

전자제품도 핑크 물결이다. 엘지전자는 최근 봄을 맞아 '핫핑크 초콜릿폰'을 출시했다. 쌍춘년 봄을 맞아 여심을 잡기 위해 검정, 흰색 다음 모델로 핑크를 택했다. 엘지전자 조성하 상무는 "핫핑크와 같이 튀는 컬러의 소품은 신세대들이 자신을 표현하고 싶은 욕구를 반영해 인기를 끌 것"이라고 말했다.

모토롤라의 핑크 레이저폰 역시 봄을 맞아 매출이 부쩍 늘었다. 에스케이텔레콤 관계자는 "레이저 구매자 중 절반이 핑크 레이저를 구매한다"고 말했다.

삼성전자는 다음날 유럽에 출시한 3G폰(SGH-Z500)과 블루투스 헤드세트를 핑크색으로 준비중이다. 또 엘지디 텔레비전으로서 와인 컬러를 채택한 '보르도 시리즈'를 내놓았다. 와인 컬러를 제품 하단에 적용해 소비자들의 감성을 자극할 수 있도록 했다.

이미 화장품에서는 핑크가 대세다. 태평양이 전지현을 모델로 내세워 핑크 우위를 점하자, 후발 주자들이 따라오는 형국이다. 태평양의 라네즈 슬라이딩 팩트는 시장을 핑크 열기로 이끌고 있다.

'색으로 말하는 성공심리'에 따르면 핑크색은 평화와 행복을 상징한다. 이를 지향하는 소비심리에 부응해 핑크옷을 입은 제품들이 인기를 얻고 있는 것이다.
이정훈 기자 ljh9742@hani.co.kr

화장품, 패션, 전자제품까지 분홍색이 인기라는 기사. 대중이 공주 마케팅과 '분홍'에 피로감을 느끼는 현재와 비교하면 격세지감이 느껴진다. 2006년 4월 13일치 신문에 이정훈 기자가 썼다.

사는 이때 일을 자세히 기록하며 현직 카피라이터의 말을 전한다. "성차별적 내용을 피하고, 이에 대해 주의해야 한다는 의식이 기업과 기업 내 관계자들에게 깊이 인식되어야 하는데 현실은 그렇지 않다. 인권 감수성은 광고 제작에서 고려해야 할 것 중 우선순위가 가장 낮다고 보면 될 것이다."

문제는 정치적 올바름에서 그치지 않는다. 가장 큰 문제는 설득력이다. 마케팅의 본질은 소비자를 설득하고 상품을 구매하게 만드는 것이다. 반드시 설득해야 하는가. 설득하려면 어떤 설득이어야 하는가. 누구를 대상으로 한 설득이어야 하는가. 18년 전 '혜교의 여우짓'에 환호하는 소비자인가, 아니면 전현무의 여혐 발언에 반발하는 소비자인가. 그것은 이제 선택하는 자의 몫이다.

'그날'도 아니고
'마법'도 아니고
'생리'입니다

생리대
광고

33

"생리대는 가문의 원수에게도 빌려준다"는 인터넷 밈이 최근 많은 여성들의 공감을 받았다. 생리(월경)라는 공통된 경험 때문에 여성은 설령 원수일지라도 '피자매'가 된다. 생리는 가임기 여성의 몸을 지배하는 변치 않는 생식 활동이지만, 생리와 생리대를 둘러싼 사회적 인식은 곧 '여성 정치'의 역사이기도 했다. 〈한겨레〉 아카이브에서 '격동의 세월'을 겪은 생리대의 역사를 살펴봤다. 해설 박수지

2018년, 국내 생리대 영상 광고에서 처음으로 '생리'를 '생리'라고 부르기 시작했다. 1971년 유한킴벌리가 국내 최초로 일회용 생리대 '코텍스'를 생산·판매한 이후, 모든 생리대 업체가 줄곧 '생리대는 여성에게 자유를 부여한다'는 페미니즘 가치를 강조한 것을 생각하면 도리어 때늦은 '생리 호명'이 얼떨떨하다.

이전까지 광고 속에선 생리대를 쓰면 격렬한 운동도 할 수 있다면서도, 생리 자체는 늘 '그날'이나 '마법'으로 불렸다. 2019년엔 유한킴벌리와 라엘 등의 광고에서 생리혈을 빙자한 '파란 액

생리대 위해성 논란에 여성환경연대, 참여연대, 녹색연합, 한국여성민우회 등 시민사회 단체 회원들이 2017년 9월 5일 서울 종로구 정부서울청사 앞에서 '생리대 모든 유해성 분 규명 및 역학조사 촉구 기자회견'을 열어 생리대를 몸에 붙이고 죽은 듯 바닥에 드러 눕는 '다이인'(Die in) 행위극을 펼쳤다. 김성광 기자가 찍었다.

체'까지 퇴출됐다. 그 대신 실제 생리혈에 가까운 붉은 액체가 나온다. 생리대에 '파란 액체'가 등장한 것도 30년 가까이 된 얘기다.

코텍스는 1989년까지 국내 시장점유율 60%대로 독보적인 1위 제품이었지만, 그해 피앤지의 위스퍼가 들어온 뒤 상황이 달라졌다. 위스퍼는 5년 만인 1994년 점유율 1위로 올라섰다. 당시 피앤지가 파란 액체가 생리대에 흡수되는 과정을 타 제품과 비교하는 광고전략이 효과를 봤다는 분석이 있었다.

위기감을 느낀 유한킴벌리는 1995년 10월 새 제품 '화이트'를 출시했다. 때마침 생리대 티브이 광고도 다시 허용되기 시작했다. 일반 대학생 모델을 내세워 '깨끗함'을 강조하는 마케팅에 힘입어 1999년 다시 점유율 1위를 꿰찼다. 생리대 방송 광고는 1970년대까지 가능했지만, "가족끼리 보기 낯부끄럽다" "퇴폐 광고다"라는 일부 여론 탓에 1980년부터 한국방송협회의 자율규약에 따라 중단됐었다.

1995년 이후 생리대 광고 속 긴 생머리를 휘날리며 무려 흰 원피스(!)까지 입고 뛰어다니던 그녀들은 차츰 사라지고 있다. 생리를 있는 그대로가 아닌 '맑고, 깨끗하게'만 그리려고 했던 생리대 회사들의 안일함이 도리어 요즘 세대의 '자기 몸 긍정하기'(보디 포지티브) 추세에 역행하는 '생리 혐오'로 읽혔던 탓이다. 〈한겨레〉 아카이브의 사진과 광고 이미지를 보면, 현실 속 여성의 생리에 가까운 광고가 나오기까지 여성들의 '생리권'과 관련한 고군분투는 긴 역사를 갖고 있었다.

## '화장품은 필수품'…재경부의 황당한 논리

한국 여성은 약 40년간 생리대를 모두 1만 개 이상 쓴다. 1년 평균 250개가 넘는다(여성환경연대). 이런 이유로 정부는 생리대를 생활필수품으로 보고, 2004년부터 부가가치세 10%를 면제해주고 있다. 그러나 내막을 들여다보면 '생리대 면세'도 여성운동의 결과였다. 한국여성민우회는 2002~2003년 "1300만 여성의 필수품인 생리대에 대한 부가세를 면제해야 한다"는 주장을 폈다.

민우회는 2002년 8월 생리대에 관한 설문결과를 바탕으로 생리대 가격인하 거리 캠페인을 열고, 토론회를 진행한 뒤 '부가세 면세 서명운동'을 받았다. '성적 차이와 특성을 고려하지 않는 불평등한 조세정책'에 대한 문제의식과 모성보호와 연관된 여성의 '생활필수품'이라는 관점을 기반으로 삼아, 생리대에 부가세를 붙이는 게 부당하다는 점을 알리는 데 주력했다. 당시 민우회 김상희 상임대표는 "여성들이 다른 나라처럼 출산수당·육아수당 대신 생리대를 생필품으로 인정해달라고 하는 것은 너무나 소박한 요구"라고 말하기도 했다.

이에 국회에서도 여야 관계없이 생리대 조세를 면제해주는 법안을 제출하며 화답했다.

〈한겨레〉 2003년 8월 4일치 기사를 보면 이에 반대한 재정경제부의 논리가 황당해서 재밌다. "여성단체 주장대로라면 속옷, 화장품, 면도기 같은 물품에도 부가세를 물리지 말아야 한다." 하지만 생리대와 화장품을 동일 선상의 필수품으로 분류한 재경부 공무원들의 '세제 논리'도 '시대의 흐름'을 꺾을 수는 없었다.

생리대가 면세 제품이 됐다고 해서 모두에게 가격 부담이 없는 것은 아니었다. 생리대 시장은 프리미엄 경쟁이 파이를 키워왔다고 해도 과언이 아니었다. 소비자들이 제품에 대한 정보가 많지 않으니 비쌀수록 안전하다는 인식이 만연해서다. 생리대 업체는 2~3년에 한 번씩 가격을 올렸고, 중형 생리대 한 팩(36개) 가격이 평균 6000~9000원 선에 이르렀다. 그러던 2016년 5월, 업계 1위인 유한킴벌리가 생리대 가격을 올린다고 발표하자 '생리대 양극화' 현상이 적나라하게 드러났다. 사회관계망서비스(SNS)에서는 이른바 '깔창 생리대' 등 저소득층 청소년들이 비싼 생리대 때문에 휴지를 대신 쓰는 등 전전긍긍하는 사연과 고백이 이어졌다.

여론의 질타에 유한킴벌리는 제품 가격 인상 계획을 철회하고, 기존 생리대보다 공급가가 30~40% 싼 중저가 제품을 내놨다. 유한킴벌리 관계자들은 그해 10월 〈한겨레21〉과 한 인터뷰에서 "국내 업체들이 중저가 시장에 신경을 충분히 쓰지 않았던 것은 사실이었다. 저렴한 일반형 제품을 만드는 노력이 병행돼야 더 완성된 기업, 사회적 책임을 다하는 기업이 될 수 있다는 사실을 새삼 느꼈다"고 말했다.

이는 생리대 가격 인하 운동으로도 이어졌다. 〈한겨레〉 2016년 7월 4일치 기사를 보면, 사회관계망서비스에서 시작된 '#생리대를붙이자' 운동 제안에 서울 인사동 길거리 벽에는 '피'(붉은색 물감) 묻은 생리대가 나붙은 현장이 묘사된다. 생리대 가격 인하를 요구하며 "임신과 출산은 고귀하지만 생리는 숨겨야 할 부끄러운 일입니까" 같은 문구가 함께 적혀 있었다.

'#생리대를붙이자' 사회관계망서비스 해시태그 운동의 하나로 붉은색 물감이 칠해진 생리대와 비싼 생리대 가격 인하를 촉구하는 문구가 적힌 팻말 등이 2016년 7월 3일 서울 종로구 인사동 골목에 게시돼 있다. 김성광 기자가 찍었다.

## 생리대에 대한 운동과 정치는 언제쯤 멈출까

생리대와 관련해 여성 소비자의 가장 절박한 요구는 안전일 수밖에 없다. 가장 최근에 불거진 안전성 논란은 2017년 3월 여성환경연대가 문제를 제기하면서 시작됐다. 식품의약품안전처는 그해 12월, 국내 생산·수입된 666개 제품을 전수조사한 결과 생리대의 화합물이 인체에 유해성이 없다고 최종 결론을 내렸다.

떠들썩했던 생리대 위해성 논란이 일단락됐지만, 단지 여성 소비자들이 주관적으로 민감해서만 일어난 일일까. 생리대 안전에 관해서 국내 소비자들에게는 불신의 역사가 있다. 〈한겨레〉가 창간된 해인 1988년 12월 21일치에도 「1회용 생리대에 유해성분 포름알데히드 일본 규제치 2배」라는 기사가 실렸다. "중앙대 남상우 가정교육학과 교수가 시판중인 1회용 생리대 18개 제품을 조사한 결과 일본의 규제치(시료 1g당 75마이크로g 이하)에 비해 2배를 웃도는 83.73마이크로g, 147.92마이크로g이 든 두 개의 제품 등 포름알데이드 함량이 크게 높은 것으로 드러났다"는 내용이다. 당시 국내에는 관련 기준이 없었다.

이후 기준이 생긴 뒤에도 2006년엔 당시 식품의약품안전청이 시판 생리대 6개 제품에서 포름알데히드 기준을 위반했다고 발표하기도 했다. 생리대는 1971년 의약부외품으로 지정된 이후 당시까지 '수거검사'가 실시된 적이 없었다. 이후 여성·환경단체는 생리대 전체 성분을 공개하라는 요구를 해왔지만, 당시 기업들은 '기밀'이라며 거부했고 국회와 정부도 미적댔다. 결국 2017년 생리대 파동 이후 입법을 거쳐 2019년 10월에야 생리대 전성분 표시제가 시행됐다.

# 1회용 생리대에 유해성분
## 포름 알데히드 일본 규제치 2배

### 남상우 교수, 시판제품조사

여성필수품인 1회용 생리대에 인체에 유해한 성분인 포름알데히드가 들어 있어 가려움증 등 부작용을 일으키고 있는 것으로 밝혀져 이에 대한 위생대책 마련이 시급하다고 지적되고 있다.

최근 중앙대 남상우 가정교육학과 교수가 시판중인 1회용 생리대 18개 제품을 조사한 결과 일본의 규제치(시료 1g당 75마이크로g 이하)에 비해 2배를 웃도는 83.73마이크로g, 147.92마이크로g이 든 두 개의 제품 등 포름알데이드 함량이 크게 높은 것으로 드러났다.

생리대의 구김을 줄이기 위해 사용되는 수지가공제인 포름알데히드는 냄새가 자극적이고 독성이 있어 이 성분이 든 옷을 입으면 피부장해가 발생할 가능성이 있고, 장시간 노출되면 눈, 코 등이 따가와지는 등 인체에 유해해 외국에서는 그 사용 규제치를 정하고 있으나 우리나라에서는 아직 규제치가 없는 실정이다.

또한 유통과정에서 비닐포장으로 밀봉돼 자체 내에서 이 성분의 함량이 증가할 우려도 있는 것으로 밝혀졌다.

또 표면부직포와 내부부직포 성분 중, 폴리프로필렌으로 된 것보다 셀룰로스 섬유로 된 제품에서 이 성분의 함량이 더 높게 나타났다.

한편 남 교수가 8백49명의 소비자를 대상으로 설문 조사한 결과 이 조사대상자들이 경험한 증상별로 보면 생리대 착용부위가 '가려웠다'가 53.1%(4백51명), '붉어졌다'가 20.6%(1백75명), '좁쌀만한 돌기가 오톨도톨 솟았다'가 13.1%(1백11명), '서칠서칠해졌다'가 5.2%(43명)으로 나타났고, 증상이 더욱 심한 '진물렀다'가 8.4%(71명), '헐었다'가 5.8%(49명), 심지어 수포가 생겼다는 경우가 9명(1.1%)으로 나타나 1회용 생리대의 피부장해가 심각한 지경에 이르렀음이 드러났다.

남 교수는 이 같은 부작용에 대해 "1회용 생리대의 두께나 섬유의 종류, 구성성분들의 조밀도 및 그에 따른 통풍의 문제와 1회용 생리대에 함유된 포름알데히드가 피부장해를 야기할 수 있는 복합적인 원인이 된 것으로 본다"고 지적했다.

더욱이 모든 응답자의 92.0%(7백81명)가 1회용 생리대를 사용하는 것으로 나타나, 거의 대부분의 여성이 각자 30~40년 동안 사용하므로 인체에 미치는 영향도 크고 또 세탁이 불가능하여 포름알데히드 함량 규제가 더욱 시급한 실정이다.

---

1988년 12월 21일치 〈한겨레〉 지면에 「1회용 생리대에 유해성분 포름알데히드 일본 규제치 2배」 기사가 실렸다. 국내에선 관련 기준조차 없을 때였다. 국내 시판 생리대 안전성에 대한 초기 연구로, 당시 〈한겨레〉에서만 보도했다.

10년 만에 돌아온 월경페스티벌. 여성환경연대 등의 주최로 2018년 5월 26일
서울 영등포구 하자센터에서 열린 '2018 월경페스티벌'에 참여한 한 참가자가
매직펜으로 생리대에 자유롭게 글을 남기고 있다. 10년 전에 파격적이었던 퍼포
먼스가 아직도 생경하게 느껴진다면 갈 길이 먼 걸까. 허프포스트코리아 곽상아
에디터가 찍었다.

여성들의 '애증의 반려물품' 생리대를 대상으로 언제쯤 운동과 정치를 그만할 수 있을까. 1999년 열린 1회 월경페스티벌 기사에 인용된 고전의 구절에서 답을 찾는다.

"남자가 월경을 한다면? 그것은 틀림없이 부럽고도 자랑할 만한, 남성적인 일이 될 것이다. 남자들은 자기가 얼마나 오래, 많이 하는지 자랑삼아 떠들어댈 것이다. 의회는 국립월경불순연구기금을 조성하고 의사들은 심장마비보다 생리통에 대해 더 많이 연구할 것이며, 생리대는 연방정부가 무료로 나눠줄 것이다."(글로리아 스타이넘,《남자가 월경을 한다면》, 1983)

'호모'라
부르던 시대,
이제 개명은
됐을까

엘지비티

34

소수자로서 삶을 말했을 뿐이다. 방송에서 그가 한 일은 그게 전부였다. 갑작스러운 하차통보를 받은 건 기독교단체와 학부모단체가 '동성애를 조장한다'며 항의한 뒤였다. 홍석천 얘기일까? 아니다. 2018년, 양성애자임을 밝혔다는 이유로 교육방송(EBS) 〈까칠남녀〉를 하차해야 했던 은하선 작가 얘기다. 홍석천의 커밍아웃 이후 20년이 흘렀건만, 한국은 변하지 않았다고 실망할 법하다. 여기 상전벽해가 뭔지 보여주는 기사가 있다. 〈한겨레〉에서 1995년 2월 쓴 기사다. "그는 여장남자, 이른바 '게이'였다. 게이는 '성적으로 불완전한 남자'로 정의된다. 여자로 꾸미면 진짜 여자처럼 보인다. 게이는 흔히 '호모'라고 부르는 남성 동성연애자와는 다르다. 호모가 남자를 좋아하는 남자라면 게이는 남자를 좋아하는 여자 같은 남자다." 그랬다. 〈한겨레〉도 한때는 '빨은 말 대잔치'를 할 때가 있었다. 이제 〈한겨레〉는 그 어느 곳보다 성소수자 인권을 중시하는 매체다. 성소수자들은, 그들이 사는 세상은 어떻게 변해왔을까. 〈한겨레〉 아카이브에서 엘지비티(LGBT) 역사를 돌아봤다. 해설 강나연

2000년. 새천년을 열었으나 21세기는 아니던 시기. 여전히 20세기이면서 Y2K 바이러스와 종말론이 횡행하던 시기. 동성애를 '정신질환' 또는 '성도착증'으로 여기던 시기. 그해, 홍석천이 커밍아웃했다. 국내 연예인으로는 최초였다. 〈일간스포츠〉는 1면 헤드라인을 이렇게 뽑았다. 「나는 호모다」. 자극적일지언정 적절한 표현은 아니었다. 경멸과 비하의 뜻으로 공공연히 쓰이던 '호모'. 그걸 헤드라인으로 당당히 내거는 사회에서 성소수자 혐오는 얼마나 숨 쉬듯 이뤄졌을까.

홍석천이 나오는 시트콤을 보고 자란 1인으로서 부정적인 이미지로 뒤범벅된 그 순간을 기억한다. 방송 뉴스와 신문에는 그가 '죄지은' 사람처럼 고개를 떨구거나 우는 장면뿐이었고, 그게 그가 커밍아웃하려고 만든 1시간 30분짜리 영상 중 고작 1분도 안 되는 순간이라는 건 나중에야 알았다. 이후 그는 오래 보이지 않았다. 커밍아웃한 대가로 '아웃'당했으니까. MBC 〈뽀뽀뽀〉에서도, KBS 라디오 프로그램에서도 하루아침에 잘렸다. 2000년 10월 〈한겨레21〉이 말했듯 "그는 '미워 죽겠어!'라는 뽀아종 특유의 앙탈 한번 못 부리고 고분고분하게 방송사를 나와야 했다."

그럴 만도 했다. 한국은 1999년 말까지만 해도 교과서에 이런 문구를 넣는 게 예사로운 사회였다. "에이즈, 동성연애가 늘면서 성도덕 문란이 사회문제가 되고 있다."(《윤리》) "동성 간 사랑이나 성행위는 에이즈 등 부작용을 일으키므로 건전한 성의식과 성역할을 가지는 것이 중요하다."(《교련》)

〈한겨레〉로 살펴본 '교육용 문구' 중 제일 골 때리는 건 이거였다. "우리나라에서는 동성애·성폭력·성도착증 등을 성적 문제행동으로 본다."(서울시교육청 성교육 교재 《성과 행복》) 세상에, 세 가

2000년 9월 29일, 홍석천이 자택에서 담뱃불을 붙이고 있다. 국내 연예인 최초로 커밍아웃을 하고 난 뒤 인터뷰를 하던 중이었다. 얼굴에 그동안 겪은 심적인 고통이 묻어났다. 예측할 수 없는 앞날에 대한 불안도 드리워져 있었다. 신윤동욱 기자가 인터뷰했고, 강재훈 기자가 촬영했다.

차별과 혐오는 공기처럼 흐른다. 2008년 12월 17일, 서울 중구 국가인권위원회 앞에서 성소수자 혐오표현이 쓰인 팻말을 들고 시위를 하는 사람들. 이들은 인권위와 몇 차례 면담도 했다. 동성애는 누가 반대한다거나 인정하는 일이 아니라는 걸 제발 알아주길. 류우종 기자가 찍었다.

지의 층위가 심하게 다른데 어떻게 동일한 범주에 병렬식으로 욱여넣었을까? 그것도 동성애와 성폭력을? 하나는 타인에게 완벽히 무해한 행위이고 하나는 타인의 인격을 말살하는 범죄인데, 그게 분간이 안 되다니. 편견은 정녕 무지함과 무심함의 산물일까.

## 느끼하거나 무섭거나…
## 대중매체가 동성애자를 다루는 두 가지 방식

타인에게 무지하거나 무심하면서 무관용하기란 껌을 씹는 것만큼이나 쉬운 일이다. 교과서만 그 쉬운 일을 하진 않았다. 2000년 8월, 〈씨네21〉은 대중매체가 남성 동성애자를 다루는 방식을 말하며 이런 분석을 내놓았다. "느끼하거나 무섭거나." 진심으로 '뼈 때리는' 분석이다. 생각해보라. 그동안 웃음을 유발한답시고 '여성스러운' 말투를 연출하는 남성 캐릭터가 얼마나 많았으며, "예의 그 흐린 창과 코맹맹이 증언으로" 동성애자들을 등장시킨 심층 추적 프로그램은 또 얼마나 많았는지.

이를테면 〈개그콘서트〉에서 '호모'로 불린 '느끼남'은 '계집애 같다'고 늘 조롱당했고, 〈추적 60분〉은 2000년 7월 방영분에서 "동성애자를 여전히 에이즈 확산의 원흉으로 지목"하는 연출로 홈페이지 게시판이 몸살을 앓았다. '동성애자=정신이상자' '신이 만든 불량품' '엽기, 변태 동성애자 때려죽이자' 같은 동성애 혐오 게시물이 쇄도했다. 기사를 쓴 신윤동욱 기자는 이렇게 말했다. "코미디 프로그램과 추적 다큐 프로그램. 이 두 장르를 통해 동성애자들은 극단적으로 희화화되거나 위험집단으로 타자화되었다."

변화를 이끄는 균열은 서서히 생긴다. 성소수자끼리 자발적

한국게이인권단체 '친구사이'와 한국레즈비언인권단체 '끼리끼리' 회원들이 2014년 2월 12일 저녁, 서울 종로구 묘동 친구사이 사무실 커밍아웃 갤러리 앞에서 단체 사진을 찍었다. 이들은 1990년대 초부터 한국의 엘지비티 운동을 이끌어왔다. 강재훈 선임기자가 찍었다.

으로 만든 커뮤니티가 그 균열의 시작이었다. 남성 동성애자 모임 '친구사이', 여성 동성애자 모임이자 현재 한국레즈비언상담소의 전신 '끼리끼리', 트랜스젠더와 크로스드레서(생물학적으로 반대인 성의 외모나 복장을 취하면서 만족감을 느끼는 사람들. 자신을 반대 성으로 느끼지는 않는다는 점에서 트랜스젠더와 다르다)의 모임 '아니마'. 1990년대 초부터 연대한 이들이 한국의 엘지비티(LGBT: 레즈비언, 게이, 바이섹슈얼, 트랜스젠더) 인권운동을 태동시킨 주체였다. '숨은 존재'이던 성소수자들이 처음으로 가시화되었고, 성소수자는 비로소 '성소수자 친구'를 갖게 되었다.

엘지비티 운동은 남성 동성애자들의 인식을 가장 크게 바꾸어놓았다. 2000년 10월, 홍석천이 커밍아웃한 직후 〈한겨레〉와 인터뷰한 기사를 보면, 남성 동성애자들은 '우린 남자를 사랑하는 남자일 뿐'이라는 인식을 공유하면서 더 이상 자신들이 '변태'가 아니라는 사실을 자각하기 시작했다. 남성 동성애자 사이에서 '호모'라는 멸칭 대신 '게이'라는 자긍심의 언어가 자리 잡은 것도 이즈음이다.

"이전 세대가 대부분 신분을 숨긴 채 주로 성적인 문제를 해결하기 위해 이슥한 밤거리로 스며들었다면, 90년대 중반 공동체로 편입된 동성애자들은 서로 실명과 집, 전화번호를 교환한 첫 번째 세대다. 이전 세대가 일상과 동성애적 삶의 분열을 감내하고 살았다면, 70년대생 동성애자는 그 고통을 적극 해소하려 했다. 이런 현상은 '커밍아웃' 욕구의 증가로 나타났다." 그렇게 1995년 최초의 커밍아웃이 있었고, 1999년 영화감독 이송희일이, 2000년 배우 홍석천이, 2006년 영화제작자이자 감독 김조광수 등이 커밍아웃했다.

## 트랜스젠더, 레즈비언, 바이섹슈얼…
## 소수자 안의 소수자들

비슷한 시기, 트랜스젠더도 가시화되었다. 처음은 하리수였고, 다음은 최한빛이었다. 남성에서 여성으로 생물학적 성을 바꾼 하리수는 2001년 4월, 어느 화장품 광고로 화제가 된 뒤 가수로 활동했다. 최한빛은 원래 무용수였는데, '의료조치'(성전환수술) 뒤 슈퍼모델 대회(2009)에 출전하면서 유명해졌다. 둘 다 트랜스여성, 엠티에프(MTF. male-to-female: 남성으로 태어났으나 여성정체성을 가진 사람)였고, 화려했으며, '아름다웠다'.

바로 이 지점에서 트랜스젠더는 오늘날 논쟁적인 존재다. 미디어가 재현하는 트랜스여성은 대부분 '예쁜' 외모에 '여성스러운' 스타일인데, 이게 트랜스여성을 포함한 모든 여성에 대한 성별 고정관념을 강화한다고 주장하는 이들이 나타난 것이다. '래디컬 페미니스트' 중에서도 'TERF'로 불리는 이들은 트랜스여성이 '여성성'을 강조하려고 행하는 '꾸밈노동'이 성적 대상화와 '코르셋'에서 벗어나려는 여성운동에 반한다고 말한다. 2018년 1월, 황진미 대중문화평론가가 〈한겨레21〉에 쓴 칼럼을 보자.

"트랜스젠더를 배제하는 래디컬 페미니즘, 일명 'TERF' (Trans-Exclusionary Radical Feminism)는 트랜스젠더가 성별 구분을 무너뜨리거나 교란하는 것이 아니라 오히려 강화한다고 주장한다. 가령 하리수처럼 '과잉 성애화'된 몸은 여성다운 외모의 전형을 더 강하게 규정한다는 것이다. 하지만 트랜스여성인 박한희 변호사의 경우, 과잉 성애화와는 거리가 멀다. 실제 트랜스젠더 외양은 굉장히 다양해서, 성별 구분을 강화한다고 단정하기 힘들다."

변희수 전 육군 하사가 2020년 3월 17일, 〈한겨레〉와 만나 생기 넘치는 화분 옆에서 포즈를 취했다. 변씨는 엠티에프 트랜스젠더로 '의료조치'(성전환 수술) 후 군 복무를 계속하고 싶다는 의사를 밝혔으나 강제 전역을 당했다. 유엔은 한국 정부의 이번 조치가 국제인권법이 보장하는 성정체성 차별 금지를 침해한 행동이라고 지적했다. 변씨는 2021년 3월 3일 자택에서 숨진 채로 발견됐는데, 강제 전역에 따른 스트레스와 사회적 차별을 견디지 못하고 극단적 선택을 한 것으로 알려졌다. 강재훈 선임기자가 찍었다.

유명한 트랜스여성은 꽤 많다. 하리수와 최한빛부터 변호사 박한희, 소설가 김비, 육군 강제전역 판정을 받은 뒤 스스로 목숨을 끊은 변희수 전 육군 하사까지. 유튜버까지 치면 더 많다. 장추자, 미미, 파니…. 트랜스남성(FTM. female-to-male: 여성으로 태어났으나 남성 정체성을 가진 사람)은 어떤가? '논바이너리(Non-binary: 남성도 여성도 아닌 제3의 성을 가진 사람) 트랜스젠더'는? 글쎄, 떠오르는 이가 없다.

20~30대 트랜스남성 5명을 심층 인터뷰한 기사에서 희미하게나마 답을 찾아보았다. 2017년 6월 2일치 〈한겨레〉 기사에 따르면, "트랜스 혐오와 낙인 때문에 트랜스남성이 '들킬 위험'은 그 어느 때보다 위협적이고 치명적"이다. "트랜스남성은 '보통 한국남자'의 남성우월주의 문화와 위계를 학습하면 생각보다 손쉽게 '남성 집단'에 소속될 수 있"지만, 혐오와 낙인의 두려움이 절대적이라 트랜스여성과 달리 정체를 쉽게 드러내지 않는다. 그럼에도 남성들은 "사우나, 화장실, 군대 등에서 요구되는 몸의 공통성과 관련된 '허들'이 너무 높"다. "서로의 신체를 수시로 확인하려는 남성문화 속에 '들킬 위험'은 그만큼 더 높아"진다.

트랜스젠더는 성소수자 중에도 가장 심한 편견에 시달리며, 사회적으로 배척당하는 존재다. 한국게이인권운동단체 '친구사이' 조사에 따르면 트랜스젠더는 모든 성소수자 중 사회경제적 상황도 가장 열악하다. 대중은 트랜스젠더와 크로스드레서를 구분하지 못할 정도로 그들에 대한 이해가 부족하고, 성소수자 모임이 대개 동성애자 중심이다 보니 성소수자 내부에서도 주변화되지 않기 위해 분투해야 한다. 말하자면, 그들은 성소수자 중에 성소수자다. 트랜스젠더는, 그들의 인권은, 아직 갈 길이 멀다.

'레즈비언'을 〈한겨레〉 데이터베이스에 검색하면 어마어마하게 많은 기사가 뜬다. 문제는 대부분의 기사가 레즈비언 영화/드라마 후기, 퀴어영화제 관람기, 미국이나 영국, 일본, 스위스 같은 외국 사례라는 점이다. 국내 사례가 없어도 너무 없다. 무한클릭질에 지쳐 검색어를 바꿔봤다. '레즈비언+커밍아웃'. 겨우 하나 찾았나 싶었는데, 이게 웬일. 제목이 「'아우팅'의 괴로움을 아십니까」다. '커밍아웃'이 키워드인데, 주제가 '아우팅'인 아이러니. 부제는 '가부장적 정서와 이성애주의의 벽에 짓눌려 폭력 앞에 무력한 레즈비언들'이다. 2007년 7월, 〈한겨레21〉에서 썼다. 레즈비언들이 가부장 정서와 이성애중심주의 이중고 때문에 아우팅 공포가 극심하다는 내용의 기사다. 여성 동성애자들이 상대적으로 커밍아웃을 안 하는, 아니 못 하는 이유도 이 '이중고'에 있으리라.

양성애자(바이섹슈얼)도 사정은 비슷하다. 엘지비티 가운데 '양성애자' 또는 '바이섹슈얼'로 검색했을 때 뜨는 기사 개수가 제일 적다. 현격한 차이로 그렇다. 성소수자 중에 그 수가 가장 적다는 사실 때문일까. 동성애자와 이성애자를 오간다는 시선 때문에 입지를 다지지 못해서일까. 정확한 이유는 알 수 없으나, 양성애자들의 목소리가 크지 않고, 그들이 성소수자 내부에서도 어느 정도 배제되어 있는 건 분명해 보인다.

## 그 레즈비언들은 다 어디로 갔을까

의구심과 추론을 잠시 뒤로하고 레즈비언 기사를 '영끌'해보았다. 한국에서 최초로 커밍아웃한 레즈비언은 대학생 정현수씨였다. 그는 서울대 음대 재학생이자 서울대동성애자모임에서 인

2018년 7월 14일, 제19회 서울퀴어문화축제에 참가한 사람들이 성소수자 인권을 상징하는 무지개 깃발을 나눠 들고 행진하고 있다. 전 세계 모든 성소수자 퍼레이드에는 항상 무지개 깃발이 앞장선다. 성소수자의 무지개는 남색이 빠진 여섯 색깔 무지개다. 박종식 기자가 찍었다.

권운동을 하는 이였다. 커밍아웃은 1996년 4월에 했다. 2008년 4월에는 최현숙 진보신당 성정치기획단장이 18대 총선에 출마했다. 결과는 낙선이었지만, 커밍아웃한 성소수자가 공직선거에 출마하기는 처음이라 숱한 화제가 되었다. 가장 최근인 2015년 11월, 서울대에서 첫 성소수자 총학생회장이 탄생했다. 김보미씨는 선거 전부터 레즈비언으로 커밍아웃한 뒤 성소수자 문제를 공론화했으며, 86.8%의 찬성표를 얻어 제58대 총학생회장에 올랐다.

정현수, 최현숙, 김보미. 레즈비언 실명 인터뷰는 이들 말고는 거의 보이지 않았다. 차라리 트랜스여성이 이들보다 많았다. 레즈비언의 일상과 현실을 생생히 보여주는 르포나 인터뷰 기사에 등장하는 이들도 신원을 밝히진 않았다. 1998년 7월, 서울 신촌 여성 전용카페에서 '보지음악다방'을 열고 "다수자가 소수자를 억압하지 않고 다양한 가치가 공존하는 세상을 위해 싸울 것"이라고 부르짖던 레즈비언들은, 그 열정적이고 진취적인 여성들은 다 어디로 갔을까. 국내에선 홍석천과 김조광수가, 국외에선 조디 포스터와 드루 배리모어가 커밍아웃하는 동안 한국의 레즈비언들이 여전히 '숨은 존재'일 수밖에 없었던 이유는 뭘까.

커밍아웃을 종용하는 것이 아니다. 단지 이런 말에 마음이 무거울 뿐이다. "여성이면서 레즈비언이기에 저는 이 사회에서 이중의 차별을 받고 있습니다. 저는 피억압자이자 소수자인 셈이죠." 22년 전, '보지음악다방'에 참여한 레즈비언 리나씨가 〈한겨레〉 인터뷰에서 한 말이다. 22년. 강산이 두 번 바뀌었을 세월. 엘지비티라는 말이 만들어지고 알려진 세월. 엘지비티에서 맨 앞에 있는 레즈비언의 인권은, 그들의 삶은 얼마나 향상되었을까.

다시 홍석천으로 돌아가 보자. 그의 커밍아웃 이후로 한국 사회는 변했다. 정말인가? 절반은 진실, 절반은 거짓이다. 웬 멍멍이 풀 뜯어먹는 소리냐고? 실제로 멍멍이는 풀을 뜯어먹을 뿐 아니라 여린 새싹을 좋아한다. 한국은 변했을 뿐 아니라 불변하기도 했다.

수많은 이들의 힘겨운 노력과 투쟁으로 많은 것이 변했다. 침실에 갇혀 있던 성소수자들이 광장으로 나왔으며, 퀴어축제에 가면 자신의 존재를 긍정하고 즐기는 그들이 보인다. 사회적 집단으로서 성소수자가 부재하던 시절은 지났다. 그들은 몇 년 전부터 '엘지비티'의 외연도 넓혀가는 중이다. 기존의 '엘지비티'에 A(Asexual: 무성애자), I(Intersex: 중성 또는 간성), Q(Questionary: 성적 지향 혹은 성 정체성을 확신하지 못하는 사람)를 더해 'LGBTAIQ+'로 명명한다. 궁극적으로 이성애 중심 세상이 성소수자를 구분하는 것에 불과한 이 모든 경계가 흐려지길 바라면서.

엘지비티 운동의 역사가 게이 중심으로 흘러온 점, 동성결혼이 전 지구적 이슈임에도 한국에서는 동성혼은커녕 사실혼조차 인정되지 않는 점, 포괄적 차별금지법 제정이 여전히 불투명한 점 등은 해결해야 할 과제다.

늘 그랬듯, 시간은 진격하고 쟁취하는 자의 편이다. 그러니 어쩌겠는가. 더 많이 떠들고, 더 많이 나대는 수밖에. '침묵은 곧 죽음.' 퀴어축제의 슬로건이다.

전혀 다른
살인마의
탄생

무차별
범죄

35

사건이 있었다. 김대두는 1975년 8월 13일부터 10월 7일까지 불과 두 달여간 9차례에 걸쳐 17명을 살해했다. 2019년 '화성 연쇄살인'의 진범으로 알려진 이춘재는 1986년 군에서 전역한 직후 성범죄를 시작으로 1991년까지 5년간 10명을 살해했다. 이 두 사건은 불특정인을 대상으로 자신의 왜곡된 감정을 표출한 무차별 범죄다. 흥미로운 것은 김대두와 이춘재가 범행을 저지른 나이가 20대 중반이라는 것이다. 무엇이 이 젊은 나이의 청년들을 연쇄살인범으로 만든 것일까.

이 두 사건을 제외하면 1980년대까지 한국 사회에서 일어난 살인범죄는 대부분 치정이나 원한 등 동기가 뚜렷했다. 수사반장이 출동하면 대부분의 범죄는 해결이 되었다. 1970년대와 80년대 중반까지 한창 높은 시청률을 기록했던 〈수사반장〉이라는 텔레비전 프로그램에는 죄는 미워해도 사람을 미워하지 말라는 이야기가 자주 등장했다. 범인을 체포한 형사들이 범인의 집에 찾아가 노모와 어린 자식에게 연탄이나 쌀을 사다 주는 모습도 간간이 보였다. 이때만 해도 한국 사회 범죄는 범죄자 개인의 왜곡된 감정보다는 '지독한 가난으로 인한' 절도 범죄가 대부분이었다. 〈한겨레〉 아카이브에서 무차별 범죄의 등장과 한국 사회의 변화를 엿보았다. 해설 권일용

1986년 9월 15일 새벽 6시께 경기 수원에서 열무 등을 팔고 딸의 집에서 잠을 잔 뒤 귀가하던 이아무개(여·당시 71살)가 하의가 벗겨진 채 피살된 사건이 발생했다. 이를 시작으로 1991년 4월 3일 화성 동탄면 반송리 야산에서 권아무개(여·당시 69살)씨가 저녁 8시께 집으로 귀가하던 중 강간 피살될 때까지 총 10건의 살인사건이 발생했다. 당시 나는 서울지방경찰청 형사기동대에 근무하고 있었고 범죄와의 전쟁 등 현안 치안 문제로 화성사건에 투입되지는 않았다. 세월이 흘러 2000년 2월 9일 한국 경찰은 최초로 당시 경장이던 나를 '범죄분석요원'이라는 명칭으로 공식 발령했다. 이로써 한국의 프로파일러가 탄생했는데, 나는 "앞으로 무엇을 할 것이냐"는 상관의 질문에 "가장 먼저 화성사건 유형과 패턴을 분석해서 용의자를 프로파일링해보겠다"고 했다.

그러나 사건이 일어난 지 이미 10여 년이 지났고 방대한 수사 자료를 분석하기에는 역부족이었다. 안타까웠다. 그러던 중 유영철, 정남규, 강호순 등의 사건에 투입되면서 화성사건을 제대로 분석하지 못한 채 나는 2017년 4월 30일 경찰에서 퇴직했다. 2019년 과학수사의 발전으로 결국 범인의 실체가 밝혀지면서 그 마음의 짐을 조금은 내려놓았다. 끝까지 포기하지 않은 경기경찰청 수사팀과 프로파일러 후배들에게 감사하다. 다시 한번 억울하게 희생된 피해자들의 명복을 빌면서 유가족에게 위로의 말씀을 드리고 싶다. 한 시대를 경찰로 살았던 이유로 늦은 사건 해결에 대한

사죄의 말씀도 아울러 드리고 싶다.

## 고문과 억울한 옥살이 … 잘못된 사법시스템이 만든 비극

이때만 해도 과학수사가 발전하지 못한 시기여서 많은 증거물이 확보되지 못했다. 그리고 강도범, 절도범, 폭력배를 발로 뛰며 잡아오던 수사형사들은 연쇄적으로 발생하는 잔혹한 범죄를 수사한 경험이 한 번도 없었기 때문에 곤혹스러웠을 것이다. 더욱 안타깝게도 프로파일링과 같은 분석을 통한 수사 지원 시스템이 없었기 때문에 범인 이춘재를 몇 차례 탐문하고 수사했지만 결국 실체를 밝히는 것에 실패했다.

당시 경찰은 경기지방청뿐만 아니라 서울지방청 등에서 차출한 형사기동대 요원들을 이 지역에 대거 투입해 버스 정류장 등에서 늦게 귀가하는 마을 주민들을 일대일로 호위해 귀가시키는 작전을 펼치기도 했다. 지금 생각하면 엄청난 치안 서비스가 아닐까 하는 생각이 든다. 경찰 1명이 주민 1명을 보호하는 작전은 앞으로도 전무후무할 것이다. 그러나 이런 작전을 펼치면서까지 추가 범죄를 예방하려는 노력이 무색하게 10차 사건은 또 발생하고 만다.

지나친 욕심은 늘 화를 부른다는 말이 있다. 범인을 검거하겠다는 수사관의 의지는 이해하지만 결국 그 명분 때문에 억울한 사람이 생긴다면, 그 명분은 지탄받아 마땅하다. "99명의 범인을 놓쳐도 단 한 사람의 억울한 사람이 있으면 안 된다"는 말이 있다. 1990년 화성사건의 용의자로 지목되어 경찰에 연행된 김아무개(당시 18살)군의 작은어머니가 김군의 등에 남아 있는 고문 흔적을 가리키며 인터뷰를 했다. 경찰의 이런 수사는 어떤 이유로도 합리

458

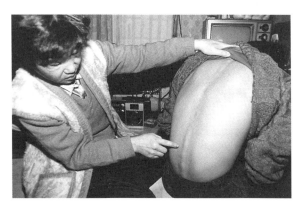

화성 부녀자 연쇄살인사건 관련 용의자로 경찰에 연행된 뒤 구타와 고문을 당했다고 주장하는 김아무개군의 작은어머니 임정래씨가 김군의 등에 남아 있는 상처를 가리키고 있다. 이종찬 기자가 1990년 12월 촬영했다.

화될 수 없다. 당시 언론과 국민들의 질책, 상부로부터의 압박 등으로 수사를 진행하는 요원들은 그야말로 속이 다 타서 재가 되었을 것이다. 그러나 그것이 어찌 비인권적 수사 행태를 합리화할 수 있겠는가. 묵인하고 지휘한 검사 모두가 공범인 범죄 행위일 뿐이다.

사실 이 공무원들이 범죄의 실체도 제대로 파악하지 못한 상황에서 과연 쏟아지는 질문들에 어떤 답변을 했는지 궁금하다. 범죄가 발생하고 억울한 희생이 이어지는데 힘을 모아 대처할 방안을 강구해도 모자랄 판에 그저 이 범죄가 여야 정쟁의 수단으로 이용되지는 않았는지 묻고 싶다.

2019년 디엔에이(DNA) 증폭 기술을 활용해 이춘재를 찾아낸 것은 공소시효가 끝났지만 경찰과 국립과학수사연구원이 끝까지 범행을 추적하고 증거를 분석한 노력의 결과다. 억울하게 희생당한 피해자들과 유가족들에게 공소시효라는 것은 무의미한 단어다. 늦었지만 그 실체가 밝혀진 것은 그 자체로도 큰 의미가 있다.

경찰이 지존파 사건 현장검증 뒤 기자회견 모습. 1994년 9월 21일께 이
정우 기자가 촬영했다. 당시 지면에는 흑백사진이 공개되었으나 '시간의
극장' 연재 당시 비컷 필름을 새로 발굴해 컬러 원본 사진을 공개했다.

그러나 화성사건의 해결은 또 다른 측면에서 우리 사회에 묵직한 화두를 던진다. 평생을 억울한 누명을 쓰고 감옥에서 살아야 했던 윤아무개씨의 삶은 어떤 것으로도 보상될 수 없다. 범인을 꼭 잡겠다는 명목으로 당시 비인권적 방법으로 수사한 경찰, 수사를 지휘한다는 명분으로 묵인한 검사, 잘못된 판결을 한 판사 등 사법 시스템 전체가 저지른 만행을 잊지 않아야 한다. 다시는 반복되지 말아야 할 역사다.

## 1994년 지존파, 2004년 유영철⋯ 아무것도 변하지 않았다

1994년 한국 사회는 그야말로 끔찍한 범죄에 직면하게 된다. 1994년 7월 두목 김기환(당시 26살)을 비롯한 20대 초반 6명으로 구성된 소위 '지존파' 사건이 발생해 우리 사회에 충격을 준다. 이들이 밝힌 범행 동기는 대학 입시부정과 당시 강남을 중심으로 급증한 땅 투기 등 가진 자들에 대한 저항이다. 그러나 실제 이들이 살해한 피해자들은 부유층이 아니었다. 급격한 경제 양극화 현상 등으로 인한 박탈감, 무력감 등의 감정을 무차별 표출한 분노형 범죄다. 이들은 부자를 납치해 돈을 빼앗고 반드시 살해한다. 개인당 10억 원을 모을 때까지 계속 작업하며 조직을 이탈하면 죽인다는 조직강령까지 만들었다. 이러한 점을 보면 결국 이들이 주장한 범행 동기는 촉발 요인이었을 뿐이고 궁극적인 범행 동기는 금품 강취였다. 1995년 대법원에서 사형이 확정되었고 11월 2일 모두 사형이 집행되었다.

검거된 지존파 범행 도구 사진을 본다. 가스총과 다이너마이

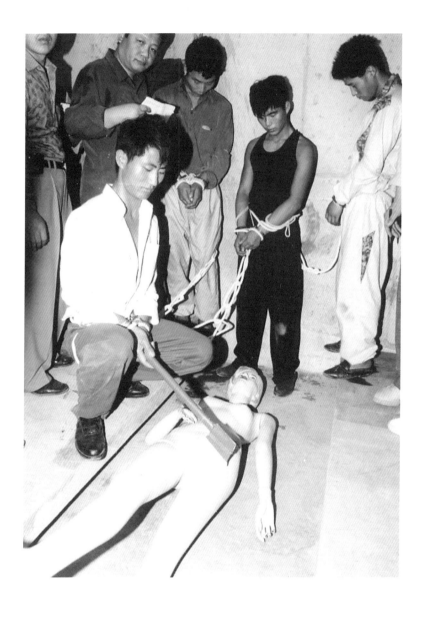

1994년 9월 21일 오후 전남 영광군 불갑면 금계리 연쇄납치살인조직 지존파 일당의 아지트에서 범인 김현양이 도끼로 피해자 대역인 마네킹을 내리치는 장면을 재연하고 있다. 강창광 기자 촬영.

1994년 9월 22일 국회 내무위원회에 출석한 최형우 내무장관(왼쪽)과 김화남 경찰청장이
지존파 연쇄살인사건 등에 대해 의원 질의를 받는 모습. 이종찬 기자 촬영.

트도 보인다. 다이너마이트는 일당들이 건설 현장에서 범행 자금을 모으기 위해 일하면서 절취했다고 한다. 범행이 오랫동안 계획되었다는 것을 시사한다. 이들은 매우 공격적이고 큰 타격을 주는 범행 도구를 준비하고 사용했는데 범죄자 프로파일링의 관점에서 본다면 그만큼 잔혹한 범행을 저지르는 것에 대한 두려움이 존재했을 것으로 추정된다. 그 두려움을 감추고자 더욱 잔혹한 행위를 저지르고, 함께 서로를 바라보거나 웃음을 짓는 것과 같은 심리적 동조의 태도를 보인다. 이들은 이곳 지하에 소각장을 만들어놓고 납치한 피해자들을 살해하고 불에 태워 증거를 인멸하는 등의 잔혹한 행위를 저질렀다.

무엇이 이들을 살인마로 만들었을까. 이들은 모두 중고교를 중퇴했고 가난한 집에서 성장했다. 돈을 벌기 위해 건설 현장에서 막노동을 하며 전전하던 중 두목 김기환이 조직을 결성하자 무조건 충성을 맹세하며 조직구성원이 되었다. 친구들이 모두 학교를 다니는 나이에 가난으로 인해 건설 현장에서 힘든 일을 한다는 것은 이들의 자존감을 훼손하는 일이었다. 또한 그런 상황에서 경험하는 사회적 고립감은 비슷한 처지에 있는 공범들끼리 서로를 의지하고 결속력을 다지는 원동력이 되었다. 이들이 느끼는 감정은 결국 사회에 대한 분노의 표출이다. 부자를 납치해 돈을 빼앗는다는 목표와 관계없이 여성을 납치해 성폭행하고 살인 연습을 했고, 잔혹하게 시신을 훼손하고 유기하는 행위를 저질렀다. 그야말로 인간이기를 포기한 악마들이었다.

1994년 9월 22일. 국회 내무위에 출석한 최형우 내무장관, 김화남 경찰청장이 지존파 사건 관련 의원들의 질책에 참담한 표정을 짓고 있는 모습이 아카이브에서 확인된다. 10년이 지난 뒤인

2004년 7월 15일 유영철이 검거된 이후 종합수사결과를 발표하는 자리에서 당시 서울지방경찰청장은 20명이나 살해될 때까지 유영철을 검거하지 못한 잘못에 대하여 국민들께 깊이 고개 숙여 사과했다. 변화되는 것은 없었다.

다만, 당시 서울지방청 소속 경사로 나는 유일한 프로파일러였는데, 유영철 사건 이후 경찰은 연쇄살인범죄에 대처하려면 과학수사와 프로파일링을 강화해야 한다고 판단해, 심리학, 사회학 전공자 15명을 경장으로 특별채용하기로 결정한다. 이때 선발된 이들이 1기 프로파일러들이다. 2006년 1월 15명의 선발된 요원 중 14명이 10개월의 교육을 마치고 임관했고 서울지방청으로 발령이 난 2명의 프로파일러들이 혼자서 고군분투하던 권일용과 함께 정남규 연쇄살인사건의 분석에 투입된다. 이렇게 한국의 프로파일러는 안타깝게도 연쇄 범죄가 발생함으로써 특화된 분야다.

## 지존파, 온보현, 막가파…1990년대가 낳은 무차별 범죄

지존파 사건의 충격이 가시기도 전 1994년 9월 1일 새벽 1시께 귀가하던 권아무개씨를 절취한 택시에 승객으로 태운 뒤 성폭행하고 전북 김제에 소재한 야산에 끌고 가 나무에 결박해놓는 등 택시를 이용해 여성 승객들을 납치 성폭행 살해한 온보현(당시 37살) 사건이 발생했다.

성장기 아버지의 폭력에 시달리면서 살아온 그는 학교 교육도 제대로 받지 못한 빈곤 상태가 지속되었고, 24살이 되던 해 어머니가 자살한 뒤 아버지를 폭행하고 가출해 13차례 구속되는 등 범죄를 저지르면서 살게 된다. 어려운 처지를 극복하고자 제 나름

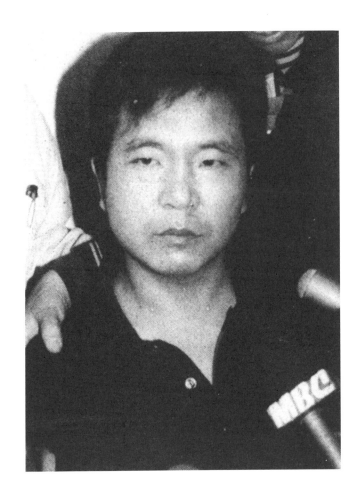

1994년 9월 28일치 〈한겨레〉 23면에 실린 온보현의 얼굴 사진. 이정우 기자 촬영. 1980~90년대 당시에는 현재와 같은 피의자 얼굴 공개 심사 시스템이 존재하지 않았으나 최근 사례 등을 참고해 지존파 범인 등의 얼굴에 모자이크 처리를 하지 않고 공개한다.

대로 노력했지만 사귀던 여성에게 이별 통보를 받은 이후 부모와 사랑하는 모든 이에게 버림받았다는 생각으로 자살을 하려고 마음먹었다. 그리고 그 죽음의 길에 자신만이 억울하게 세상을 살아왔다는 생각으로 자신의 나이만큼 사람들을 살해하겠다는 결심을 하게 된다. 6차에 걸쳐 살인과 성폭행을 저지르던 온보현은 자신이 공개 수배된 것을 알고 더 이상 범죄를 저지를 수 없다는 생각으로 1994년 9월 27일 지존파를 검거한 서울 서초경찰서를 찾아가 자수했다. 이때 그는 지존파와 자신을 같은 방에 넣어 같은 취급을 해달라고 요청했다. 결국 그는 1995년 11월 2일 지존파와 함께 사형되었다. 마지막 순간에 그는 지존파와 같은 대우를 받게 되었다.

지존파와 온보현이 나타남으로써 한국 사회의 범죄 유형은 급격한 변화를 나타냈다. 동기가 뚜렷한 범죄에서 집단을 이루어 불특정인을 대상으로 자신의 왜곡된 분노를 표출하는 범죄로 진화했다. 이런 범죄가 나타난 배경은 여러 가지로 설명되지만 특히 주목할 부분은 이 시기는 외형적으로 경제가 발전하고 서구형 자본주의에 점점 가까워지던 시기였다는 점이다. 그리고 IMF 외환위기가 닥쳤다.

급격한 중산층의 몰락과 양극화, 편법과 무질서가 판치는 사회, 아노미와 같은 사회에서 무력감이나 분노를 느낀 젊은 청춘들은 타자와의 비교를 통한 박탈감을 경험했을 것이다. 물론, 대부분의 젊은 청춘들은 서로를 의지하고 노력하며 힘든 시기를 겪어나갔지만 이들은 그 가치 있는 삶의 노력을 버리고 범죄를 택했다.

1996년 한국 사회는 또 한 번 큰 충격에 빠진다. 소위 지존파의 대를 이은 막가파가 등장한 것이다. 이들은 두목 최정수(당시 21

살)를 중심으로 공범 3명으로 시작해 17살의 청소년까지 포함한 9명으로 결성된다. 이들은 취객을 무차별 폭행해 금품을 강취하거나 부녀자를 납치해 성폭행하고 주유소를 대상으로 3번의 강도 사건을 저지른다.

이렇듯 한국 사회는 변화하고 있었고, 시대의 변화에 따라 범죄의 양태도 변해갔다. 무차별 범죄 또는 무동기 범죄가 늘어나기 시작했다. 1호 프로파일러였던 나는 2001년 최초로 프로파일러로서 정식으로 무차별 범죄 수사와 분석에 투입된다. 첫 사건은 4살 여아 납치살해사건이었다. 무차별 범죄에 연쇄살인사건만 있는 것이 아니다. 성범죄, 특히 아동성범죄는 심각한 범죄이며 피해자뿐 아니라 프로파일러인 내게도 잊지 못할 충격을 주었다. 그렇게 한국 프로파일링의 역사도 시작되었다.

사기인 줄
알면서도
'기적의 발모제'
찾는 이유

탈모

36

2001년 7월 〈한겨레21〉에 「탈모증을 '천형'으로 안고 살아야 하는 사람들」이라는
기사가 실렸다. "머리를 치료하는 일"뿐 아니라 탈모인에 대한 "사회적 시선을 바
로잡는 일이 중요하다"며, '대머리'라는 단어를 계속 써야 하는지도 기사는 묻는다.
이러한 가발 가게도 20년 전에는 익숙하던 모습이다. 박승화 기자의 사진.

"그동안 대머리들의 가슴에 못을 박은 사기꾼들이 한둘이 아니다. 지난해(1996년) '기적의 발모제' 사건은 아직도 기억에 생생하다. 검찰 조사 결과 발모효과를 선전한 비디오테이프는 대머리가 아닌 사람의 머리카락을 몇 개만 남기고 잘라낸 뒤 남겨둔 머리카락이 마치 발모제를 발라서 난 것처럼 속인 것으로 드러났다."〈한겨레〉1997년 1월 23일치 기사다. 현대를 사는 누군들 탈모에서 자유로우랴.〈한겨레〉와〈한겨레21〉의 옛 기사를 뒤져 탈모의 어제와 오늘을 알아보았다. **해설 김태권**

탈모는 사회문제다. 1990년대에는 직장인들이 '스트레스성 탈모'에 시달린다는 기사가 났다. 그런데 외환위기 사태 이후로는 구직자와 학생까지 탈모에 시달린다는 기사가 자주 실린다. "구직자 절반 이상이 심한 스트레스로 인해 소화불량이나 탈모 등 '취업병'에 시달린다는 조사 결과가 나왔다." 2003년 1월 기사다. 2009년 이후에는 여성 탈모 문제도 기사로 등장한다. 한국 사회에 사는 스트레스가 갈수록 심하다.

그런데 스트레스가 탈모의 '의학적 원인'이라고 말할 수 있을까? "사형수가 자신의 처형 일자를 알고 난 뒤 머리가 모두 빠졌다는 사례가 보고된 적은 있지만, 수험생이 받는 정도의 스트레스가 탈모를 일으킨다는 것은 그 대조군과의 비교가 없는 상태에서는" 잘라 말하기 어렵다는 전문가 견해가 1994년 8월에 실렸다.

## 군대에서 탈모 오면 국가유공자?⋯법원의 엇갈린 판결

이것이 문제가 되는 까닭은 '나의 탈모에 누가 책임을 져야 하나' 가려야 하는 상황 때문이다. 1991년 11월 〈한겨레〉에는 딱한 사연이 소개되었다. "리비아 대수로공사 현장에서 일하다 머리털이 한주먹씩 빠져 귀국한 최씨"는 "노동부가 업무상 재해로 인정하지 않아 치료도 보상도 받지 못하고 있다"고 했다. 노동부 자문의사가 "탈모는 원인이 밝혀지지 않는 경우가 많다"는 의견을 냈기 때문이다. "보상을 받지 못한 것도 억울한데 회사 쪽은 한술 더 떠 계약기간을 못 채우고 귀국했다는 이유로 항공료 150만 원을 반환해줄 것을 요구하고 나섰다."

이 문제 때문에 국가를 상대로 소송을 걸기도 했다. "2003년 5월에 입대한 박아무개씨는 입대한 지 2년 만에 (탈모가 너무 심해져) 의병제대했다." 4년이 지나 2007년 9월에 법원은 "군 생활의 스트레스가 탈모증의 원인은 아니지만 악화 요인으로 작용할 가능성을 배제할 수 없다"며 박씨를 국가유공자로 인정해야 한다고 했다. 다행이다. 그런데 마음에 걸리는 부분도 있다. 군 생활이 탈모의 원인이라고 본 근거가 "군 전역 이후 발모가 시작돼 현재는 탈모증이 상당 부분 회복되었다"는 점이기 때문이다. 제대 후에도

# "7년간 모자쓰고 기름장사 했어요"

### 전두환씨 닮아 수난받은 연기자 박용식씨

"그 양반'이 국보위 상임위원장이던 시절이지요. 아마. 결정적으로 뒤통수를 맞았습니다. 방송사 고위층이 어느날 '생김새나 필링이 닮아도 너무 닮았으니 앞으로 방송 출연 어렵게 됐다'며 '그리 알라'는 거예요. '올 게 왔구나'하는 생각이 들었습니다. 그때, 얼마나 서글이 퍼렜었읍니까?"

10·26 직후, 계엄사 합동수사본부장으로 당시 보안사령관이던 전두환씨가 처음으로 텔리비전에 얼굴을 보일 때부터 "어떻게 그렇게 꼭 빼다박을 수 있느냐"며 주위에서 야단들이었던 터였다.

단순히 특정인과 닮았다는 이유 하나로 7년 넘게 고통과 시련의 세월을 살아야 했던 사람. 상식으론 차마 상상조차 하기 힘든 '5공화국적 권위주의'의 기막힌 상징, 텔리비전 연기자 박용식(43)씨.

"닮았다는 얘기가 나오기 시작할 때부터 어쩐지 조짐이 안 좋고 상황이 막 조여오더군요. 광주사태를 봤다는 수단·목적을 가리지 않고 사람도 막 죽였던

판이었잖아요? 죽을지도 모른다 싶었읍니다. 먹곤 살아야겠다는 생각에 전직을 결심했읍니다."

이 '결심'에는 모진 고통이 뒤따랐다. 두 가지 이유에서였다.

67년 3월 스물두 살에 동양방송(TBC) 4기생으로 연기자의 길에 들어선 후 '결심'때까지 15년 가까이 연기생활을 했다. '연기에의 집념' 하나로 버텨온 짧지 않은 세월과의 결별이 무엇보다 '가슴이 찢어지게' 아팠다.

"30대 중반에서 40대 초 사이가 연기자에겐 생명입니다. 이때 맞은 뒤통수는 연기자로선 사실 치명적인 것입니다." 이것이 둘째 이유이다.

—도봉구 방학동에서 방앗간 기름집을 했읍니다. 연기자 수입으론 살기 어려워(결혼 이듬해인 29살부터) 시작한 일이니 사실 '전업'이랄 건 없지요. 직접 오토바이 뒤에 기름을 싣고 거래처에 배달하기도 하면서 열심히 한 보람으로 이젠 사업이 꽤 커졌읍니다. 사람도 여럿 쓰고.

—그렇다면 그 기간 동안엔 전혀 출연 안한 겁니까?

=정확하게 10개월 동안은 안 했어요. 그러다 안되겠다 싶어 당시 방송사 사장을 찾아가 30분 넘게 읍소했읍니다.

"내 연기에 대한 집념은 신앙에 가깝다. 대머리만 바꾸면 되

방 '훈훈한 아버지' 역이 제일 마음에 든다는 그에겐 '서민적 소탈함'이 촉촉이 배어 있었다.

—5공화국을 다루는 현대사 드라마가 있다면 '그 양반' 역을 하겠읍니까?

=물론입니다. 긍정·부정, 어떤 측면으로 다뤄지든 혼신의 힘으로 해내고 싶어요. 연기자로선 당연한 욕구이지요.

### "화해술 한잔하세" 한마디면 될텐데
### 5공드라마서 '그 양반'역 하고파

"톱탤런트라도 몇 달 안 나오면 금방 잊혀지는 것이 바보상자의 생리"라며 자기와 계기는 다르지만, 그런 뜻에서 박규채씨의 아픔을 누구보다 잘 알 것 같다고 덧붙였다.

—7년 동안 뭘 했읍니까?

는 것 아니냐. 가발은 얼마든지 준비하겠으니 한번만 기회를 달라"고 호소했읍니다.

그래서 그는 '아주 가끔씩' 역사물에 조연으로 출연하는 기회를 갖기도 했다. 물론 그때까지 제일 많이 해 왔던 스님 역은 할 수 없었다. 예의 그 '대머리' 때문에.

"7년 세월 동안 제 머리 위엔 모자가 떠난 적이 없었어요. 그래서 정장은 거의 못해 봤읍니다. '정장'에 '모자', 그거 안 어울리거든요."

스스로 '맘씨 좋은 이웃 박서

그는 전두환씨가 퇴임한 직후인 3월 중순께부터 '그리던' 화면에 모습을 보이기 시작했고 현재는 〈TV손자병법〉과 〈토지〉에 출연하고 있다.

"누가 암만 욕해도 자길 닮은 사람에겐 이상스레 친근감이 가지않아요? 철부지같은 생각이지만 그래서 한번 봤으면 해요. 매스컴에 더러 오르내려 알긴 알텐데. '나 때문에 이런 일도 있었냐? 자, 용서하고 소주나 한잔하세.' 아, 이러면 뭐 잘못되나요. 그러고 보면 참 멋없는 사람이에요." 〈김영철 기자〉

---

1988년 9월 17일치 〈한겨레〉 지면에는 전두환을 닮았다는 이유로 방송에 출연하지 못했던 박용식의 사연이 실렸다. 2013년에 영화를 촬영하던 중 패혈증으로 세상을 떴다. 〈겨울왕국〉 안나 공주의 목소리 연기를 맡은 성우 박지윤이 그의 딸이다. 2014년 2월 〈나들〉과의 인터뷰에서 아버지가 '성실한 가장'이었다고 회고했다.

머리가 다시 나지 않는 사람은 곱절로 억울할 일 아닐까.

2009년 2월에는 ㄱ씨 사건의 판결이 났다. 전역 직전인 2004년 말에 머리가 빠지기 시작했으나 "훈련 때문에 제때 치료를 받지 못해" 심한 탈모를 겪었다. 그런데 ㄱ씨는 전역 후에도 머리가 나지 않았다. 앞서 박씨와 다른 점이다. 그래도 불행 중 다행인지 재판부는 "전역 후 증상에 호전이 없다고 해서 탈모와 군 생활 사이의 인과관계가 없다고 단정할 수 없다"며 유공자로 인정해야 한다고 밝혔다.

탈모 때문에 불이익을 당하는 사람도 많다. 배우 박용식의 사연을 기억하시는지? 머리숱 없는 생김새가 전두환을 연상시킨다는 이유 하나로, 전두환이 권력을 잡은 후 한동안 텔레비전에 출연하지 못했다. 인터뷰 제목은 「7년간 모자 쓰고 기름장사 했어요/전두환씨 닮아 수난받은 연기자 박용식씨」였다.

## 대머리, 탈모인, 민머리를 고민하는 사회

그의 경우처럼 극단적이지는 않더라도, 머리숱 없는 사람은 크고 작은 차별에 시달린다. 그러다 보니 '대머리'라는 말을 써도 될까 역시 고민거리다. 「대머리여, 이젠 안녕?」이라는 1997년 1월의 기사 제목을 보면, 저때는 '대머리'라는 말이 문제 되지 않았던 것 같다. 시간이 흐르며 사람들은 조심스러워졌다. 2008년에 실린 '우리말 논술' 칼럼은 "살색 대신 살구색, 장애자 대신 장애인"처럼 "소수자 집단의 인권을 고려하는 표현"에 대해 다루었다. 그래 놓고는 글 끄트머리에 "'대머리'를 '탈모인'으로 부르자는 주장"이 여기 해당하겠느냐 아니겠냐는 질문을 슬며시 들이민다.

2013년 1월 〈라디오스타〉 '민머리 특집'에 나와 홍석천이 한 이야기가 〈한겨레〉에 다시
기사로 났다. "그는 커밍아웃 뒤 스트레스를 너무 받아 탈모가 됐다고 했다. '죽어라'는
욕도 들었다 했다." 2010년에 박미향 기자가 촬영했으나 지면에 실리지 않은 사진이다.

소아암 환자의 가발을 만드는 일에 쓰며 당시 에스케이 투수였던 김광현이 자신의 긴 머리카락을 잘라 기증한 일이 2018년 3월에 기사로 실렸다. "팬 여러분도 소아암 어린이들에게 관심을 보이시면 좋겠다." 2011년에 이종근 기자가 찍은 김광현의 사진이다. 2020년 12월에는 롯데 선수 김원중이 머리카락을 기증했다.

2011년 3월의 〈한겨레21〉 기사는 항암치료 환자의 사연을 다루며 '대머리' 대신 '민머리'라는 조심하는 말을 썼다. 2013년 1월에는 텔레비전 프로그램 〈라디오스타〉가 '민머리 특집'이라는 이름으로 전파를 탔다. 홍석천은 이렇게 말한다. "사실 민머리 사람들도 차별받거든요. (그런데 오늘 게스트로 나온 민머리) 네 사람 사이에 (머리숱 많은 사람 한 사람이) 오면 기분 이상할걸요?" "그럼 내가 소수가 되는 거야? 차별하는 걸 좋아하는 사람도 차별당하는 건 싫어할 것"이라고 김국진이 받았다. 민머리의 경우에 빗대 성소수자가 받는 차별에 대해 알기 쉽게 풀어낸 것이다. 오해 마시길. 나는 '대머리'라는 말을 쓰지 말자고 주장하려는 건 아니다. 이런 문제에 대해 늘 고민하는 사회가 건강하다고 말하고 싶을 뿐이다.

탈모를 해결할 방법은 없을까? 〈한겨레〉에는 "기적의 발모제"와 "궁극의 치료법" 기사가 끊이지 않고 실렸다. 옛날에는 '중국산 탈모약'이 주목받기도 했다. "베이징 아시아경기대회를 보러 온 한국 관광객들이 경기 참관은 뒤로 미룬 채 유명 약점을 휩쓸고 다니며" 한약품과 '대머리 치료제'를 사재기했다고 1990년 9월에 기사가 났다. 현재 과학적으로 효과가 검증된 것은 프로페시아 계열의 약이 전부다.

가발도 전통적인 해결 방법이다. 한때 한국은 가발을 수출하던 나라였다. 1979년의 와이에이치(YH) 사건도 가발을 만들던 여성 노동자들의 싸움이었다. 와이에이치 무역의 노동자들이 탄압에 항의하자, 박정희 정권은 노동자들을 무리해 잡아갔고 그때 노동자들에게 농성 장소를 빌려준 정치인 김영삼까지 축출하려 들었다. 결국 부마항쟁과 유신정권의 종말로 이어지는 현대사의 큰 물줄기가 가발공장에서 비롯한 셈이다. "실제로 1960~70년대 우리나라의 주요 수출품목에는 가발과 소변이 상위에 올라 있었다."
2013년 6월의 기사다. 요즘은 '머리카락 기부'에 관한 기사가 때
때로 실린다. 소아암 환자의 가발을 만들어달라며 머리카락을 잘
라 기부한 순경 장지영(2017년 10월), 프로야구 선수 김광현(2018년
3월)과 김원중(2020년 12월), 유치원생 최지우(2018년 6월), 목포항도
여자중학교 선생님과 학생들(2019년 11월), 양주시 남면초등학교의
장씨 세 자매(2021년 1월)의 기사를 보면 뭉클하다. 각박해지는 한
편 따뜻함도 남은 한국 사회다.

# 사소한 것들의 현대사

© 김태권 외, 2021

초판 1쇄 인쇄  2021년 7월 9일
초판 1쇄 발행  2021년 7월 16일

지은이      김태권 외
펴낸이      이상훈
편집인      김수영
본부장      정진항
인문사회팀  김경훈 권순범
마케팅      김한성 조재성 박신영 조은별
경영지원    정혜진 이송이

펴낸곳  (주)한겨레엔 www.hanibook.co.kr
등록  2006년 1월 4일 제313-2006-00003호
주소  서울시 마포구 창전로 70(신수동) 화수목빌딩 5층
전화  02-6383-1602~3    팩스  02-6383-1610
대표메일  book@hanien.co.kr

ISBN 979-11-6040-622-1  03900